Montessori partout et pour tous

SYLVIE D'ESCLAIBES

MONTESSORI
PARTOUT ET POUR TOUS

Balland

A Stanislas, Noémie, Alexandre, Stéphanie et Angélique
grâce à qui tout cela est arrivé...

ISBN 978-2-94055-625-0

Avant-propos

Vingt-cinq ans d'expérience, vingt-cinq ans d'élèves, vingt-cinq ans de rencontres, vingt-cinq ans de pédagogie. À travers ce livre, ce sont ces différents espaces que j'ai voulu raconter. Mon intimité se mêle à mon métier car si je suis venue à découvrir Montessori, c'est par nécessité, celle d'une maman en quête d'une autre manière d'apprendre. Le temps m'a permis de me former rigoureusement, d'aiguiser ma pratique, ainsi que ma connaissance des élèves, de leurs besoins, de leurs fragilités, de leurs envies. À leur contact, j'ai affiné mon savoir-faire en me tournant sans cesse vers eux sans perdre de vue mon objectif: les accompagner afin qu'ils deviennent des êtres libres et construisent un monde meilleur. Ce sont ces cas qu'il me tient à cœur de partager avec les lecteurs, autant que les outils à déployer pour permettre à chaque enfant et à chaque famille de vivre une vie à la hauteur de leurs espérances.

Le premier volet est le récit de mon parcours. Il a pour but de témoigner du fait que mes enfants ont toujours été un moteur et que c'est eux qui m'ont donné la force de me consacrer aux autres.

Le second volet met en lumière les piliers de la pédagogie tels que je les ai mis en place dans l'École en interprétant l'héritage de Maria Montessori, en le nourrissant de toutes mes rencontres, sans jamais le suivre dogmatiquement, mais en le laissant évoluer à travers mon quotidien et mes observations. Mon ambition est de montrer que choisir ce type d'éducation, s'appuyant sur des méthodes et du matériel précis, c'est bien aller au-delà de la salle de classe, c'est offrir aux enfants l'opportunité d'être des individus autonomes et heureux, capables à leur tour de faire preuve de bienveillance à l'égard d'eux-mêmes et du monde autour d'eux.

Le dernier volet a pour objectif de présenter des cas précis d'élèves, qu'ils soient phobiques, dyspraxiques, dyslexiques, sensibles, en rupture avec l'autorité, rêveurs, étrangers, etc., et de saisir l'apport considérable de la pédagogie Montessori sur leur scolarité, mais aussi sur leur vie.

L'important pour moi est de montrer que notre approche, s'applique non seulement au sein de nos écoles, mais dans les établissements publics et privés où enseignent les professeurs des écoles que je forme et suit régulièrement. Un monde meilleur n'est pas un monde cloisonné, mais un univers qui dépasse les frontières de ma pratique. Montessori est un outil pour la vie.

MONTESSORI
UN OUTIL POUR LA VIE

Sixième enfant d'une famille de sept, je suis arrivée au bon moment dans la vie de mes parents, en même temps que la réussite de mon père qui marquait l'amélioration des conditions de vie de la famille.

C'est mon père qui m'a aidée à venir au monde et a coupé le cordon, ce qui est sans doute à l'origine d'une relation forte entre nous deux. J'ai été très entourée de mes parents dont j'ai reçu beaucoup d'amour et d'affection. J'ai été très longtemps la préférée de mon père qui ne s'en cachait pas. Mes parents, lui surtout, me témoignaient beaucoup d'admiration, ce qui m'a permis, enfant, de développer une grande confiance en moi et n'a cessé d'être un fil rouge au cours de ma vie.

J'ai toujours eu un grand besoin de liberté parfaitement respecté par mes parents. Je passais mes vacances à la ferme auprès des animaux, dans la nature avec des cousins plus âgés que moi qui m'ont confié très jeune des responsabilités importantes avec cependant une liberté totale. Dès l'âge de 10 ans, je partais seule à travers la campagne garder un troupeau de vaches pendant la journée entière puis en soirée, je les ramenais à l'étable, toute seule aussi. Je montais également sur une jument, Yalta, et partais galoper dans la campagne sans jamais avoir pris de cours... jusqu'au jour où je suis tombée. Malgré une ruade dans l'arcade sourcilière, le choc n'a pas su me faire peur. Je participais aux moissons, conduisais un tracteur tirant une remorque pour ramasser les bottes de paille. Je m'occupais de nourrir les animaux en faisant preuve d'une grande autonomie. Jamais mes parents ne m'accompagnaient dans ces tâches. Après avoir effectué tout ce travail à la ferme, je traversais le village la nuit pour aller me coucher dans une autre maison qui appartenait à mon oncle et ma tante. J'assumais totalement ma vie. Je n'avais peur de rien, rien ne me semblait impossible. En montagne, j'escaladais les rochers, seule. Tout ce que je voulais c'était précisément faire ce que je voulais quand je le voulais.

J'ai le souvenir d'avoir été chaque année très triste au moment de retourner en région parisienne, et pire encore lors du retour à l'école. Je n'en ai d'ailleurs aucun bon souvenir. Tout au plus, une réminiscence. C'était en 1968, lors des jeux olympiques de Grenoble. Ma maîtresse nous avait fait réaliser un dossier sur chaque pays avec les drapeaux et les champions de chaque pays. Voilà le seul bon souvenir que je garde de l'école, de la maternelle au bac. Quand je rentrais de la campagne à la fin des vacances, je pleurais une bonne partie du chemin.

Ma mère était très bienveillante, toujours aux petits soins et très affectueuse avec moi. Elle était là quand je rentrais de l'école, m'accueillant avec beaucoup de gentillesse. En revanche, jamais elle ne venait me chercher à l'école ou m'accompagner dans le club de tennis que je fréquentais. Je devais tout faire seule, traverser le parc de Versailles dès mes huit ans. L'ambiance dans notre maison était très agréable. Je vivais surtout avec mes deux grands frères et avec ma petite sœur.

Ma vie à Versailles était surtout centrée sur le tennis. Je passais mes journées au club de tennis avec mes amis. Je n'avais que très peu de camarades à l'école et je les voyais seulement dans ce cadre. Nous étions protestants et ma mère tenait beaucoup à ce que j'aille au catéchisme. Mais je n'aimais pas les responsables du catéchisme et ce qu'elles nous enseignaient ne m'intéressait pas. Au lieu d'y aller, je me rendais au tennis… malgré les pleurs de ma mère.

Lorsque j'avais 14 ans, j'ai eu un très bon ami âgé de 21 ans qui conduisait. Notre défi était de traverser tout Versailles sans nous arrêter à aucun carrefour. Jusqu'au jour où, à un carrefour, nous avons refusé la priorité à un ami de mon père qui le lui a immédiatement répété. Mon père m'a alors interdit de continuer à monter dans la voiture de cet ami. Je lui répondis que je faisais ce que je voulais et que je monterai avec lui au bout de la rue pour qu'il ne soit pas au courant.

Je faisais donc beaucoup de tennis, des entraînements plusieurs fois par semaine, des compétitions, c'était ma vie à Versailles. Le collège et le lycée ne m'ont pas non plus du tout intéressée. Les seuls souvenirs que j'en ai gardés sont des professeurs humiliant les élèves, des cours inintéressants, des angoisses au moment du rendu des copies, surtout quand ils les distribuaient par notes décroissantes ou croissantes, bref rien de positif. Je passais de classe en classe sans briller mais en faisant juste ce qu'il fallait pour être tranquille.

L'année de terminale a été la pire. J'avais un petit copain et je n'allais plus en cours. J'allais me promener au parc de Versailles, jouais au tennis, allais dans les cafés et surtout beaucoup au cinéma mais très peu en cours. Je rédigeais moi-même mes mots d'excuses sur lesquels j'imitais la signature de mon père. Lorsqu'il l'a appris, ça l'a fait rire.

Évidemment, j'ai raté mon bac et j'ai dû recommencer une terminale. Un cauchemar ! Je n'avais qu'une idée en tête : travailler pour gagner ma vie et être indépendante.

Bien sûr, j'avais fait des petits boulots car mes parents ne me donnaient que très peu d'argent et cela ne me gênait pas, je devais me débrouiller par moi-même. À 15 ans, je donnais des cours de tennis à un groupe d'enfants difficiles. À 16 ans, je passais l'été en Normandie chez un ami professeur de tennis et, je servais au bar du club de tennis. Plus tard, je travaillai deux étés de suite dans une banque pour m'offrir des séjours en Grèce.

Une fois le bac en poche, je me suis mariée et je me suis mise à travailler. D'abord assistante dentaire dans un cabinet, très loin de chez nous. J'avais un long trajet et le travail était horrible. Moi qui avais été très gâtée à la maison par mes parents et très entourée par ma mère qui faisait tout pour nous, je trouvais cela particulièrement difficile. Cela ne dura que trois mois mais je pense que j'y ai beaucoup appris : nettoyer les toilettes, être au service des gens, accomplir des tâches ingrates. Une expérience qui remit les choses à leur juste place.

J'étais indépendante et j'avais un caractère très fort. Devoir accepter des ordres idiots me fit sans doute beaucoup de bien.

Puis je m'inscrivis dans une agence intérim qui me trouva un travail à l'EDF comme dactylo. Là aussi j'appris beaucoup. Les syndicats me disaient de ne pas travailler trop vite sinon mon emploi serait supprimé. Ils nous demandaient aussi de taper avec le capot de la machine à écrire ouvert pour que la salle soit plus bruyante. Je restai trois semaines et je compris que ce n'était pas fait pour moi.

On me proposa par la suite un emploi de dactylo chiffres chez un promoteur immobilier. Je n'étais bien sûr pas dactylo chiffres mais je me disais que j'y arriverais bien, comme toujours. Je me présentai donc et on me donna des bilans de sociétés civiles immobilières à taper. Je ne tapais que des chiffres toute la journée.

Cependant, je m'y plaisais car j'avais beaucoup de travail et j'ai toujours aimé être très occupée. J'avais décidé de montrer la qualité et la quantité de travail que je pouvais fournir. Je savais pouvoir travailler énormément.

Quand je terminai cette mission, on m'en confia une autre, puis je fus embauchée et ce fut le début d'une vie professionnelle passionnante durant laquelle j'ai rencontré des gens extraordinaires.

J'étais extrêmement ambitieuse et je décidai de tout faire pour monter dans la hiérarchie et devenir la plus jeune directrice générale. Je travaillais tout le temps si bien que je réalisais les tâches de plusieurs personnes ; on me remarqua et me confia de plus en plus de responsabilités. Je commençai dactylo puis devins à 21 ans secrétaire de direction, directrice commerciale de la région parisienne à 23 ans puis de la France à 24 ans. Je travaillais sept jours sur sept et douze mois sur douze avec un immense bonheur. Ce que je faisais me passionnait. Je dirigeais une vingtaine de vendeurs, j'étais responsable de la publicité, des ventes, du marketing et du service décoration. Je fis à cette époque des rencontres extraordinaires car je suis persuadée qu'on n'y arrive pas tout seul mais toujours par des rencontres et beaucoup de travail.

Je m'amusais beaucoup, riais avec les personnes avec qui je travaillais. L'humour et le rire ont toujours tenu une très grande place dans ma vie.

Malgré les jalousies et quelques humiliations, je n'ai jamais été trop perturbée car je vais toujours de l'avant.

J'avais une vie professionnelle extrêmement riche et enthousiasmante. J'arrivais sur un lieu, souvent une grande étendue de champs, je choisissais les modèles de maisons, leur prix, leur orientation sur les terrains. J'aménageais une zone modèle, je décidais de l'emplacement des panneaux publicitaires, de leur design. Puis je voyais la décoratrice pour l'aménagement des maisons témoins, le choix de papiers peints, les tissus, l'aménagement de la cuisine, etc. Je consultais l'agence de publicité pour fixer le type d'encart, le choix des journaux, les budgets, participer à la création des plaquettes de vente, lancer le programme à la vente. Et ceci avec une vingtaine de programmes en région parisienne et des chalets à la montagne... Vraiment une vie passionnante pour une jeune femme d'à peine vingt-cinq ans.

C'est à ce moment-là que je rencontrai mon futur mari qui allait devenir le père de mes merveilleux enfants. Je me suis immédiatement retrouvée enceinte de mon premier enfant et cela représentait un immense bonheur. Je continuais à travailler dur même si l'ambiance dans l'entreprise se gâtait.

J'avais entrepris les démarches pour inscrire mon bébé dans une crèche le plus rapidement possible après mon accouchement afin de pouvoir reprendre le travail. J'avais toujours beaucoup d'ambition !

Je travaillai sans m'arrêter jusqu'au dernier moment. Le matin de mon accouchement, j'étais en rendez-vous avec le Président de la Société. Après cette réunion, me sentant un peu bizarre et ayant très mal dans le dos, je décidai d'aller chercher ma valise pour me rendre à la clinique. J'y allai seule, me garai tranquillement sur un trottoir en indiquant sur mon pare-brise que j'étais partie accoucher. Lorsque le personnel médical m'ausculta, il me dit que cela allait arriver très rapidement. C'est ainsi qu'est né mon premier enfant, Stanislas.

Cette naissance bouleversa toute ma vie. Dès que j'eus mon bébé dans les bras, plus rien ne fut comme avant. Il n'était plus question de le confier à quiconque, plus question de le laisser : je désirais m'en occuper totalement. Stanislas me créa maman, le plus beau rôle de ma vie. J'adorais ce bébé. Je m'occupais de lui tout le temps. La nuit, je le prenais dans mes bras et l'emmenais regarder les étoiles. Il était toujours de bonne humeur, il souriait et se passionnait de tout. Je ne le confiai à personne. La place en crèche a été tout de suite libérée. Je ne voulais plus retourner travailler, juste m'occuper de mon bébé. Je tombai très rapidement enceinte une nouvelle fois.

Pendant ce temps, je lisais tous les livres sur les enfants que je trouvais. Pour moi, me retrouver mère était une énorme responsabilité et une tâche qu'il ne fallait pas rater. Je voulais donner le meilleur à cet enfant et à ceux qui suivraient. Je cherchais tout ce qui pouvait être dit ou écrit sur l'éducation des jeunes enfants. Je vivais avec mon fils des instants merveilleux, j'étais la plus heureuse des femmes. Même ses plus grosses bêtises m'attendrissaient. J'observais ses progrès avec attention, m'occupais de lui tout le temps. C'était un petit garçon qui grandissait très bien. Il était déjà autonome, allant même jusqu'à fermer la porte de sa chambre pour s'endormir par terre tranquillement lorsqu'il avait terminé de jouer. Nous l'emmenions partout.

À cinq mois, il visitait les châteaux de la Loire, éclatant de rire pendant les explications des guides. Je lui lisais tout le temps des livres, lui chantais des chansons, lui passais de la musique classique, l'éveillais à tout ce que je pouvais. Je passais tout mon temps auprès de lui avec un bonheur intense. Jamais je ne le laissais pleurer. Cela me semble extrêmement cruel de laisser pleurer un bébé tout seul. Cela génère un énorme stress pour lui. Et pourtant combien de fois n'ai-je pas entendu : « *Ne va pas le chercher, tu vas en faire un capricieux ! Il a besoin de se faire les poumons.* »

En moi j'avais l'intime conviction que tout cela était faux. Comment un bébé tout petit peut-il être capricieux ? Comment un bébé peut-il se construire harmonieusement si ses parents ne viennent pas le réconforter lorsqu'il en a besoin ? On sait très bien que les bébés ont des douleurs au ventre et pourquoi les laisser ainsi souffrir sans les rassurer ? Comment un bébé qui a été laissé ainsi tout seul avec ses souffrances et ses angoisses pourra-t-il devenir un être serein et sans stress ? Pour moi, c'est évident qu'il est indispensable de consoler un bébé, de le rassurer et de le calmer si on veut qu'il devienne un être ayant confiance en ses parents et en la vie. Savoir que lorsqu'il a un besoin quelconque, on lui répondra, lui permettra de grandir sans stress.

À la naissance de Stanislas, mon monde se transforma. Il m'était impossible d'imaginer le laisser dans une crèche tout petit entre les mains de personnes que je ne connaissais pas. Ces personnes qui s'occupent des enfants toute la journée ont une influence énorme sur la personnalité en pleine construction de l'enfant. Et l'enfant est incapable de nous raconter sa journée, ses émotions, ses préoccupations et ses bons moments. De plus, je n'imaginais pas le réveiller de bonne heure, l'habiller, le nourrir à heure dite, le sortir dans le froid, le mettre dans les bras d'une inconnue, partir pour la journée et le retrouver le soir pour très peu de temps.

Je pense qu'un bébé, pour bien débuter dans la vie, et pour se construire dans l'harmonie, a besoin de calme, a besoin que l'on soit respectueux de son rythme de vie et de ses préoccupations. Évidemment, certains parents ne peuvent pas se le permettre pour des raisons financières mais dans ce cas, le choix de la crèche ou de l'assistante maternelle devrait se faire avec des critères bien précis que je définirai plus loin.

Un bébé tout petit qui est mis en communauté dans des conditions peu soucieuses du respect de l'enfant, sera bien évidemment stressé par le bruit, par la lumière, par des réveils intempestifs. Et même si les personnes sont extrêmement bienveillantes, elles sont responsables d'un trop grand nombre d'enfants pour pouvoir donner suffisamment d'attention et d'affection à chacun.

C'est une des choses qui m'a beaucoup choquée à chaque fois que j'ai accouché, pourtant dans une clinique réputée de l'ouest parisien: le peu d'attention portée à ce petit être qui vient de sortir du ventre de sa mère où il était depuis 9 mois dans un univers feutré, protégé, bercé dans un liquide et vivant à son rythme. Il naît et on le met en pleine lumière, on le prend et le met dans l'eau pour le laver, puis il est habillé et souvent posé dans un lit froid, dur et sans contact avec sa mère. Le bébé est donné à sa mère quelque temps après l'accouchement pendant une petite période puis c'est parti pour lui... Et ça, je ne le comprends pas. J'ai toujours exigé que mes bébés dorment dans mon lit contre moi. Je ne les posais que rarement dans ce berceau froid. Berceau que l'on déplace brutalement au gré des besoins des adultes.

Je luttais contre cela et je trouvais que c'était totalement anormal. Une mère qui vient d'accoucher est fatiguée, parfois un peu triste et en plus on ne respecte pas ses désirs. J'ai dû lutter contre le personnel pour qu'on me laisse mes bébés la nuit, pour que je puisse dormir avec eux et à chaque fois on me faisait culpabiliser: « *vous allez l'écraser, lui donner de mauvaises habitudes, vous allez être fatiguée*, etc. » Et je ne m'étendrais pas sur l'allaitement à la demande qui devait rendre mes enfants très capricieux, ni du fait de ne jamais les laisser pleurer, etc. Encore une fois, l'adulte décide pour cet enfant qui vient de naître, il ne le respecte pas, il sait ce qui est bon pour lui et ce qui est amusant, sait que ce qui est bon pour lui évolue avec le temps. Quand j'ai eu Stanislas, on essayait de nous dissuader de l'allaitement mais à la naissance d'Angélique, 7 ans plus tard, on jugeait que c'était mieux. Tout en donnant des biberons dès que les choses paraissaient un peu difficiles plutôt que de m'aider. Encore une fois, on n'écoute pas la mère, on sait aussi ce qui est bon pour elle.

Là ressortent deux choses très importantes qui devraient commencer dès la naissance et même avant: observer le bébé et le respecter, répondre à ses besoins propres et non selon ce que l'adulte étranger décide de façon identique pour tous les bébés à un certain âge.

J'ai eu cinq enfants et aucun ne réagissait de la même

façon. Stanislas, l'aîné, a grandi dans le calme, tout seul avec ses deux parents totalement attentifs à lui mais stressés aussi. Il aimait être tranquille dans sa chambre, le moindre bruit le réveillait, la maison s'arrêtant de vivre lorsqu'il dormait. La dernière, au contraire, a grandi dans une maison remplie d'enfants et donc de bruit. Elle n'acceptait de dormir, même tout bébé, que dans le bruit, parterre dans le salon au milieu de ses frères et sœurs.

La deuxième chose très importante et que nous devrions toujours garder en tête, c'est de respecter le ressenti de la mère. Et cela pendant très longtemps. Il est incroyable de constater combien une mère sait ce qui est bien pour son enfant. Une mère à qui l'on fait confiance, et que l'on encourage à écouter son instinct peut littéralement faire des merveilles et obtenir de son enfant des choses extraordinaires. Inversement, une mère à qui l'on n'a pas fait confiance et que les adultes (le plus souvent à l'école) ont fait culpabiliser, peut perdre cet instinct, se mettre à douter de son rôle de mère et ainsi douter des compétences de son enfant. L'enfant le ressentant se conforme le plus souvent à l'image que la mère a de lui et cela mène à des catastrophes. Un enfant qui sent que sa mère doute de lui perd totalement confiance en lui.

Cette confiance totale, je l'ai toujours eue envers mes enfants et envers tous les enfants. Un jour, l'un d'eux m'a dit : « *Tu as toujours tellement cru en moi que pour moi tout était toujours possible puisque tu pensais que j'en étais capable* » et c'est vrai qu'il a réussi les plus grandes choses.

Je ne parle pas d'une confiance aveugle et passive. Je parle d'une confiance accompagnée de la mise en place de tout ce que l'on peut pour permettre à son enfant de réussir. Un chapitre très important sera consacré à cela avec l'histoire de S. et celle d'A.

Lorsque Noémie avait 2 mois est entrée dans notre famille une femme essentielle dans nos vies : Mado. Au début elle venait très peu puis lorsque Noémie est tombée malade et qu'il y avait trois enfants dans la famille, elle est venue tous les jours et ceci jusqu'à aujourd'hui encore. C'est une femme portugaise fabuleuse douée d'une très grande intelligence du cœur. Elle a su me soutenir auprès des enfants sans jamais prendre ma place mais en leur apportant un bien être que je n'étais pas toujours capable de leur donner. Elle leur a également transmis des valeurs simples et essentielles que seuls les gens doués d'une intelligence émotionnelle forte mais très proches des vraies valeurs de la vie peuvent leur transmettre. Je souligne là l'importance d'être vigilant dans le choix des personnes qui s'occupent des enfants à tous les niveaux. J'en reparlerai plus tard car chaque adulte a un impact sur eux. Mado avait une patience fabuleuse étant capable de les bercer pendant des heures, ne s'énervant jamais, leur vouant un amour total et sincère. Toujours gaie, présente, disponible, elle est encore auprès de nous et cela depuis 28 ans. Sans elle, je n'aurais jamais pu faire tout ce que j'ai fait car ma priorité a toujours été le bien-être et l'équilibre de mes enfants.

Être témoin de tous les événements importants dans la vie de son enfant n'a pas de prix et permet d'évoluer avec lui : les premiers sourires, les premiers sons, les premiers mots, les premiers « maman » et « papa », les premiers pas, les premiers débuts à vélos, etc. Les débuts de tant de choses importantes qu'il est indispensable de partager avec son enfant.

Je sais que ce n'est pas possible pour tout le monde mais il est nécessaire de tout mettre en place pour y arriver. Cela doit être la priorité des parents.

Il est nécessaire que la mère fasse le choix de son enfant par rapport à sa carrière professionnelle par exemple. Il est toujours possible de trouver des solutions si on le veut vraiment. Dans le cas contraire, je pense sincèrement qu'il est préférable de ne pas avoir d'enfant ou en tout cas de retarder le moment d'en avoir. Le congé parental est une chose dont il faut user.

Encore une fois, avoir un enfant est une décision très importante dans laquelle l'enfant doit être la priorité. Pendant la première année, se construisent la personnalité du bébé et les liens, la confiance du bébé en sa mère et en son père et en la vie.

Il est aussi important de ne pas laisser ressentir à l'enfant que sa mère se sacrifie car il est dans ce cas préférable qu'elle le confie à des personnes le plus souvent bienveillantes. En revanche ensuite elle ne devra pas s'attendre à avoir des relations très intimes avec son enfant.

Personnellement, pour mon épanouissement personnel, j'avais besoin d'exercer une activité autre que celle de m'occuper de mes enfants et de rester à la maison. Je devais trouver cependant une activité compatible avec leur bien-être.

Lorsqu'ils étaient petits, ma priorité était d'être présente et la création de l'école me permettait d'être auprès d'eux tout en ayant une activité épanouissante au niveau intellectuel.

Il est important de souligner que les conversations avec des jeunes enfants sont assez restreintes et donc qu'il est absolument nécessaire de rencontrer d'autres adultes et de pouvoir aussi développer notre confiance en soi et une belle image de soi. Cela passe par une réussite de vie professionnelle et des échanges intellectuels riches.

Et cela, la création de l'école me l'a apporté pleinement. La naissance de mes enfants m'a fait aussi réaliser que j'avais absolument besoin d'un travail avec de l'humain, avoir une vie utile pour les autres. Et qu'y a-t-il de plus beau que de donner à des enfants la possibilité d'être heureux à l'école et de s'y épanouir ? Atteignant cet objectif, on rend aussi leurs parents heureux.

Lorsque les enfants grandissent, en tant que mère également, on ne doit pas oublier d'être un modèle, nous sommes un guide pour nos enfants et par le métier que l'on exerce aussi. Des enfants ont besoin d'être fiers de leurs parents. Ce principe a été un guide dans ma vie et m'a également toujours aidé à me relever dans les épreuves.

Comment des enfants auront-ils envie de travailler si leurs parents ne le font pas ? Comment vont-ils réagir face aux épreuves de la vie, si leurs parents s'écroulent ? Comment auront-ils de l'ambition si leurs parents n'en ont pas ? Comment seront-ils enthousiastes sur la vie si les parents sont pessimistes et ne véhiculent que des idées négatives ?

Comment auront-ils une belle vision de la vie professionnelle si leurs parents vont travailler chaque jour en se plaignant? Notre attitude et notre façon de voir et de vivre la vie ont une influence capitale sur nos enfants.

Après la naissance de Stanislas, il n'était plus question que je retourne travailler à l'extérieur mais en même temps, je cherchais des idées pour lancer ma propre entreprise car je ne voulais pas rester sans travailler. Il fallait que je trouve une activité compatible avec ma vie auprès de mes enfants. J'essayai de lancer une société de secrétariat à domicile mais je n'y parvins pas.

Puis est arrivée Noémie. Une très jolie petite fille. Les deux enfants s'entendaient à merveille. Stanislas aimait beaucoup avoir sa sœur auprès de lui et Noémie passait son temps à le regarder. Noémie était une petite fille très vive, qui parla très tôt et très bien, mais qui se mit à marcher très tard. Pendant ses premiers mois, elle pleurait beaucoup et nous avions beaucoup de mal à la calmer. Deux années passèrent ainsi dans le bonheur de ses deux enfants. Vint alors la question de l'école. Je ne voulais surtout pas scolariser Stanislas dans une école maternelle classique. Pour moi, c'était un endroit hostile où il n'apprendrait strictement rien. Je craignais aussi beaucoup les adultes dans l'école. Ces gens pourraient le blesser, l'abîmer et il ne pourrait rien me dire. Je cherchais donc une pédagogie où mon enfant pourrait apprendre et s'épanouir. Une pédagogie avec beaucoup de bienveillance. En cherchant dans des livres, je découvris la pédagogie Montessori et là, ce fut une révélation.

Cette pédagogie me séduisit tout de suite pour une première raison : elle disait que chaque enfant était différent et qu'il fallait tenir compte de la différence de chacun dans la façon de leur enseigner. Maria Montessori disait aussi que l'enfant, très jeune, était doté d'un énorme potentiel et qu'il fallait lui permettre de le développer, elle parlait des sens de l'enfant qu'il fallait aussi développer le plus possible lorsque l'enfant était jeune...

Par une immense chance, une école Montessori existait à côté de chez nous. Elle était bilingue français - anglais. Elle était tenue par une femme extraordinaire qui avait créé cette école au début chez elle puis s'était installée dans des locaux municipaux. J'allai donc la rencontrer pour lui parler de mon fils. Elle m'accueillit très gentiment, mais me dit que j'avais peu de chance d'avoir une place pour Stanislas car il était très jeune. Cela ne me dérangeait pas trop car je ne souhaitais pas le scolariser si tôt. La vie continuait, j'étais enceinte de mon troisième enfant et donc heureuse.

Le soir de la rentrée de septembre, je reçus un appel téléphonique de la directrice de l'école Montessori qui me dit qu'elle avait attendu Stanislas toute la journée et que si je voulais une place, je devais l'amener demain ou je n'étais pas du tout certaine d'en avoir une plus tard.

Avec son père, nous avons été très surpris et nous ne savions pas quoi faire. Stanislas n'avait que deux ans et demi et je le trouvais bien jeune pour aller à l'école. Et nous étions bien ensemble à la maison. En même temps, je ne voulais pas passer à côté de cette opportunité.

Le lendemain, il commençait l'école. Et là encore, cet événement fut un grand changement dans ma vie. En fait je me rends compte qu'à chaque fois, Stanislas a été le déclencheur des plus importants changements dans ma vie.

Je le mis à l'école mais je décidai de m'investir totalement dans son école et dans son éducation. Je commençai alors des cours par correspondance sur la pédagogie Montessori. Stanislas n'aimait pas beaucoup aller à l'école. Chaque jour, je lui promettais un cadeau pour la fin de la demi-journée. Nous allions l'emmener et le rechercher avec Noémie. Il faisait pourtant plein de choses. Je m'investissais aussi dans l'association qui gérait cette école. Alexandre, mon troisième enfant, est alors arrivé. Stan était d'abord très jaloux. À mon retour de la clinique, il s'est couché dans le landau d'Alexandre. Mais après quelques mois, avec son bon caractère habituel, cela n'a pas duré longtemps. La directrice de l'école me demanda si je voulais reprendre son école car son mari était muté en Suisse. J'acceptai sans hésiter car je m'étais déjà investie de plus en plus dans l'école pour suivre de très près l'éducation que recevait Stanislas. J'assistais à de nombreuses journées de classe afin de me former sur la vie quotidienne d'une classe. Une vocation était en train de naître en moi grâce à Stanislas encore une fois.

C'est à ce moment-là que Noémie est tombée malade. Je m'en souviendrai toute ma vie : nous rentrions toutes les deux d'un orthopédiste à Versailles pour lui faire faire des semelles, elle était assise dans son petit siège à l'arrière de la voiture et nous discutions ensemble. Elle était tellement mature et tellement amusante dans sa façon d'être ! Tout à coup, elle s'est mise à hurler. Je lui demandai ce qu'elle avait et elle me disait qu'elle avait mal au niveau du sternum. Et depuis ce jour-là, elle ne cessa de pleurer de douleur. C'était horrible.

Elle souffrait beaucoup, pleurait tout le temps et son état se dégradait de jour en jour, ceci pendant des mois où les médecins ne trouvaient pas ce qu'elle avait. Petit à petit elle perdit l'usage de la marche, ne mangeait plus, ne parvenait plus à se mettre assise, ni debout dans son lit et souffrait énormément. Moi j'étais persuadée qu'elle avait un cancer mais personne ne me croyait. Pendant deux ou trois mois Noémie souffrait le martyre et dépérissait petit à petit. Elle pleurait beaucoup, tout était douleur : s'asseoir, s'habiller, marcher, etc. Les médecins ne trouvaient pas ce qu'elle avait et nous allions d'examens en examens. Des examens terribles jusqu'à lui faire passer de l'électricité dans les jambes. Pendant ce temps, Stan et Alexandre essayaient de grandir dans cette atmosphère particulièrement angoissante. Stan allait à l'école et faisait des choses merveilleuses.

J'étais persuadée que Noémie avait un cancer. Je le dis à son père ainsi qu'à ma pédiatre qui ne voulait pas le croire. Puis elle commença à ne plus manger, à ne plus marcher, et à beaucoup vomir. Nous sommes retournés dans cet hôpital où le médecin chef n'avait rien trouvé. Un autre médecin, voyant Noémie posée sur un tapis comme un pauvre petit animal blessé, dit qu'il fallait lui faire une ponction de moelle. Il partit alors avec Noémie et son père. Je l'entendis hurler comme jamais je n'ai entendu crier un enfant, une douleur terrible. Quand il est revenu avec notre petite fille ravagée, ils me demandèrent de sortir pour annoncer le verdict à son père. Je savais depuis longtemps ce qu'elle avait et j'étais très choquée de cette méthode. Quand je revins, ils m'annoncèrent que Noémie avait une leucémie mais pas la forme la pire, qu'elle allait être hospitalisée pendant tout l'été, qu'elle aurait au minimum trois ans de chimiothérapie, qu'il fallait éloigner ses frères car nous allions vivre des moments terribles. Ensuite, ils nous ont emmenés dans une chambre à l'étage de l'hôpital. Un étage où j'ai vu toute la tristesse de notre monde : des enfants malades de cancer et des parents ravagés. On aurait cru que nous étions en enfer.

Et là ils nous ont laissés de nombreuses heures sans rien nous dire avec notre petite fille malade. Puis ils nous ont annoncé que nous pouvions rentrer pour le week-end qui contenait un jour férié mais le lundi nous devions rentrer pour la pose d'un cathéter et le début du traitement.

Tout le week-end, nous n'avons cessé de pleurer. J'étais désespérée. Nous l'avons emmenée avec ses frères à Thoiry car elle aimait beaucoup voir les animaux puis nous avons décidé d'une organisation pour que la vie continue pour tout le monde. Je passerais une partie de la journée auprès de Noémie, je rentrerais en fin de journée pour passer la nuit avec Stan et Alex et son père ferait l'inverse. Il a été absolument remarquable pendant tout le temps de la maladie de Noémie, faisant tout son possible pour que tout le monde ait la meilleure vie possible.

Mes parents ne venaient jamais voir Noémie mais avec ma jeune sœur, ils passaient une grande partie de la journée auprès des garçons. Après avoir beaucoup pleuré et déprimé, je me dis qu'il fallait que Noémie vive et que pour vivre, il fallait tout faire pour lui montrer que la vie était belle, sourire, être heureux, rire…

A partir de ce jour-là, tout le temps que nous passions auprès d'elle devait être joyeux. Chaque jour, elle recevait un cadeau, nous lui racontions des livres tout le temps et plus particulièrement les jours où elle n'était capable de faire que cela. Et les jours passaient, très éprouvants mais ils passaient. Avec des infections, des champignons partout, des examens à n'en plus finir, des radios, des hauts et des bas, une aplasie…

Malgré cette tristesse, il nous arrivait tout de même des choses amusantes : Noémie n'a plus rien mangé pendant des jours et des jours et un matin ou une nuit, elle a demandé des tomates et des pommes de terre sautées. Immédiatement, nous sommes rentrés lui préparer ses tomates et ses pommes de terre sautées. Et elle n'a mangé que cela pendant des jours. On me disait que les tomates, ce n'était pas bon pour les risques de diarrhées mais pour moi, ma petite fille remangeait et c'était signe de vie ! Je lui préparais donc tout ce qu'elle voulait.

Elle n'a d'ailleurs jamais mangé le moindre plat servi par l'hôpital. Puis le temps est passé à nouveau et la superbe nouvelle est venue : Noémie était en rémission. Beaucoup d'épreuves nous restaient à vivre mais Noémie était adorable, elle était charmante, facile à vivre, toujours gentille avec tous. C'était la petite chérie des infirmières. Elle s'exprimait très bien et ne se plaignait jamais.

Quelques jours avant la date à laquelle on nous avait annoncé qu'elle pourrait sortir, nous avons décidé d'amener pour la première fois Stanislas à l'hôpital pour qu'il revoie sa sœur. En effet afin de le protéger un peu, nous avions décidé de ne pas l'amener dans ce lieu terrible. Elle maigrissait, elle avait des infections partout, champignons, etc. et pendant tout un temps un regard vide proche de la mort. S'il devait arriver un drame, je ne voulais pas que Stanislas garde cette vision de sa sœur.

Mais il fallait qu'il la revoie avant qu'elle rentre à la maison. Elle avait tellement changé, elle ne pesait plus que quelques kilos, ne marchait plus, n'avait plus de cheveux et était très fatiguée. Lorsque Stanislas est rentré dans la chambre, Noémie était assise sur son lit comme toujours, et il a dit : « Elle est où Noémie ? ». Il ne l'a pas reconnue. Il voulait qu'elle vienne jouer dans la chambre avec lui mais elle ne pouvait pas bouger puisqu'elle avait de nombreux fils reliés à des machines.

Puis elle est rentrée à la maison pour quelques jours. Elle

ne marchait plus, il a fallu qu'elle réapprenne par elle-même. Elle a trouvé une petite poussette de poupée qu'elle poussait devant elle et ainsi, elle a remarché. Elle avait un traitement très lourd donc était très fatigable mais elle était vivante et parmi nous.

Cette période a été aussi très difficile pour nous tous car elle n'était à la maison que pour trois jours et repartait à l'hôpital pour six jours. À chaque fois qu'elle devait repartir, tout le monde était extrêmement triste. Pendant les périodes où elle était à la maison, nous devions l'amener à l'hôpital très souvent pour nettoyer le cathéter et faire les prises de sang. Cette période a duré trois ou quatre mois. Son père continuait à passer toutes les nuits auprès d'elle lorsqu'elle était hospitalisée et à la maison, elle dormait dans notre chambre.

Un jour, les médecins nous ont dit qu'il fallait la faire vacciner contre la varicelle car c'est la maladie infantile qu'ils craignaient beaucoup. En effet, cette maladie est très mauvaise pour les personnes qui ont de basses protections immunitaires, ce qui est le cas des enfants en chimiothérapie. Noémie a été vaccinée et l'hôpital nous a indiqué que le laboratoire nous téléphonerait tous les jours pour suivre l'évolution de la réaction de Noémie à ce vaccin. Non seulement elle a eu la varicelle, mais aussi un zona ophtalmique et ses deux frères ont eu de très grosses varicelles…

Dès que cela a été possible, j'ai souhaité que Noémie aille à l'école. Elle était très fragile et Stanislas la protégeait toujours des autres. Ils étaient dans la même classe puisque le mélange des âges est un principe de base de la pédagogie Montessori. Ils ont d'ailleurs toujours été dans la même classe de la maternelle au baccalauréat, ce qui a toujours été très agréable pour les deux. À un moment, ils se sont même trouvés avec Alexandre dans la même classe. C'est à cette période que j'ai décidé de suivre la formation Montessori par correspondance. Je voulais absolument connaître très bien cette pédagogie afin de bien suivre mes enfants et d'être la plus compétente possible pour mon école et j'avais aussi besoin de me changer les idées afin de ne pas focaliser toutes mes journées sur Noémie.

Je ne pouvais que suivre une formation par correspondance car il n'était pas question de laisser mes enfants pour aller étudier. Je voulais être présente pour tout ce qui les concernait : les conduire à l'école, aller les chercher, prendre les repas avec eux, les lever, les coucher et passer le plus de temps possible auprès d'eux. Dès leur naissance, j'avais pris conscience de l'importance de passer le plus de temps possible auprès des enfants. Mais lorsque vous prenez conscience qu'il est possible de perdre votre enfant, alors c'est encore plus fort. Je voulais vraiment vivre chaque instant avec eux et j'étudiais le soir lorsqu'ils étaient couchés. Ma priorité étant toujours la guérison de Noémie et son bon moral, je mettais chaque jour tout en place pour qu'elle se sente bien et continue à lutter contre sa maladie.

L'ensemble de la maison était organisé pour eux. Leurs jouets étaient installés partout dans le séjour car nous vivions tout ensemble. Nous achetions également de nombreux livres et leur racontions beaucoup d'histoires. Chaque soir, avant le coucher, je racontais des histoires aux trois enfants, un de chaque côté et Alexandre sur mes genoux. Ils jouaient beaucoup tous les trois ensemble. Il régnait dans notre maison un grand désordre qui choquait souvent les visiteurs. M'imprégnant de la pédagogie Montessori, j'installais dans notre cuisine des ateliers pour des activités autonomes. Ils pratiquaient des activités artistiques de tout genre. Le sport avait également une grande place dans nos vies. Je leur apprenais à jouer au tennis, nous les emmenions faire du ski, de la natation, du vélo. L'idée était de leur offrir le plus beau début de vie possible.

A mes yeux, l'enfance doit être la plus parfaite possible car elle marque les fondations de l'être ; or comment être un adulte équilibré si les bases ne sont pas fortes et solides ?

L'éducation des enfants devrait aussi impliquer de leur offrir des fondamentaux dans tous les domaines pour leur permettre de bien s'intégrer dans la société en ayant confiance en eux.

Nous avons mené ce combat pour Noémie dans les hôpitaux où j'ai vu des choses que je ne souhaite à personne : des enfants qui souffrent, certains qui ont toujours vécu à l'hôpital depuis leur naissance et qui n'en sortiront sans doute jamais, d'autres qui meurent, d'autres qui crient parce qu'ils ont mal, d'autres qui pleurent parce qu'ils sont seuls, des parents tristes, désarmés, perdus, des enfants qui ne peuvent plus manger, parler, jouer, des enfants avec des infections partout car privés de défenses immunitaires, et ma petite fille que je ne pouvais plus toucher qu'avec des gants, que je ne pouvais plus embrasser qu'avec un masque, ma petite fille qui ne pouvait plus parler, qui ne pouvait plus marcher, qui ne pouvait plus manger et maigrissait à vue d'œil, qui ne riait plus, ne souriait plus, qui avait les yeux de la mort... Avec l'angoisse permanente de ne pas savoir si demain elle serait en vie, si dans un mois elle reviendrait à la maison... Et que dire à son grand frère Stanislas de 3 ans qui la réclamait tout le temps, qui posait mille questions inquiètes au sujet de sa petite sœur, questions pour lesquelles nous n'avions pas de réponses satisfaisantes. Et comment s'occuper de son petit frère de 6 mois, Alexandre, alors que toute l'attention, toute l'énergie et toute la présence étaient tournées vers Noémie que nous avions décidé de ne jamais laisser seule à l'hôpital et de tout faire pour la guérir.

Je me suis alors dit que je devais changer de vie, que cette épreuve n'était pas là pour rien, et que je me trompais de route.

Vous avez là l'origine de l'école que j'ai créée. Juste une maman qui vit une épreuve difficile et qui décide de fonder une école pour permettre à ses enfants, marqués eux aussi par cette épreuve, de la traverser le mieux possible, d'apprendre dans la meilleure ambiance possible, avec des adultes extrêmement bien préparés pour les aider au mieux dans leur développement, dans leur épanouissement, pour leur permettre d'acquérir une confiance en eux, une autonomie, un goût du bonheur, une soif de vivre qui les aident à gérer les épreuves de la vie.

Ma vie serait maintenant consacrée à ça, je voulais leur donner tout ce que je pouvais pour qu'ils passent une scolarité heureuse, épanouissante. Je voulais leur communiquer la joie de vivre, la confiance en eux-mêmes, et en l'adulte, pour qu'ils traversent les épreuves et deviennent des êtres de valeur, capables d'aider à leur tour, de construire quelque chose de beau; les aider à s'aimer, à apprécier leur propre valeur, à avoir envie d'apprendre, à trouver chacun leur propre chemin.

Surtout je voulais qu'ils sachent que je ne les jugerais jamais, que je les accepterais comme ils étaient avec leurs qualités et leurs défauts, que je leur donnerais tout ce que je pourrais sans jamais rien leur demander en retour.

Voilà, la chose essentielle de ma pédagogie : je crois en ces jeunes, tous ces jeunes, je reste persuadée qu'ils ont tous un potentiel immense et que c'est à nous, avec tout l'amour, le soutien, l'aide, les encouragements, la valorisation que nous pourrons leur prodiguer, de les aider à croire à nouveau en eux pour réussir et mener au bout leur projet de vie.

Cette pédagogie, je l'ai donc imaginée d'abord avec le désir de créer une école différente du système traditionnel français. J'ai ensuite basé son développement sur les principes de Maria Montessori avec une adaptation à la vie d'aujourd'hui, sur la lecture de très nombreux ouvrages ayant trait à toutes les pédagogies actuelles et ensuite, comme Maria Montessori, sur l'observation des enfants.

Il y a bien sûr des adaptations à faire, des recherches à effectuer (par rapport aux dyslexiques, dyspraxiques, hyperactifs, à l'anorexie...), des nouveautés à réaliser (les programmes humanitaires, une section plus professionnelle, des échanges avec des écoles d'autres pays...), des problèmes à mieux appréhender pour aider les jeunes à trouver des solutions (la drogue, l'alcool, l'absentéisme...). C'est d'ailleurs ce qui est passionnant : rien n'est définitif (sauf les valeurs et les objectifs), il faut sans cesse que nous, adultes, nous nous remettions en question pour toujours nous améliorer et apporter quelque chose de meilleur. En revanche, une chose reste constante, nous devons avant tout être des exemples pour ces jeunes. Parallèlement à la maladie de Noémie, à la rentrée de septembre je repris donc l'école Montessori. Je continuais à étudier cette pédagogie par correspondance et passais du temps dans les classes auprès des éducatrices afin d'apprendre sur le terrain. Je créais également de nombreux plateaux à base d'exercices Montessori pour la maison.

Une des éducatrices commença à créer des problèmes avec certains parents d'élèves car elle voulait reprendre pour elle cette école. La pédiatre de nos enfants nous proposa des locaux dans notre Commune. Nous avons donc accepté et c'est ainsi qu'est née notre école Montessori.

Au début, je pensais faire juste une école maternelle. J'inscrivis donc Stanislas dans une école privée de renom située non loin de notre domicile. L'administration de cette école m'écrivit rapidement une lettre très formelle dans laquelle elle m'expliquait que si je voulais inscrire Stanislas, il fallait qu'il y rentre en dernière année de maternelle. Face à cette lettre si froide et à cette exigence, je décidai d'ouvrir une classe de primaire pour Stanislas, sa sœur et les autres.

Cette décision m'apporta des critiques de partout. Pourquoi faire une école alors que l'école publique était très bien ? Encore la maternelle, c'était envisageable mais ensuite ? C'était totalement aberrant.

En revanche, j'avais le soutien total du père de mes enfants et cela m'a énormément aidée. Il m'assistait beaucoup et s'investissait personnellement et financièrement. Il a aussi une énorme responsabilité par rapport au développement de ce projet qui, sans lui, n'aurait pas pu connaître une telle ampleur. Le fait aussi qu'il avait fait de très bonnes études donnait une crédibilité à notre projet auprès des parents.

Sûre de moi, je continuais car je souhaitais que mes enfants aient la plus belle des enfances, la plus heureuse possible et la plus épanouissante avec une belle construction de leur personnalité tout en respectant chacun dans ce qu'il est.

Ce besoin de donner le plus de bonheur à mes enfants ainsi qu'aux enfants des autres s'est terriblement accru avec le cancer de Noémie. En effet, j'ai alors pris conscience qu'un enfant pouvait mourir et qu'il était donc essentiel de lui donner toujours la plus belle vie. Il fallait donner aux enfants beaucoup d'amour, d'affection et de présence.

Il y a des valeurs que j'ai découvertes comme primordiales grâce à la maladie de Noémie. Encore une fois, c'est un de mes enfants qui m'a fait grandir et évoluer dans ma vie. Grâce à Noémie j'ai trouvé le chemin de ma vie. Je devais maintenant me consacrer aux enfants, à leur donner le meilleur possible dans la vie. Pas uniquement aux miens mais à tous les enfants que je rencontrerai sur le chemin. Et en même temps que cette révélation s'est développé en moi un don pour m'occuper d'eux, un don qui est né par l'amour que je leur porte. Comme dit Maria Montessori, l'enfant est l'homme de demain et nous devons lui donner le meilleur afin d'améliorer le genre humain.

Bien des années plus tard, lorsque la faillite de l'école a eu lieu et que j'avais le moral au plus bas, mes enfants, même s'ils étaient grands, n'allaient pas bien. Des enfants même adultes ne peuvent pas aller parfaitement bien s'ils sentent leurs parents mal. De plus, ce n'est pas à eux de trouver nos solutions. Nous sommes pour toujours les parents et eux, les enfants. Trop d'adultes tentent d'échanger les rôles et ce n'est pas possible. On leur impose alors quelque chose de très douloureux. Maintenant que tout va bien et même très bien, mes enfants sont libres et réussissent leur vie avec autonomie.

Les enfants même adultes, ont toujours besoin de savoir que leurs parents vont bien et sont forts. Ainsi ils peuvent mener leur vie librement. Voir un de ses parents ou les deux fragilisés les empêche de s'épanouir et de voler de leurs propres ailes, c'est comme si quelque chose les retenait et les empêchait de vivre leur vie.

Le fait de redémarrer, et que cela fonctionne mieux qu'avant, a permis à mes enfants de prendre conscience que tout est toujours possible, que l'on peut tout perdre et être au plus bas et tout de même redémarrer, reconstruire et avoir quelque chose d'encore mieux avant.

Personnellement cette faillite, et tout ce qui en a découlé, a été essentiel et m'a permis d'avoir une autre vision de la vie. Je me suis rendu compte que, si l'on fait bien les choses, on peut tout perdre certes, mais que si l'on travaille avec acharnement et positivisme, que l'on y croit, on réussit.

On ne réussit pas seule. J'ai réussi grâce à la rencontre avec Joël qui m'a considérablement aidée et soutenue dans ce nouveau projet. Par-dessus tout il croyait en moi, en ce projet et il a tout mis en place autour de moi pour que je puisse repartir en donnant le meilleur de moi-même d'une façon sereine. Et cela a été la clé de la réussite.

De plus les nouveaux projets comme l'organisme de formations ont pu prendre jour et devenir ce qu'il est et ce qui est fait dans tous les domaines aujourd'hui est bien mieux que ce qui existait avant la faillite et dans une bien meilleure ambiance.

Bien souvent, il faut des échecs pour redémarrer d'une meilleure façon. Sans cette dure épreuve, je n'aurais pas pu créer ce que je crée aujourd'hui. Les erreurs du passé permettent de comprendre ce qu'il ne faut pas faire afin de ne pas les reproduire et d'orienter les choses différemment.

Je craignais d'être aigrie car je l'ai été au début. Mais maintenant, je pense que l'attitude de certains m'a fait également évoluer et m'a aidé à comprendre beaucoup de choses.

Et les jolies surprises existent aussi. Certains parents d'élèves dont je n'étais pas très proche, ont été là pour m'aider à redémarrer, c'est même grâce à leur confiance que j'ai réussi à recommencer cette école. Certains professeurs aussi (et pas ceux qui me clamaient leur amitié et qui m'ont tourné le dos au moindre problème) m'ont soutenue et aidée.

Je me souviendrai toujours de ce que m'a écrit un de mes enfants : « *Ta réussite leur prouvera que c'est toi qui avais raison* ». Lorsque j'ai lu cette phrase, je dois dire que cela m'a fait beaucoup réfléchir et m'a donné énormément de courage.

Toutes les méchancetés et tous les abandons ont donc été une grande force pour moi et m'ont fait encore une fois évoluer. J'ai compris grâce à cette épreuve qui étaient mes vrais amis, et dans ma famille aussi. Avec qui les liens étaient vrais, forts et sincères. Et j'ai eu la chance de faire de nouvelles rencontres très belles qui m'accompagnent dans ce projet merveilleux. Des rencontres fortes et pleines d'amour que je n'aurais jamais pu faire sans la faillite de ma première entreprise.

Noémie a pu avoir son école Montessori, croire de nouveaux en ses rêves, et être persuadée qu'avec du travail, du sérieux et une gestion solide, son projet fonctionnerait très correctement. Aujourd'hui, avec toutes ses qualités innées et développées grâce à cette merveilleuse pédagogie qu'elle maîtrise totalement, elle connaît un succès et un développement exceptionnels et elle est très heureuse.

Si j'étais restée sur un échec, quel modèle leur aurais-je donné et comment aurait-il pu croire en leur avenir ? Maintenant trois d'entre eux souhaitent créer leur entreprise.

Mes enfants m'ont aussi beaucoup aidée dans ce redémarrage. Ils m'ont aidée par leur présence et par le fait qu'ils ont cru en moi. Certains m'ont aidée physiquement et étaient là très souvent. D'autres m'encourageaient beaucoup et cela a été un moteur aussi. Je ne pouvais pas les décevoir, je devais réussir. Et puis certains anciens élèves m'ont beaucoup soutenue aussi et pas toujours ceux à qui j'aurais pensé. Ils m'ont aidé physiquement en étant là quand il le fallait et d'autres qui étaient loin par des messages extraordinaires.

L'un d'eux en particulier, dont je parlerai plus loin, et qui était pourtant un enfant dont l'histoire à l'école s'était mal terminée, a été et est encore d'un soutien merveilleux. Même à l'autre bout du monde, il m'envoie des messages fabuleux. Lorsqu'il est de passage à Paris, il me donne rendez-vous ou vient me voir. Il a toujours des mots du cœur à mon égard.

Déjà lorsqu'il avait 14/15 ans et qu'il était encore dans ma précédente école, c'est lui qui avait la meilleure vision des professeurs et membres de mon entourage. Ceux qu'il n'aimait pas ont tous eu un mauvais comportement à mon égard. J'aurais dû l'écouter davantage. Les jeunes ont souvent une bien meilleure vision des personnes et des choses.

Depuis la création de l'école, ce sont souvent les élèves qui ont été les plus proches et les plus bienveillants à mon égard. Et c'est souvent ce que les professeurs ne comprenaient pas et condamnaient même. Une directrice d'école ne peut pas avoir des relations amicales avec les élèves. Et pourtant ces jeunes ne sont pas encore animés par les mauvaises émotions que ressentent les adultes comme la jalousie par exemple. Ils ont des relations franches et sincères et souvent un regard très lucide sur les adultes.

On devrait leur faire plus confiance encore. Lorsque j'ai eu besoin d'aide, c'est toujours eux que j'ai appelés et certains ne m'ont jamais déçue. Se rendre compte à plus de 50 ans qu'on a tout perdu : son métier, son entreprise créée depuis plus de 20 ans, sa maison, la vie auprès de ses enfants, sa voiture, tout le travail qu'on a mis 20 ans à réaliser, sa famille, une partie des personnes qu'on pensait être ses amis, tout cela fait beaucoup évoluer et fait comprendre les véritables valeurs de la vie. On réalise aussi qu'il ne faut pas s'attacher aux choses, ni à trop de personnes. Cela permet aussi de faire un point sur sa vie à cet âge-là où il est plus que temps de faire le bon choix. Comprendre aussi que la justice n'est pas vraiment juste et qu'on ne peut rien y faire. On comprend où sont les essentiels et qu'il est plus qu'important de profiter du moment présent.

Se retrouver seule au Tribunal de Commerce lors de chaque étape de liquidation de son entreprise que l'on a créé petit à petit pendant 20 ans, et encore seule le jour où est prononcée la liquidation, seule sans un sms, mail ou appel de quiconque car chacun est dans sa vie.

Seuls Joël et les enfants ont été encore une fois auprès de moi à ce moment-là. J'étais seule au Tribunal et en suis repartie seule et rentrée chez moi avec ce sentiment d'avoir tout perdu tout ce que j'avais mis 22 ans à construire, et où j'espérais qu'au moins deux de mes enfants devenus adultes trouveraient leur épanouissement. Perdus aussi tous mes espoirs d'avenir paisible, tout s'effondrait soudain.

Il allait falloir tout recommencer, repartir, avec ce sentiment d'échec horrible, de trahison, d'injustice, d'abandon, de révolte et de solitude, etc.

Je m'inquiétais en plus terriblement car comment allais-je payer mes dettes, mes impôts, comment allais-je vivre et pouvoir continuer à payer les études de mes enfants ? Le drame n'était certainement pas terminé, jusqu'où allais-je tomber encore, et encore…

J'avais en tête de pouvoir garder l'endroit où se trouvait le bâtiment de la plus petite école sur les deux écoles qui existaient avant. Mais pour cela je devais aller y vivre. Ce qui signifiait quitter la maison de famille où j'avais élevé mes enfants, où je les avais vus grandir, où se trouvait tout ce que j'avais encore une fois construit depuis plus de 20 ans. Quitter là où j'avais vécu toutes ces années avec mes enfants sans jamais les quitter ne serait-ce qu'une nuit ? Cette maison où s'étaient accumulés tous nos souvenirs et tout ce que j'aimais le plus au monde. Je devais sauver cet endroit pour sauver également l'avenir de mes enfants et le mien mais à quel prix ?

J'essayais de rester davantage dans la maison familiale car je ne pouvais imaginer vivre sans mes enfants, ne plus les voir se réveiller, ne plus pouvoir aller les voir dans leurs chambres, ne plus entendre mon fils descendre son escalier, prendre sa douche, ne plus pouvoir partager des films tous ensemble dans mon lit, ne plus les entendre rentrer et venir me raconter leurs histoires, ne plus prendre de repas tous ensemble avec leurs amis autour de la table familiale, etc. Encore une fois perdre beaucoup, perdre tellement…

Le travail est pour moi un moteur et un bonheur. Comme quoi certaines choses sont vraiment innées… Je crois beaucoup à la vertu du travail et j'ai essayé de transmettre cette conviction à mes enfants. Car vraiment, toute personne qui travaille avec rigueur, avec beaucoup de force et d'énergie, réussira sa vie et se sortira de ses problèmes. Et dans n'importe quel travail. Il ne faut surtout pas se dire que certaines taches ne sont pas de notre niveau. Il est nécessaire de travailler dans tous les domaines. Et depuis que mes enfants sont petits, ils travaillent. Ils travaillent à l'école, ils travaillent leurs devoirs et leçons avec rigueur, dès qu'ils en ont eu la possibilité ils ont travaillé à l'école, dans les classes et en donnant des cours particuliers souvent très jeunes. Je me souviens, par exemple, d'Angélique qui donnait des cours à des élèves plus âgés qu'elle et ils la respectaient. Et aujourd'hui mes cinq enfants travaillent toujours beaucoup et souvent plus que les autres. Le travail est vraiment une clé pour réussir. Savoir travailler plus que les autres...

Une de mes filles, par exemple, à chaque vacances d'été, trouve des matières à étudier. Souvent ses amis en rient mais elle en a besoin. Elle apprend le chinois en vue de passer de nouveaux examens et de toujours progresser.

Elle a fait un stage de fin d'année et pareil, elle a beaucoup travaillé et a été embauchée ensuite.

Dans ce domaine aussi, l'exemple des parents est essentiel: il est difficile d'exiger de ses enfants qu'ils travaillent durement si on ne le fait pas soi-même. Mes enfants m'ont toujours vue travailler: pendant l'année scolaire dans la journée, le soir et pendant les vacances... et donc pour eux c'est une évidence.

Aujourd'hui, je travaille la semaine dans mon école avec les élèves et dans la gestion pédagogique et la communication de l'école et le week-end, la moitié des vacances et quelques mercredis, pour transmettre tout ce que j'ai appris en formation. À certains moments, je peux travailler pendant plusieurs semaines consécutives sans prendre le moindre jour de repos et tout cela avec beaucoup de bonheur.

J'essayais alors de créer un blog et de proposer des cours particuliers car je pensais vital de continuer à m'occuper d'enfants. J'en ai trouvé quelques-uns et cela me faisait beaucoup de bien.

Je pleurais énormément, presque tout le temps, mais j'essayais de me cacher vis-à-vis de Joël et de mes enfants. Pourtant les larmes venaient en permanence.

Le manque de mes enfants me provoquait des douleurs physiques terribles, une souffrance terrible que seule une mère peut comprendre je crois. Le manque de mon école, de mes élèves, des relations avec les autres me pesaient beaucoup aussi. Je n'avais de contact avec personne à part Joël et les enfants. Je passais des journées entières sans voir personne et à pleurer presque tout le temps.

Le soir aussi, au moment du coucher, le manque des enfants me pesait terriblement. À cette époque, je voyais par la fenêtre des camionnettes venir vider mon école et tout prendre. Je regardais cela avec une immense tristesse. Lorsqu'ils ont eu terminé leurs déménagements, j'ai pu récupérer les clés et retourner à l'intérieur de ce bâtiment qui nous appartenait : il avait été dévasté.

Les armoires étaient renversées, certaines étagères étaient retournées par terre, d'autres étaient placées en travers des salles, des sacs-poubelles étaient éventrés avec des ordures partout au milieu des pièces. Et tout était extrêmement sale et rempli de poussière car cela faisait plus de six mois qu'elle était inhabitée et pas entretenue.

Cette école qui avait accueilli jusqu'à 130 enfants heureux dans leurs jolies classes, avec du beau matériel, était dans un état cauchemardesque.

Joël ayant la conviction qu'il fallait créer à nouveau cette école, la rouvrir à la rentrée suivante, j'entrepris de la nettoyer et de la ranger peu à peu. C'était très difficile et profondément triste de me retrouver toute seule à plus de 50 ans avec mes seaux, éponges, sacs-poubelles, pour entreprendre le nettoyage de tout cela.

Je me retrouvais à zéro mais je me répétais que j'avais tout de même la chance d'avoir ce bâtiment. Une nouvelle fois, un de mes enfants est venu m'aider régulièrement et je lui en suis très reconnaissante car sa présence était très utile pour mon moral. Joël aussi était là, toujours là.

Cette vieille femme portugaise qui est dans notre famille depuis presque 30 ans m'a également beaucoup soutenue car elle était très choquée par ce qui m'arrivait.

Même si c'était difficile et pénible, être dans l'action m'aidait beaucoup. Je voyais que j'évoluais dans le bon sens et que les choses étaient en train de s'inverser. J'arrivais à reconstruire, c'était peut-être la fin de la destruction et de la perte de tout.

J'allais donner des cours particuliers, j'écrivais mon blog, je repartais. Puis un jour, je reçus un appel téléphonique d'une ancienne mère de deux élèves que j'avais beaucoup aimés. Cette dame avait participé très activement au montage de la nouvelle école qui avait été créée suite à la faillite. Elle me laissa un message me demandant de la rappeler très vite. J'étais très étonnée car on m'avait rapporté des propos assez méchants de sa part à mon égard. Mais j'avais beaucoup apprécié ces deux fils ainsi qu'elle, lorsque mon école existait.

Je la rappelai donc et elle me raconta qu'elle était déçue de ce qui avait été créé, qu'elle se rendait compte que ce qu'elle souhaitait, c'était une école comme celle que j'avais créée et dirigée avant. Elle pensait que le label Montessori et les personnes se revendiquant diplômées et grands connaisseurs de cette méthode, allant même jusqu'à écrire des livres, créeraient la même école que celle que j'avais mis 22 ans à faire petit à petit. Mais elle constatait que ces personnes n'avaient pas du tout un projet pédagogique adapté. Les enfants étaient mal traités par certains professeurs, ne travaillaient pas, la bienveillance ne régnait pas, l'ambiance n'était pas chaleureuse, les parents d'ailleurs retiraient leurs enfants peu à peu car ils étaient très déçus. Et elle me demandait si j'accepterais de refaire l'école avec ses deux fils.

Ce fut là mon plus grand bonheur depuis très longtemps. J'ai bien sûr accepté et c'est ainsi que j'ai recommencé une école dans une pièce de 15 m^2 avec ses deux fils. Se sont joints à eux deux autres jeunes garçons qui avaient été scolarisés dans ma précédente école. Je leur enseignais toutes les matières sauf l'anglais et ils étaient du niveau 5e et 4e.

Cette nouvelle organisation a été déterminante pour moi et a marqué le début d'une nouvelle vie. Chaque matin, ils venaient et j'animais les cours. Puis, lorsque j'ai réussi à nettoyer une partie de l'école, nous nous sommes installés dans une salle de classe. La maman des deux garçons a parlé autour d'elle, j'ai écrit des articles et se sont joints à nous très rapidement dix autres élèves de 5 à 13 ans. Je suivais alors les niveaux de la grande section de maternelle à la 5e dans presque toutes les matières.

J'ai fait appel à un ancien élève pour enseigner l'anglais et à l'un de mes fils, Alexandre, pour le sport et pour les maths. Encore une fois ce sont mes enfants et d'anciens élèves qui m'ont permis de redémarrer et Joël bien sûr.

D'autres élèves se sont joints à notre petit groupe. Cette période de transition a été formidable. L'ambiance était très chaleureuse et extrêmement agréable. C'était un challenge que d'enseigner toutes les matières du primaire et du collège jusqu'à la 4e. Le primaire, je connaissais bien ; le niveau collège, je l'avais peu enseigné.

Mais j'ai toujours pensé qu'avec du travail, du sérieux et un peu de réflexion, tout est possible. Et j'ai réussi.

Je serai toujours reconnaissante à cette maman qui m'a ainsi fait confiance car je ne sais pas si sans elle j'aurais recommencé. Mais comme toujours se trouvent sur notre chemin des personnes exceptionnelles qui nous aident.

Ainsi nous pouvions annoncer que notre école était rouverte. Durant le dernier trimestre, d'autres élèves se sont joints à nous. J'ai également repris l'animation de formations Montessori qui sont maintenant une partie très importante de mes activités. Transmettre toute cette expérience est essentiel.

Au début, j'assurais des formations avec une personne pour me redonner confiance. Des formations Montessori, j'en avais dispensé pendant plusieurs années dans mon école avec des groupes importants de parents et d'éducateurs de tous horizons. Donc je savais faire mais il fallait juste que je reprenne confiance en moi.

J'ai mis en place plusieurs formations à des personnes de tous les pays et j'ai beaucoup aimé aussi ce rôle de « transmission » de mon expérience.

Il y a environ vingt ans, j'avais été à plusieurs reprises l'assistante de l'ex-présidente de l'association Montessori d'Amérique du nord lors des formations qu'elle venait dispenser dans mon école. J'ai également corrigé les traductions de ses supports de formation. Peu à peu, je me suis approprié tout cela et j'ai pu effectuer le rapprochement avec les cours que j'avais reçus et l'expérience que je vivais chaque jour depuis des années d'enseignement auprès d'enfants de tous âges, de professeurs et d'élèves plus âgés. Ce bagage exceptionnel m'a permis de mettre au point mes propres formations.

Joël et moi nous sommes alors consacrés au lancement de la nouvelle école « Athéna ». Ce n'était pas chose facile. Je tenais les rendez-vous avec les parents souhaitant inscrire leurs enfants et à chaque fois revenaient les mêmes questions : « Pourquoi avez-vous fait faillite ? Qu'est-ce qui nous garantit que vous ne recommencerez pas à nouveau ? Cela ne vous a pas dérangé de mettre 450 élèves dans la nature ? Que sont-ils devenus ? » Toutes ces questions me ramenaient à chaque fois à ce cauchemar vécu et il fallait répondre avec le sourire, avec optimisme afin de les rassurer pour qu'ils inscrivent leurs enfants.

La pédagogie Montessori de mes écoles est adaptée au désir que j'avais de voir les enfants, en cas de besoin, s'intégrer dans d'autres écoles (même si je ne souhaite pas qu'ils nous quittent) ; qu'ils soient capables de réussir les examens et de choisir la voie qui leur plaise : surtout ne leur fermer aucune porte. De plus, j'ai fait évoluer cette pédagogie en fonction de mes nouvelles lectures et de toutes les découvertes qui ont été faites dans tous les domaines touchant les enfants et l'apprentissage.

Au mois de septembre suivant, notre nouvelle école a ouvert avec une classe de maternelle, une classe de primaire et une classe de collège et environ 50 élèves. Je n'avais plus qu'une idée en tête, c'était repartir, créer une école encore mieux que celle d'avant, aider encore mieux les enfants, prouver par cette réussite que j'avais toujours eu raison. Et tout cela sans faire de mal, mais juste par la qualité du travail fourni, par la réflexion pour trouver des bonnes solutions pédagogiques et en m'entourant des bonnes personnes.

Mon travail était principalement de trouver une bonne équipe pédagogique, mettre en place des valeurs sûres auxquelles je crois fermement, et avancer comme cela en vivant à fond tout ce bonheur de voir ces enfants petits et grands tous les jours venir étudier dans notre école.

Toujours travailler en avançant doucement avec la plus grande sincérité et honnêteté pour être un exemple pour ses enfants. Qu'ils comprennent que, même quand on perd beaucoup, quand tout semble s'écrouler, il est toujours possible de repartir, de créer à nouveau et de réussir.

Sans oublier les raisons des échecs, savoir en tirer des leçons sur ce qu'il faut faire et ne pas faire. Ne pas oublier mais ne pas ressasser ni se plaindre. Avancer bien droit en croyant fermement en ses idées, aller toujours vers ses convictions, ne pas se laisser détruire par les personnes mauvaises et malfaisantes.

Lorsqu'un de mes enfants m'a dit : « on va prouver à tous que c'est toi qui avais raison », il ne s'est pas rendu compte combien cette phrase allait être importante pour la suite de ma vie.

Ce livre veut aussi prouver à tous que la pédagogie que je mets en place dans mon lycée est la plus adaptée pour permettre à des jeunes de bien se construire, de bien grandir, d'avoir une belle enfance avec une scolarité heureuse, leur donnant une tête bien faite et une belle personnalité. Leur procurer tout ce qui leur est nécessaire pour réussir une vie dans la non-violence et le respect.

Mais tout cela est possible à condition de trouver les bons professeurs, ceux qui vont les aimer, pour lesquels ce qu'ils enseignent est une passion qu'ils aiment transmettre avec bienveillance et gentillesse, avec une certaine exigence aussi, ceux qui seront des exemples à suivre. Mes enfants ont appris à jouer du piano auprès d'une femme américaine avec la méthode Marie Jaël Montessori. Cet apprentissage participe au fait d'avoir de bonnes manières, d'être ouverts et adaptables à n'importe qui, dans n'importe quel milieu, savoir bien communiquer avec tous, nager, skier, jouer au tennis, jouer d'un instrument de musique. Cette professeur était une femme patiente, douce, qui ne se mettait jamais en colère, qui ne les humiliait jamais.

Il me semble essentiel que le professeur montre l'exemple et fasse les choses avec l'enfant. Ce professeur leur jouait toujours les morceaux et donnait un choix à l'enfant. De plus dans son programme étaient toujours intégrés des morceaux à quatre mains qu'elle jouait avec eux. Elle était un exemple, jouait bien, parlait avec beaucoup de calme et de douceur, toujours de bonne humeur, s'appliquait… mais ne les écrasait jamais et respectait leurs rythmes. S'ils ne travaillaient pas suffisamment, ils n'avançaient pas et au contraire s'ils travaillaient, ils étudiaient de nouveaux morceaux. Ainsi chacun avait son propre rythme et elle ne les comparait jamais. Elle savait aussi leur donner la reconnaissance nécessaire en organisant des petits concerts où chacun avait sa place et jouait le ou les morceaux qu'il maîtrisait. De cette façon, ils acquéraient à leur rythme, les capacités de jouer de très beaux morceaux de bon niveau et ils aimaient y aller. Lors des auditions, elle prévoyait toujours de jouer des morceaux à quatre mains avec eux et s'y retrouvaient des jeunes de tous les âges et de tous les niveaux. Ainsi les plus petits pouvaient écouter les plus grands jouer des morceaux plus difficiles et cela leur donnait envie de travailler et de grandir.

Pour le ski, un hiver où nous étions aux Arcs, souhaitant que nos trois enfants prennent des leçons, nous nous sommes rendus directement à l'école de ski prinicpale. Avec ce que nous vivions encore de la maladie de Noémie, nous souhaitions qu'ils soient tous les trois dans le même groupe. Dans cette école de ski, on nous répondit que c'était hors de question, que chacun serait dans un groupe d'enfants de son âge donc séparés. Je ne comprends pas, ils débutent tous les trois, et c'est important qu'ils soient ensemble pour s'entraider. Aucune possibilité de négociation. Nous nous retrouvons devant un mur. C'est la première fois qu'ils côtoient des adultes différents de leurs parents et de leurs professeurs, dans une nouvelle activité qu'il est important qu'ils apprécient ; je considère donc qu'il faut être vigilant. Parfois dans le sport, certains professionnels manquent cruellement de diplomatie. De plus, au-delà du sport qu'est le ski, je souhaitais qu'on leur explique tout ce qui existe autour de la montagne : la nature, les dangers…

Dans une autre école de ski, j'entends la voix chaleureuse, à l'accent montagnard d'un moniteur. Tout de suite, cet homme me plaît. Il parle gentiment aux enfants avec énergie, autorité mais de façon bienveillante. Il accepte les trois dans le même groupe…

Cet homme extraordinaire les a suivis pendant 20 ans. Lorsqu'il a changé de station, nous l'avons suivi. Il leur a transmis l'amour du ski et de la montagne tout en leur en expliquant les dangers. Il a même accompagné pendant plusieurs années nos élèves pour la partie ski des classes de neige.

Pour le tennis, mon sport depuis l'enfance, ils ont débuté avec moi qui leur ai appris à jouer tous les week-ends. Puis un jour, il devint nécessaire de prendre des cours pour envisager des matchs par équipe, des entraînements de niveau supérieur, des rencontres avec des amis… Je les ai alors inscrits dans le club de tennis de notre Commune. Là nous tombons sur des professeurs autoritaires, injustes et ne comprenant rien à nos valeurs du respect de chacun selon ses rythmes, ses aptitudes et ses objectifs. Ils ne transmettent rien, donnent leurs cours sans passion et avec des certitudes.

J'ai bien sûr des altercations avec eux car je ne laisserai jamais un de mes enfants se faire maltraiter et devenir victime d'injustice. Mes enfants doivent savoir que je serai toujours là pour les défendre face aux adultes qui sont injustes. Je me souvins alors d'un professeur de tennis, ami de la famille qui avait été entraîneur et pour qui ce sport était vraiment une passion. De plus, il aimait beaucoup enseigner. Il avait une grande exigence mais il aimait les jeunes et savait transmettre de belles valeurs. Après de nombreuses recherches, je le trouve dans un club de tennis de la région à environ une demi-heure de route. Il accepte les enfants et deux d'entre eux vont vivre une belle aventure tennistique auprès de lui comme entraîneur.

Avec leur père, nous les emmenons à tous les entraînements et compétitions, avec une immense joie et en leur montrant que cela nous fait plaisir. Il est important de ne jamais se plaindre, ni faire sentir à l'enfant que ce que nous faisons pour lui ne nous est pas agréable.

J'organise tout pour que les choses se passent bien et qu'ils se réalisent. Briller dans un sport est très bon également pour le développement de la confiance en soi. Les victoires, les parents ne peuvent les gagner pour eux, ils doivent y arriver par eux-mêmes.

Combien d'enfants commencent de nombreux sports ou activités artistiques et ne les poursuivent jamais. Ainsi ils ne maîtrisent rien et à l'adolescence arrêtent tout. Cela parce que leurs enseignants n'ont pas su leur transmettre l'amour de leur matière et aussi souvent parce que cela était compliqué à pratiquer. Et quel dommage ! Les adolescents qui continuent des passions débutées petits comme un instrument de musique, ou un sport, ont beaucoup moins de problèmes d'ennui, de mauvaises fréquentations, de drogues et d'alcool. Donc il est essentiel encore une fois de développer cela tout petit. Jeune il est très facile d'apprendre, tout le monde débute en même temps alors que plus tard, c'est beaucoup plus compliqué. Certains ont peur du ridicule et n'osent plus débuter et il est bien plus difficile de démarrer un sport adulte.

Mes études de Montessori et mon attachement aux enfants me poussaient à lire énormément de livres sur tout ce qui se disait et qui avait été dit sur les enfants, l'éducation et la pédagogie. Tout cela allait devenir une grande passion.

Noémie continuait ses traitements, les visites à l'hôpital étaient très régulières mais tout allait bien. Noémie se fatiguait mais elle faisait preuve d'une extrême volonté. Puis Stéphanie est arrivée et avec elle, la vie revenait dans notre maison. Elle a été une petite fille adorable, drôle, sage et tellement facile à vivre, un modèle de petite fille. Elle a tout de suite voué une énorme admiration à sa grande sœur qui a rempli totalement son rôle même au-delà de ce que nous pouvions imaginer.

C'est amusant de voir comment Stéphanie a été vraiment le soleil arrivant après tout ce tumulte et tous ces nuages. Elle est toujours restée dans la famille notre « soleil ». Comme quoi le rôle que l'on donne tout petit à un enfant demeure toujours. Cela prouve encore une fois que les enfants sont vraiment à l'image de ce que les adultes donnent d'eux.

Je me souviens qu'à l'hôpital où je me rendais deux fois

par semaine avec Noémie, les infirmières avaient été très surprises lorsqu'elles avaient appris que j'étais enceinte. Je leur avais répondu qu'au contraire, c'était la belle vie qui recommençait, la joie, le bonheur et absolument pas un exploit.

Puis les trois ans de traitement se sont terminés. Noémie a été confirmée en rémission et nous avons fêté cela dignement.

Notre école continuait à s'agrandir et Stanislas commençait son cycle primaire. Je dois dire que leur scolarité a toujours été très facile, un vrai bonheur de les suivre. Nous faisions les devoirs ensemble et révisions les leçons. J'aimais beaucoup ces moments de partage très riches. On lit les leçons ensemble, on en parle, on peut alors acheter des livres en relation avec ce qu'ils étudient ou faire des visites. Et échanger des opinions sur tout cela, connaître aussi leurs goûts, leurs réactions, etc. Quel bonheur ! Je ne comprends pas les parents qui n'aiment pas faire tout cela avec leurs enfants. Pour moi, cela a toujours été des moments merveilleux. Le dimanche, on s'installait à la table tous ensemble et on travaillait, et cela pendant des années.

Chaque été, le programme était organisé de la même manière. Après le déjeuner, un moment de lecture calme était instauré puis nous faisions tous ensemble des cahiers de vacances. Ainsi, ils n'oubliaient pas tout ce qu'ils avaient appris pendant l'année. Nous recevions toujours beaucoup de jeunes dans notre maison ainsi que pendant les vacances et ils devaient aussi faire une heure de lecture. Je dois dire que pour eux, ce n'était pas une habitude donc souvent, ils n'en ont pas gardé un excellent souvenir. Pour moi, il est très important de lire très régulièrement. La lecture apporte tellement !

Puis est arrivée notre dernière petite fille, Angélique. Angélique était une petite fille extraordinaire habituée à vivre au milieu du bruit et de ses frères et sœurs. Jamais elle n'a voulu dormir seule dans son lit. Jamais elle n'a accepté d'aller à l'école dans une classe toute seule. Elle a toujours tout observé, tout retenu et tout fait pour faire rire tout le monde allant jusqu'à retourner son assiette de pâtes sur sa tête.

Stéphanie a accepté très facilement cette petite sœur et vite, elles sont devenues inséparables. Stéphanie faisant faire à Angélique un très grand nombre de bêtises. Pendant longtemps, nous avions deux groupes : les trois premiers et les deux dernières.

En revanche Noémie est vite devenue une vraie « petite maman » pour ses deux petites sœurs. Aujourd'hui les groupes ont changé : Stanislas et Noémie font chacun leur vie de leur côté tout en restant très proches et les trois derniers sont extrêmement liés et passent beaucoup de temps ensemble.

Angélique s'est avérée être une enfant très précoce et cela s'est vu dès sa toute petite enfance. Très tôt elle a décidé de faire tout par elle-même. Je me souviens qu'elle n'avait pas un an lorsqu'elle a décidé de retirer ses couches et a été propre en un rien de temps sans que je m'en préoccupe. Elle a réglé cela toute seule. Toute petite elle voulait s'habiller toute seule et s'entraînait des heures à mettre les boutons dans la boutonnière. Très tôt, elle a parlé correctement. Très jeune, elle comptait tout ce qu'elle voyait. Pendant les séances de devoirs, elle s'installait à la table avec nous et retenait tout ce que Stéphanie apprenait, répondant même à sa place parfois.

Comme Angélique a été notre cinquième enfant en 7 ans, tout en vivant cet épisode difficile de la maladie de Noémie, j'avais décidé qu'elle dormirait à côté de moi. Je l'allaitais à la demande et ainsi, je n'ai jamais eu l'impression de passer des nuits sans sommeil.

J'ai allaité mes cinq enfants. Pour Stanislas, Noémie et Alexandre, je me suis laissé influencer par les dires des uns et des autres et je ne l'ai fait que pendant trois mois en alternant avec des biberons. L'alternance avec les biberons était importante pour moi car j'avais besoin d'une certaine autonomie et je souhaitais pouvoir sortir un peu sans eux. De cette façon-là, je ne me suis jamais sentie esclave de mes enfants. Je leur donnais le meilleur de moi-même tout en vivant tout de même une vie de femme épanouie.

Pour Stéphanie et Angélique, je les ai allaitées jusqu'à un

an mais pendant une grande partie du temps, seulement le matin. Je souhaitais leur donner le meilleur tout en ayant une vie indépendante. Il faut dire qu'après chaque accouchement, je travaillais immédiatement et même parfois, je travaillais à la clinique.

J'avoue les avoir allaitées aussi longtemps surtout pour moi car cela me procurait une sensation de bien-être total d'avoir ces petits êtres tout contre moi dans cette communion totale. Et ce que je trouve formidable c'est qu'un jour c'est elles qui m'ont fait signe qu'elles en avaient assez. Et pour les deux cela s'est passé ainsi. C'est une nouvelle preuve que lorsque l'on respecte son enfant, il est capable de vous faire comprendre son besoin d'autonomie et il est important de savoir l'écouter.

Encore une fois, le bien-être de notre enfant est primordial mais à condition que cela soit vécu avec un bonheur total par la maman. Je ne juge pas les personnes qui agissent autrement mais dans mon cas, il était essentiel de rendre mon enfant indépendant de moi. Imaginons qu'il arrive quelque chose à la maman et qu'elle ne puisse plus allaiter, ce sera un nouveau traumatisme pour le bébé alors que s'il est ainsi habitué à boire des biberons d'un autre lait, cela ne posera pas de problème. J'ai toujours alterné biberons et allaitement maternel aussi car je souhaitais que le père des enfants puisse créer un lien fort avec ses enfants.

Il m'était aussi indispensable d'avoir de longs moments tranquilles où je puisse vivre pour moi sans regarder la montre en me disant qu'un être m'attendait et m'obligeait à arrêter immédiatement ce que je faisais. J'adore mes enfants mais je n'ai jamais souhaité me sacrifier pour eux. Je pense que pour être heureux, des enfants ont besoin d'avoir une maman épanouie qui fait les choses pour eux par choix et non par obligation.

Lorsque Noémie est rentrée à la maison après les longs séjours à l'hôpital, j'ai réalisé que je ne m'étais pas assez occupée de notre troisième enfant. En effet, lorsque les premiers signes de la maladie se sont manifestés, Alexandre n'avait que trois mois. Et tout à coup, sa vie a été bouleversée. Nous avions toute notre attention portée sur sa sœur et lui, comme s'il comprenait ce qui se passait, se faisait totalement oublier. Il était particulièrement sage, ne pleurait pas, souriait à tout le monde, jouait tranquillement, dormait bien, et ceci, pendant tous les premiers traitements très importants, c'est-à-dire pendant six mois environ. Puis tout à coup, lorsqu'elle a été en rémission et que le calme est un peu revenu dans notre maison, il a changé de caractère. Il s'est mis à faire de nombreuses colères, allant jusqu'à se taper la tête sur le sol et lorsque je m'approchais de lui pour lui faire des câlins, il me disait : « non, je n'en veux pas ». Et cela pendant très longtemps. À chaque fois, je devais lui expliquer que moi j'avais besoin de ses câlins et que je lui en ferais quand même, que je l'aimais beaucoup, que je ne m'étais certes pas assez occupée de lui mais que je l'aimais de tout mon cœur. Peu à peu, il a accepté mais cela a pris beaucoup de temps. Les colères, elles, ont duré beaucoup plus longtemps.

C'est impressionnant cette capacité qu'ont les enfants même très petits de ressentir ce qui se passe et de réagir en fonction. Il est donc très important de bien observer ses enfants et leurs réactions et de rechercher l'explication qui se glisse derrière, car il y en a une dans la majorité des cas. C'est aussi la raison pour laquelle il faut expliquer les choses même si on a l'impression que l'enfant est trop petit pour comprendre nos mots. Il comprend beaucoup plus de choses que l'on pourrait croire. Toujours expliquer ce qui se passe est vraiment essentiel.

J'avais aussi décidé d'adopter un chiot pour Alexandre afin qu'il ait un ami pour lui. Lorsqu'il a eu onze mois, nous sommes allés chercher un jeune labrador dont Alexandre s'est énormément occupé. Il se couchait sur lui, se laissait lécher partout, c'était vraiment son meilleur ami et cela lui a fait beaucoup de bien.

Les animaux apportent beaucoup dans l'équilibre des enfants. C'est vrai qu'ils sont une charge importante pour les parents mais à côté de ce qu'ils apportent aux enfants, ce n'est rien. Ils apprennent aussi beaucoup aux enfants : les responsabilités, faire attention à eux car ils sont vivants ce qui est bien différent de leurs jouets, ils leur donnent beaucoup d'affection, ce sont des amis toujours fidèles et contents de les voir. Lorsqu'un enfant est contrarié, il peut aller se réfugier auprès de l'animal qui le réconforte, etc.

Pour cette raison, nous avons eu des chiens (toujours au moins deux en même temps), des oiseaux, des cochons d'inde, des lapins, un hamster, des poissons rouges, des tortues d'eau : tous les animaux que nos enfants souhaitaient.

Et encore maintenant dans ma classe, je pense essentiel d'y introduire des animaux. J'ai deux poules, un lapin et j'aimerais en mettre plus. C'est incroyable la relation qui s'établit entre l'animal et l'enfant. De plus, les enfants sont totalement responsables des animaux et cela développe des valeurs incroyables. Les enfants deviennent des êtres très responsables car ils ont bien compris que s'ils ne donnent pas à boire et à manger à leurs animaux, ils mourront. Ils doivent nettoyer les cages pour que l'animal s'y sente bien.

Ils doivent les respecter s'ils veulent que ces animaux aient confiance en eux et se laissent approcher. De plus, en termes d'observation de la nature, on ne fait pas mieux. Par exemple, lorsqu'il fait froid et que l'eau des poules gèle, ils doivent chercher la solution pour empêcher ce gel. Lorsqu'il fait trop chaud, ils doivent changer l'eau plus souvent et trouver le meilleur moyen qu'elle réchauffe moins vite. Ils apprennent la vie aussi. Un enfant l'autre jour me demande :

- Est-ce que je peux punir Sissi la poule ?
- Oui, pourquoi qu'est-ce qu'elle a fait ?
- Elle cherche toujours à s'enfuir !
- Mais comment vas-tu la punir ?
- Je vais l'enfermer un moment dans son poulailler pour qu'elle réfléchisse ».

J'ai trouvé cela extraordinaire.

Notre vie était alors très simple. Tout tournait autour des enfants qui apportaient tant de joies dans la maison. Stanislas, Noémie et Alexandre ont été tous les trois dans la même classe pendant une ou deux années au début de la scolarité d'Alexandre. Ils apprenaient tous les trois avec une rare facilité et étaient toujours heureux. Stéphanie était une petite fille extraordinaire toujours souriante et heureuse adorant les livres. Il suffisait de lui en donner pour qu'elle soit calme. Elle était très appliquée ayant toujours à cœur de très bien faire et donc travaillait très bien. Elle jouait beaucoup avec Angélique. Angélique enregistrait tout ce qui se passait autour d'elle avec un sens de l'observation et une curiosité incroyables. Cette aptitude à l'observation est un signe de grande précocité et la curiosité aussi. Elle n'arrêtait pas de poser des questions sur tout ce qu'elle voyait. Si bien qu'au bout d'un moment, je lui limitais son nombre de questions journalières !

Stéphanie, dès ses deux ans, rentrait elle aussi dans notre école et y trouva tout de suite sa place. Elle adorait apprendre, manipuler le matériel à sa disposition et était extrêmement sociable.

Puis ce fut le tour d'Angélique et là les choses furent beaucoup plus difficiles. J'avais alors créé ce que j'appelais un jardin d'éveil pour les enfants de 2/3 ans.

En effet, je m'étais rendu compte qu'à 2 ans les enfants avaient besoin d'être avec d'autres enfants et d'avoir de vraies activités d'apprentissage telles que celles proposées dans une classe Montessori comme les activités de vie pratique et de vie sensorielle. Mais en même temps, ils sont encore jeunes, ont besoin de plus de temps et ont parfois encore des couches. De plus, cette classe était une excellente préparation à la classe de maternelle.

Un enfant de deux ans est trop grand pour rester en crèche avec des bébés, il n'est pas tiré vers le haut et les activités des crèches ne sont pas assez stimulantes pour l'enfant qui peut déjà faire de nombreuses activités en autonomie. Chez une assistante maternelle, il n'est pas non plus assez stimulé et manque de contacts sociaux car le nombre d'enfants est limité. Il est nécessaire d'avoir une structure qui répond aux besoins de l'enfant de cet âge tout en respectant son rythme. J'avais donc créé cette section 2/3 ans.

Comme Angélique demandait beaucoup à aller à l'école comme ses frères et sœurs, nous lui avons proposé le jardin d'éveil. Chaque jour, elle poussait des hurlements disant qu'elle ne voulait pas aller là mais dans l'école où se trouvait Stéphanie. J'avais décidé d'insister un peu pensant que c'était le meilleur endroit pour elle, mais elle ne cédait jamais.

Je pense qu'elle savait quel était le bon endroit pour elle et j'aurais dû lui faire davantage confiance. Face à ses cris, je décidai d'essayer de l'intégrer dans la classe de Stéphanie bien qu'elle fût trop jeune. Et du jour au lendemain, elle fut heureuse et ne pleura plus jamais pour aller à l'école. Bien au contraire elle savait lire à 3 ans, connaissait les grands nombres, faisait des opérations et mémorisait tout ce qu'elle voyait et entendait. Encore une fois, c'est elle qui m'a appris vraiment les choses de la vie : faire confiance à son enfant car il sait ce qui est bon pour lui.

Alexandre lui aussi a toujours su exactement ce qui était bien pour lui, dès son plus jeune âge. Par exemple, lorsqu'il ne se sentait pas bien, il refusait de manger attendant que les choses s'arrangent et à chaque fois, il prenait les bonnes décisions par rapport à son corps.

Mes cinq enfants allaient donc dans notre école Montessori tous ensemble. Que de bonheur à les voir s'épanouir ainsi. Ils se respectaient aussi beaucoup et nouaient des amitiés extraordinaires qu'ils ont encore gardées aujourd'hui. Pour moi aussi, cette école m'a permis de rencontrer des personnes avec qui des liens d'amitié forts se sont tissés. Mais peu de personnes sur le long terme.

Cette création d'école a été, et est encore, une belle leçon de vie sur la nature humaine. Ceux que l'on y rencontre sont souvent assez incroyables et les réactions des êtres humains dans des contextes aussi émotionnels sont troublantes et totalement irrationnelles. Mais parmi tous ces parents que j'ai côtoyés depuis plus de 20 ans, j'ai rencontré une personne qui a beaucoup compté pour moi, toujours présente lorsque les difficultés sont arrivées.

Malheureusement, elle nous a quittés en novembre 2014 et c'est toujours un grand chagrin pour moi. J'ai rencontré

Clémence lorsqu'elle a inscrit son fils aîné dans notre école, un garçon de l'âge d'Alexandre. Je l'avais déjà beaucoup admirée de choisir une école comme la nôtre alors qu'elle appartenait à un milieu où les familles inscrivaient leurs enfants dans des écoles beaucoup plus sélectes. Nous sommes devenues très vite amies car elle était discrète et j'aimais la façon dont elle entourait son petit garçon. Elle avait aussi une petite fille blonde adorable. Elle vivait dans une très jolie maison à Saint-Nom-la-Bretèche et nous passions nos week-ends et nos fins de journée ensemble.

Nous avions alors beaucoup de points et de goûts communs. Nous aimions nous occuper de nos enfants et donner le meilleur possible. Nous visitions les musées de la région et regardions jouer nos enfants dans son jardin. Lorsque j'étais enceinte d'Angélique, elle me racontait qu'elle aurait bien aimé avoir un troisième enfant mais que son mari n'était pas vraiment pour. Je me souviens que nous avions eu cette discussion au poney club où nous avions inscrit nos deux fils. Et quelques mois plus tard, elle m'annonçait qu'elle était enceinte. Nous attendions donc nos enfants ensemble, elle pour le mois de juin, et moi pour le mois de mars. Quelques mois plus tard, elle m'annonçait son grand bonheur : elle attendait des jumeaux. Son mari était ravi lui aussi !

C'est la plus belle relation que j'ai eue avec une personne, une relation très équilibrée car elle m'apportait sa gentillesse, sa volonté, son désir de bien faire, sa créativité d'artiste, son goût pour les choses toujours faites le mieux possible, et je lui partageais toute ma passion pour les enfants et tout ce que je pouvais donner de mieux pour les siens.

C'est la personne la plus attentionnée à mon égard que j'ai rencontrée. Elle avait toujours des foules d'attentions. Nous passions des moments extraordinaires avec nos 9 enfants ! nous faisions tout ensemble, nous partions en vacances au Cap Ferret ensemble, nous nous retrouvions aux sports d'hier, nous allions en Suisse dans sa maison ensemble. Vraiment un grand bonheur que d'être ensemble et de regarder nos enfants évoluer ensemble. Des bonheurs très simples mais n'est-ce pas cela le Vrai Bonheur ? Nous nous contentions d'être assises ensemble avec une tasse de thé (même plusieurs) et juste regarder nos enfants. Avec ce qui s'est passé plus tard, je me dis que nous avons bien fait de passer tout ce temps ainsi !

Elle m'a aussi offert des souvenirs merveilleux car elle cherchait toujours ce qui pouvait me faire le plus plaisir.

Lorsque j'étais petite, j'avais une idole dans le tennis : Ilie Nastase. Je le lui avais raconté une fois. Et un jour, où elle m'avait invité à Roland Garros, après avoir regardé un match en matinée, elle me dit : « viens, nous allons déjeuner ! » et là, à la table qu'elle nous avait réservées se trouvait Ilie Nastase. Je n'en revenais pas. Même 30 ans plus tard, c'est extraordinaire de se retrouver à côté de la grande idole de sa jeunesse. Cela uniquement Clémence était capable de le faire.

Une autre fois, c'était pour mes 40 ans. J'avais toujours eu la passion pour les Rolls Royce que je collectionnais (en miniatures bien sûr). Le soir de mon anniversaire, était prévu que nous dînions avec Clémence et son mari. Donc vers 20 heures, on se décida à partir pour dîner au restaurant. Le père de mes enfants me dit : « viens, on va monter sur la place ». Têtue comme je suis, je lui disais : « non, ce n'est pas la peine, on va prendre la voiture qui est là à côté » mais il continuait à me dire qu'il fallait monter sur la place. Je fus donc obligée de monter. Et là à notre portail se trouvait une magnifique Rolls Royce avec un chauffeur et Clémence qui filmait ma réaction.

Nous sommes ainsi allés dans un superbe restaurant réservé par Clémence également avec une salle à manger privée pour nous quatre.

Le jour de mes 50 ans aussi, elle habitait alors en Suisse et juste avant le dîner, elle m'a fait la surprise d'être là et passait la soirée avec moi.

Des choses merveilleuses comme celles-ci, il n'y avait que Clémence pour les réaliser. Bien sûr on pourrait dire qu'elle en avait les moyens mais ce n'était absolument pas l'argent qui entrait en ligne de compte, c'était juste des intentions qui tombaient complètement justes. Des souvenirs extraordinaires qui ont marqué ma vie pour toujours.

Et je ne parle pas du reste : tous les moments délicieux où elle essayait de me donner le meilleur lorsqu'elle nous invitait dans sa maison de Suisse, les moments merveilleux qu'elle offrait à mes enfants tout au long de leur vie et le soutien permanent qu'elle me donnait.

Nous sommes partis souvent aussi en voyages scolaires ensemble avec l'école, nos élèves et nos enfants et encore une fois quels moments délicieux nous passions. Je me souviendrai toujours d'un hôtel à Rome où nous étions avec les élèves. C'était un hôtel de très bas de gamme en face des prostitués et avec la douche qui coulait sur le siège des toilettes. Et bien, Clémence qui était habituée à loger dans les plus grands palaces, était ravie parce que nous étions ensemble avec nos enfants.

Nous sommes ainsi allés en Grèce, à Venise, etc. Et à chaque fois, nous nous amusions à nous écrire des cartes postales racontant comment se passait notre séjour !

Ces voyages, j'en reparlerai plus tard, tiennent une place à mon avis primordiale dans le programme d'une école faite pour que les enfants s'épanouissent.

Un jour, son mari a décidé qu'il fallait que la famille déménage dans un autre pays. Ceci a été un grand drame pour nous deux. J'avoue avoir été extrêmement triste car cette décision allait bouleverser nos vies. L'amitié est bien sûr demeurée mais les choses sont différentes lorsque l'on vit loin les uns des autres.

Nous avons eu le projet de partir avec eux, d'ouvrir une école Montessori en Suisse ou en France proche de la Suisse, j'ai visité de nombreuses écoles Montessori, son mari nous a fait rencontrer un homme d'affaires pour nous aider mais ce projet n'était pas réalisable…

Cette amitié est cependant demeurée jusqu'à son dernier jour et est encore présente chez moi. Je pense souvent à elle et elle me manque terriblement.

De loin, elle a continué à me soutenir par ses gentils

mails, ses sms adorables. Cependant les chaos de ma vie ne m'ont pas permis de l'entourer suffisamment et ça, je m'en veux pour toujours. Si j'ai un regret dans la vie, c'est bien celui-là. Combien de fois elle m'a proposé de venir les voir en Suisse et trop de fois je n'ai pu y aller. Son mari a toujours été adorable aussi et toujours de bons conseils pour moi. Il est un peu comme un frère. J'ai continué à lui écrire des sms même quand sa fille m'annonçait qu'elle était au plus mal et j'espère qu'elle a pu les lire, je voulais qu'elle sache la personne extraordinaire qu'elle avait été, qu'elle parte en paix avec elle-même. Je savais qu'elle était d'une grande exigence avec elle et c'était important pour moi qu'elle soit persuadée qu'elle avait été la meilleure personne qu'on puisse être.

Notre amitié a été immuable malgré les personnes, qui ont essayé de la briser. Comme elle me disait, je leur ai répondu : « c'est Sylvie mon amie de toujours et ce sera Sylvie mon amie ». Et cela aussi c'est rare et c'est la seule personne qui a tenu ses propos.

Elle a été atteinte d'un cancer pendant 8 ans et se battait avec tout le courage et la volonté qui la caractérisaient et malgré ses souffrances et ce combat, elle continuait à me soutenir et à m'envoyer des messages me disant toute son admiration pour ce que je faisais : une nouvelle école, les articles du blog, etc.

Lorsque la faillite a été prononcée, elle et son mari m'ont longuement téléphoné (ce sont les seuls) pour m'expliquer que finalement c'était bien pour moi, qu'il fallait que je continue à faire ce que je savais si bien faire, c'est-à-dire remonter une petite école comme avant et reprendre ce projet. L'insistance de son mari a également beaucoup influencé mon choix car j'ai une grande confiance en lui et je sais qu'il a beaucoup de bon sens. Avoir parlé avec eux deux ce jour-là alors que j'étais dans la campagne avec Joël, j'ai pris ma décision : je referais une école !

Ils m'ont également aidé avec une grande discrétion financièrement le jour où j'en ai eu vraiment besoin, où j'étais au bout de mes possibilités. Et ce geste m'a sauvé en me redonnant l'espoir que c'était possible !

Les dernières années de sa vie, elle voyageait beaucoup et s'était passionnée pour la photo. C'était une grande artiste et elle prenait des photos magnifiques. En particulier des photos d'enfants dont je souhaitais décorer les murs. Je lui ai dit et elle m'a dit qu'elle serait heureuse d'avoir ses photos sur les murs de mon école.

Elle nous a quittés en novembre 2014 et cela fut un énorme chagrin pour mes enfants et moi. Nous sommes partis à son enterrement en Suisse et je pense que nous n'avons jamais autant pleuré. Est partie vraiment une personne extraordinaire et une véritable Amie.

C'est fou ce que l'amitié peut être quelque chose de très simple et en même temps de tellement rare. Lorsque je repense aux années vécues de cette amitié si forte, je me rends compte que ce qui se passait entre nous était fait de petits bonheurs quotidiens, d'attentions permanentes l'une pour l'autre (chacune donnant ce qu'elle pouvait mais toujours avec le cœur), de valeurs communes, d'un grand respect mutuel, d'une admiration que nous avions l'une pour l'autre, de grande gentillesse l'une envers l'autre et d'aucun sentiment négatif comme la jalousie par exemple. Ce qui est important aussi, c'est la grande autonomie dont nous faisions preuve. Nous étions heureuses de passer du temps ensemble mais étions totalement autonomes dans nos vies respectives, chacune avait son chemin à mener et nous le suivions en totale indépendance.

Clémence avait une fille qui s'appelait Jeanne et nous nous aimions beaucoup. Comme je vous le disais nous passions nos journées ensemble et souvent nos nuits car elle dormait chez nous et souvent nos vacances. Le jour où ils ont décidé de quitter la France, cela a été un grand déchirement pour Jeanne. L'année scolaire s'est terminée par un magnifique spectacle dont Jeanne qui était encore très petite tenait l'un des deux rôles principaux. À la fin du spectacle, lorsque je fis mon discours, elle se jetait dans mes bras et me serrait si fort.

Après 5 ans de vie là-bas avec sa famille, un soir, Clémence m'appelle pour me demander si j'accepterais de prendre

Jeanne chez nous et qu'elle reprenne sa scolarité dans mon école car elle le réclamait depuis toujours. J'en parlais immédiatement à ma famille sachant que de toute façon j'accepterai et après leur accord, je la rappelais pour dire que nous étions d'accord. Je souhaite aussi que mon école soit un lieu où les jeunes puissent revenir lorsqu'ils en ont besoin. Nos relations ne doivent pas s'arrêter le jour où ils obtiennent le baccalauréat ou le jour où ils partent vers d'autres horizons, ils doivent savoir que je suis toujours là et que s'ils en ont besoin, ils peuvent toujours revenir.

L'amitié est quelque chose de très important et du moment que Clémence me demandait un service, il était évident que je le lui rendrais. Et c'est ainsi que Jeanne est venue vivre pendant trois années avec nous. Les choses n'ont pas été très faciles car elle a un caractère très fort mais ce sont pour moi des années merveilleuses et Jeanne m'a dit plusieurs fois qu'elle avait été très heureuse parmi nous. Elle m'appelait « sa maman des étoiles ». Ce qui est absolument stupéfiant car c'est sa vraie maman qui est maintenant parmi les étoiles. Jeanne avait été dans notre école depuis son plus jeune âge pendant une dizaine d'années et cela l'avait marqué pour toujours. Elle est revenue comme si rien ne s'était passé et s'est réintégrée parfaitement. Elle a vécu dans notre maison dans une petite chambre et est vraiment comme ma fille. J'ai écrit une histoire sur sa venue que vous trouverez plus loin. Jeanne a ainsi eu son baccalauréat et même si aujourd'hui je ne la vois que très peu, elle sait que je suis toujours là pour elle lorsqu'elle en a besoin. Cette école a donc aussi permis de tisser des liens très forts entre nous et certaines personnes.

Certains reprochaient à mon école de ne pas être socialement assez riche en raison des petits effectifs. Je me suis posé aussi la question vis-à-vis de mes enfants mais j'ai remarqué que, de ce fait, les liens qui se tissaient entre les enfants, étaient beaucoup plus forts. Mes enfants ont des amis qu'ils connaissent depuis vingt ans. Bien sûr, certains ont choisi d'autres chemins mais c'est extraordinaire de voir qu'à 25 ans passés, ils se retrouvent avec beaucoup de bonheur. Cette pédagogie implique aussi une certaine façon de vivre : même adultes, ils gardent ces valeurs qu'ils ont en commun et qui permettent de rester très proches les uns des autres. Quel que soit le chemin ou la vie ou le pays qu'ils choisissent, ils gardent des valeurs communes essentielles pour conserver des amitiés. Ils se sont forgé également bien des souvenirs communs qui rendent les liens très forts.

J'ai toujours souhaité que notre maison soit ouverte à tous et tout le temps. Je préférais accueillir chez moi les amis de mes enfants pour bien les connaître plutôt que de voir mes enfants partir chez des gens que je ne connaissais pas. Nous avons donc eu une maison très accueillante. Par ailleurs, nous avons acquis une maison au bord de la mer au Cap Ferret et cette maison était aussi un lieu d'accueil pour tous.

De nombreux jeunes sont passés dans notre maison, plus ou moins longtemps. Certains y ont vécu plusieurs mois, s'installant sur un matelas dans la chambre d'un des enfants. Surtout lorsque nous avons eu des classes d'élèves plus âgés. Je me suis rendu compte comme les jeunes aiment une grande famille avec certaines valeurs de base qui me semblent évidentes, comme par exemple prendre les repas ensemble à une table, dormir à une certaine heure, travailler ensemble à des moments précis, etc. Ils trouvaient aussi dans notre maison un lieu où ils pouvaient communiquer avec un adulte qui laissait toujours sa porte ouverte. En effet, lorsqu'ils en avaient besoin, j'étais toujours à leur disposition pour les écouter, pour échanger, pour partager leurs pensées, leurs musiques, leur stress… Pour moi, c'est également un vrai bonheur que de partager des moments, des réflexions avec ces jeunes presque adultes. Ils m'apprennent beaucoup avec leur manière de penser qui est différente de la nôtre mais tout aussi juste.

Cet accueil était également très important par rapport à mes enfants. Je voulais qu'ils soient des êtres accueillants, bienveillants et tolérants pour les autres. Et j'avoue que parfois ils ont dû supporter des jeunes bien difficiles à vivre et que ce n'était pas toujours facile d'avoir des garçons ou des filles qui leur prenaient leur mère plus qu'ils ne l'auraient souhaité. Lorsqu'ils étaient de très jeunes adolescents, cela leur demandait pas mal d'efforts mais en grandissant, ils sont devenus aussi très accueillants, acceptant pour Stephanie de partager sa chambre avec Jeanne pendant trois années, pour Alexandre d'accueillir des garçons parfois bien spéciaux dans sa chambre. Et cela a certainement contribué à en faire des personnes ouvertes et ayant plein d'amis, n'hésitant jamais à partager ce qu'ils possèdent, étant toujours heureux d'accueillir plein de monde chez eux. Ils ont vu aussi que toutes les familles n'étaient pas aussi accueillantes que la leur et faire ainsi leur choix de mode de vie en toute connaissance de cause. Ils se sentaient aussi bien chez eux, et ne partaient que rarement en vacances à d'autres endroits, chez d'autres gens car ce n'était jamais aussi ouvert et aussi tourné vers eux que chez nous.

Cette façon de vivre leur a aussi permis de connaître de nombreux profils de personnes différents et d'adapter leur façon d'être, de vivre et de parler. Si bien que maintenant lorsqu'ils sont dans des entreprises, peu de personnes les étonnent et ils parviennent plus facilement à s'adapter à leurs interlocuteurs.

Par ces accueils, ils ont aussi mieux compris les vraies valeurs de la vie. En effet, parfois nous avons accueilli des jeunes dont les familles étaient très riches, des jeunes qui avaient tout ce qu'ils désiraient mais en fait ils venaient chercher chez nous l'essentiel qui n'a pas de prix : l'écoute, l'intérêt pour eux, l'amour, les valeurs simples de la vie : être ensemble et parler ensemble et vivre ensemble dans une maison pleine de vie avec des paroles, des cris, des joies, des peines, la vraie vie en fait !

Par ces expériences, j'ai remarqué aussi, qu'il y a des moments où il serait préférable que le jeune s'éloigne de sa famille et soit mis avec d'autres jeunes de tous âges dans un lieu d'accueil bienveillant. Surtout à l'approche d'un examen comme le baccalauréat où il est nécessaire de concentrer toute son énergie vers un seul objectif. Lorsqu'ils rentrent chez eux, il n'y a bien souvent plus de rythme de vie, plus d'heures de coucher et trop de sollicitations extérieures néfastes comme les réseaux sociaux, les amis qui les perturbent, les séries ou autres distractions qui les éloignent du but à atteindre. Lorsqu'ils sont dans un lieu agréable avec une bonne ambiance, le moyen de sortir dans la nature, de passer des moments de rires ensemble, de faire du sport, de vivre avec des horaires et des rythmes réguliers de sommeil et de repas, d'avoir des adultes bienveillants qui les réorientent toujours vers les bonnes choses et organisent leur travail, ils peuvent vraiment faire des exploits et en gardent des souvenirs inoubliables. J'en reparlerai plus loin dans le chapitre sur la nécessité des voyages, et classes de neige.

L'accueil de tous ces jeunes chez nous, a créé également des liens très forts entre mes enfants et certains de ces jeunes qui sont devenus quasiment des frères et sœurs. Ils ont vécu tellement de choses ensemble puisque beaucoup partaient également en vacances avec nous. Ces amitiés sont vraiment très fortes.

Notre maison est donc devenue un lieu d'accueil dès que leurs amis ont été en âge de dormir de manière autonome ailleurs que chez eux. Les enfants de Clémence ont fait de fréquents séjours chez nous alors que certains avaient à peine 4 ans. Et cela a continué très longtemps et dure encore aujourd'hui.

Stanislas et Noémie étaient en primaire. Ils avaient deux ans d'avance. Noémie parce qu'elle avait appris à lire à 3 ans et demi et Stanislas car il s'ennuyait. Or il est très important qu'un enfant garde le goût de l'effort et que jamais il ne puisse s'ennuyer à l'école. Tous les cinq avaient une mémoire phénoménale et s'intéressaient à tout.

Ils devenaient peu à peu bilingues sans vraiment effectuer d'efforts. Bilingues anglais, écrit et parlé, ils passaient des examens avec succès. Les plus grands de l'école avaient également commencé l'espagnol et le chinois. En effet, j'avais lu qu'apprendre une langue avec des caractères différents permettait le développement de parties du cerveau qui sinon restaient endormies. J'avais choisi le chinois, au grand étonnement de tous, car je sentais à l'époque que la Chine était un lieu où il allait se passer beaucoup de choses et où il y aurait beaucoup d'ouvertures pour les adultes de demain.

Ils faisaient également beaucoup d'art avec un professeur qui avait créé sa propre méthode prônant le fait que « nous sommes tous des artistes ». Ils arrivaient à faire des dessins très beaux même très jeunes. Cette méthode permet d'approcher toutes les techniques d'art plastique et apportait également beaucoup pour la construction de la personnalité de l'enfant. Elle nous permettait aussi de détecter et d'aider un enfant qui vivait des choses compliquées. Je travaillais en totale collaboration avec ce professeur qui est restée toutes les années de la vie de cette école. Elle intégrait, dans sa méthode aussi, une grande observation de la nature et les enfants dessinaient dans le sens de la nature, c'est-à-dire qu'un arbre devait commencer par les racines, un oiseau par l'œil et ensuite il le peignait dans le sens des ailes, etc. De plus les enfants ne faisaient aucun contour car elle disait que faire dessiner à l'intérieur des traits enfermait.

En art, il ne fallait pas leur laisser faire n'importe quoi car pour nous l'important était de leur procurer les moyens qui leur permettraient ensuite d'être libres dans leurs créations. Si on ne donne pas de techniques artistiques aux enfants, ils sont un jour bloqués dans leur créativité et donc dans leur liberté. Certains parents nous reprochaient de trop cadrer cet apprentissage mais cela me semble indispensable.

Je commençais à donner aux plus grands des leçons de tennis afin qu'ils apprennent ce sport que j'aimais beaucoup. Il est évident que j'imposais en quelque sorte un sport mais comme je le disais, nous sommes un exemple et c'est le sport que je maîtrisais le mieux et que je pouvais donc leur enseigner. Nous passions de longues heures dans un club de tennis à jouer ensemble.

C'est là qu'on découvre aussi combien chaque enfant est différent même avec à peu près la même éducation. Lorsqu'Alexandre était sur un cours de tennis, on voyait son bonheur partout, dans ses yeux, dans son enthousiasme, dans sa concentration pour faire au mieux, etc. Il pouvait rester des heures ainsi à s'amuser sur le cours et rien ne lui faisait plus plaisir.

Il est tellement important de partager des loisirs aussi avec ses enfants ! Cela crée encore une fois une foule de moments de joies, de rires ensemble et une grande complicité ! Pour les parents, cela permet de connaître de mieux en mieux ses enfants et de pouvoir ainsi leur apporter toujours le meilleur.

Les enfants, eux, savent qu'ils peuvent s'appuyer sur leurs parents qui sont toujours là pour les accompagner, pour les guider, pour leur apprendre et ainsi ils peuvent grandir tranquillement car ils savent qu'ils seront toujours entourés comme il le faut.

Le jeu tenait également une part très importante dans nos vies. Les enfants avaient des Legos, des Playmobils, des Barbie… des jouets qui leur permettaient toujours de créer des histoires, de raconter et de jouer ensemble. Des Legos avec lesquels ils construisaient beaucoup. Leurs jouets occupaient tout notre salon et ils s'amusaient la plupart du temps dans cet environnement. Notre salon était transformé en salle de jeux au grand dam de certains. Les enfants jeunes aiment être auprès de leurs parents, ils aiment que l'on soit tous ensemble. Quel bonheur de les écouter raconter leurs petites histoires ensemble !

Bien sûr, il y avait souvent le problème des plus jeunes qui détruisaient un peu leur création mais comment apprendre mieux la vie que dans une famille nombreuse ? Apprendre à prêter, à négocier le jouet de l'autre, à s'adapter à l'âge de chacun, à accepter que ce que tu as fait soit détruit, etc. Nous chantions et dansions aussi beaucoup. Souvent, le samedi soir était réservé à des danses. Nous mettions la musique et chacun bougeait comme il le voulait. Nous partagions également le samedi soir une émission de télévision qui était un jeu. Ainsi chacun pouvait participer, leur père trouvant toujours les réponses aux questions historiques et intellectuelles et moi, je mettais l'ambiance, faisais régner le suspens, pariais… Plus tard, nous avons aussi regardé ensemble une émission de chansons.

Ces soirées étaient un régal, chacun selon son âge appréciant les choses différemment mais apportant à l'autre. Ils les attendaient avec impatience. Sinon ils n'avaient pas accès à la télévision uniquement à des dvd de sciences et d'histoires.

En vacances, ils ne pouvaient regarder la télévision qu'en cas de pluie et pour notre soirée du samedi soir ensemble. C'est dire pratiquement jamais. Il est indispensable de limiter énormément l'accès aux écrans pour les enfants très jeunes. Ils apprennent beaucoup mieux en jouant, en lisant, en s'ennuyant, en dessinant, etc. Moins ils sont sur les écrans mieux c'est !

De même ils n'ont eu que très tard des consoles de jeux, je pense que Stanislas devait avoir 14/15 ans et encore c'est que j'en aie été un peu forcée par les circonstances. En effet, j'avais amené mon neveu aux sports d'hiver et il avait une console qu'il ne voulait pas prêter à Angélique et comme nous vivions un drame quotidien, je suis allée en acheter une à Angélique et Stéphanie.

Nous faisons aussi beaucoup de jeux de société de tous genres en commençant petits par des memory, des puzzles que nous faisions ensemble puis les traditionnels Monopoly, Triavial poursuite, Rumicub ; et aussi des jeux de dés et de cartes. Quand ils ont grandi un peu, je leur ai appris le tarot et c'était des parties sans fin ! Même lorsque nous partions en vacances, l'hiver par exemple, nous apportions des jeux de société.

Encore une fois, que de moments de partages exceptionnels ! Partout j'apportais aussi des feuilles, des cahiers et des feutres, des crayons de couleurs qui restaient toujours à leur disposition. En particulier lorsque nous allions au restaurant, ils pouvaient dessiner tant qu'ils voulaient, sur les nappes en papier, faire des jeux aussi sur les papiers, etc. De ce fait, en même temps, ils prenaient part à nos conversations et leur participation était intéressante aussi. Je suis toujours stupéfaite de voir des parents assis face à face au restaurant, avec leurs enfants à côté le regard fixé sur les écrans. Chacun est dans son monde. Les adultes parlent ensemble et les enfants sont en silence absorbés par leurs jeux. Quelle tristesse ! On s'étonne que les enfants ne communiquent pas avec leurs parents mais ce sont dans des moments comme ceux-ci que la communication est riche. L'enfant apprend du vocabulaire, apprend à se faire une opinion et à l'exprimer, les conversations des parents sont souvent intéressantes pour eux aussi, ils apprennent à argumenter, à demander la signification des choses, des mots. Qu'apprennent-ils sur leurs consoles de jeux ?

J'avais également mis en place un rite : en fin de journée au cours du dîner ou à la fin d'une visite, chacun racontait ce qui l'avait le plus marqué dans sa journée, ce qu'il avait préféré et pourquoi. Ces moments étaient aussi délicieux. Nous, parents, le faisions aussi et on échangeait ainsi nos points de vue. Dans ces situations aussi, les enfants apprennent beaucoup : réfléchir à ce qu'il a préféré, revoir le déroulement de sa journée, savoir exprimer son choix et le justifier. C'est un superbe exercice ! Pour les parents, encore une fois, cela entraîne la communication et cela permet de mieux connaître son enfant, connaître ses goûts et ensuite orienter les choix en fonction de ce qui a le plus plu à l'un ou à l'autre.

Je voulais aussi que Stanislas garde sa préséance d'aîné car ce n'est pas une place facile : avoir quatre petits frères et sœurs, devoir tout faire en premier, vivre les erreurs des parents. J'essayais donc de lui donner des avantages. Par exemple, pendant longtemps chaque samedi, nous allions visiter des monuments tous les deux. Stanislas a toujours été passionné d'histoire et je pense que cela a contribué à sa passion et à sa curiosité. Et nous lui procurions les dvd et livres qu'il désirait sur le sujet.

Dès qu'un de mes enfants a été passionné par un sujet, je lui ai fourni tous les moyens lui permettant d'approfondir sa connaissance du sujet et cela quel que soit le sujet. C'est ainsi que grâce à Angélique qui s'est passionnée très tôt pour la mode et pour la photographie, mondes que je ne connaissais pas du tout, je me suis ouvert à ces cultures. En effet je lui ai toujours offert tous les livres, dvd qu'elle désirait sur le sujet et nous sommes allées à toutes les expositions qu'elle avait trouvées.

Les passions naissent très jeunes. Nous nous sommes toujours demandé avec Angélique d'où venaient ses passions et en y réfléchissant nous avons trouvé. Chaque soir, elle dormait avec moi et je lisais des journaux de mode pour me détendre style Elle ou autre et depuis qu'elle est toute petite, avec sa curiosité exacerbée, elle regardait discrètement tous ces journaux en même temps que moi et nous pensons que c'est de là que sont nées ces passions. Les passions sont quelque chose qui nous nourrit, qui nous pousse à toujours en savoir plus, à ne jamais s'ennuyer, à trouver toujours la vie belle et sont donc essentielles dans la vie. Un jeune qui a une passion quelle qu'elle soit ne s'ennuie jamais, sombre rarement dans les plaisirs artificiels souvent nés de l'ennui et ne cherche plus désespérément le sens de la vie. De plus cela lui permet d'avancer, d'avoir un chemin, de tout mettre dans cette passion, donc de se libérer de ses stress, etc. Donc trouver une passion ainsi jeune est absolument fabuleux.

Dans ce domaine aussi, je pense que les parents ont un rôle important à jouer en accompagnement et en présentation des choses à son enfant. Si on fait beaucoup de choses, de sorties, de découvertes, de voyages, de lectures de livres, de journaux, d'activités ensemble, il émerge souvent une chose qui va plus passionner l'enfant qu'une autre. Je sais que mes enfants ont tous une passion pour quelque chose parfois les passions changent mais quelle joie de se donner à sa passion et quel bonheur en tant que parent de les accompagner dans cette passion, de leur permettre de réaliser les objectifs.

Et nous aussi, nous pouvons découvrir des choses vraiment passionnantes grâce à eux. Ils nous nourrissent aussi beaucoup et nous donnent une vie riche à de nombreux points de vue. C'est vraiment formidable de se rendre compte qu'un jour votre enfant, même jeune, sait plus de choses que vous. Je le vis souvent avec mes enfants. Je l'ai vécu avec Stanislas qui s'est toujours passionné pour les sciences et donc nous lui fournissions tout ce qui nous passait sous la main concernant les sciences. En grandissant il a trouvé ses propres ressources et très jeune il avait plus de connaissances que moi sur de nombreux sujets et aujourd'hui qu'il est adulte il continue de partager tout cela et je dois dire que cela m'apporte énormément. C'est lui qui me nourrit intellectuellement. Et c'est la même chose pour chacun.

J'ai toujours trouvé merveilleux d'être dépassée par ses

propres enfants. Je pense qu'ainsi on a réalisé un objectif. C'est ce que je répète aussi souvent à mes élèves : un de mes objectifs c'est qu'ils aient rapidement davantage de connaissances que moi. Et je peux vous dire que cela arrive très vite. Avec notre façon de travailler avec ces fameuses cartes de nomenclature avec lesquelles l'enfant peut tout apprendre tout seul du moment que nous lui fabriquions les cartes en fonction des centres d'intérêt qu'ils traversent. Nous devons juste être capables d'observer qu'est-ce qui intéresse l'enfant à un moment donné et de faire les recherches et de fabriquer le matériel nécessaire et ainsi l'enfant peut apprendre, même très jeune, une foule de choses. Par exemple, cette année, un jeune enfant de 7 ans 1/2 était passionné par les animaux de toutes sortes. J'ai fait des cartes sur tous les animaux et très vite ils reconnaissaient des types de serpents, d'animaux, d'oiseaux que j'ignorais totalement. Et il a appris tout cela très rapidement et c'est merveilleux de lire le bonheur dans les yeux d'un enfant qui se rend compte qu'il sait davantage de choses que son professeur. Et pour le développement de la confiance en soi, c'est formidable.

Au sujet des écrans, je remarque aujourd'hui beaucoup trop de parents qui installent leurs enfants à l'arrière de la voiture avec un film sur un écran à chaque fois qu'ils font les trajets pour aller à l'école notamment. L'enfant s'installe ainsi totalement passif le regard fixé sur son écran. J'aime dans ma classe, lors de mes moments collectifs, parler des saisons et leur demander ce qui se passe pendant la saison que nous sommes en train de vivre. Et je suis stupéfaite de voir comme les enfants ne savent plus regarder par la fenêtre ce qui se passe dans les champs, dans les forêts, au bord des routes, etc. Il est tellement important de développer le sens de l'observation chez les enfants depuis leur plus jeune âge. Le sens de l'observation s'aiguise, est une preuve d'intelligence, et aide énormément dans la vie plus tard. Il faut savoir observer avec tous ses sens : la vue d'abord, l'odorat, le toucher, l'ouïe et le goût quand c'est possible.

C'est ce que nous développons très jeune avec le matériel de la vie sensorielle : affiner le plus possible tous les sens afin de faire de l'enfant un observateur très pointu de son milieu, apprendre ainsi à l'enfant à apprécier la beauté de la nature dans laquelle il vit : distinguer les nuances des couleurs extraordinaires des feuilles des arbres, des fleurs, sentir l'odeur du blé ou de l'herbe fraîchement coupés, entendre le cri du coucou ou du merle, et en fonction de tout cela se rendre compte comme la nature est belle et comme la vie est belle et comme il va être important pour les enfants de préserver tout cela. Ainsi ils comprennent aussi qu'ils font partie d'un monde qui est beau et qu'ils ont un rôle très important à jouer dans ce monde. Des jeunes enfants éduqués ainsi ne deviendront certainement pas des adolescents désabusés et se demandant ce qu'ils font sur cette terre. Il est primordial de prendre conscience très jeune de la place importante qu'ils tiennent dans le monde.

Et tout cela peut être introduit en classe avec le matériel de la vie sensorielle et de la culture mais la première chose à faire par des parents est de leur faire admirer chaque jour la nature et de ne surtout pas gâcher cette observation par des écrans. Qu'est-ce qui est plus beau qu'un champ tout rouge de coquelicots ? que les arbres en automne ? etc. et même les enfants qui habitent les villes peuvent observer énormément de choses de la nature. De plus ils apprennent ainsi que la nature change en fonction des saisons mais qu'il y a un cycle et que les choses reviennent et cela aussi est très important dans le développement. J'avais eu cette discussion avec mes élèves sur l'importance de l'observation de la nature en venant et rentrant de l'école et le lendemain, c'est la petite fille qui a le plus de transports dans les embouteillages en ville qui lève la main et me dit : « moi j'ai observé plein de choses dehors », elle nous décrivit ainsi les gens, les arbres, les feuilles, les massifs de fleurs, les abords du périphérique, etc. et elle était ravie de tout ce qu'elle avait vu. Surtout, arrêtez avec les écrans et les consoles en voiture.

En outre, les trajets sont un moment de communication entre les enfants et celui qui les amène extrêmement riche. Les enfants racontent plein de choses à ce moment-là car ils ne sont pas face à face donc c'est plus facile de dire tout ce qu'ils ont à dire. C'est un moment où nous, les adultes ne sommes pas occupés par plein de sollicitations de tous genres : téléphones, ordinateurs, dîner à préparer, journal à lire, etc. Nous sommes là ensemble pour parler et écouter notre enfant, totalement disponibles. De plus, c'est en sortant juste de l'école que l'enfant va raconter sa journée. Si on attend le soir, c'est trop tard, trop d'événements ont eu lieu depuis la sortie et l'enfant ne raconte plus. Il ne fera plus part de ses émotions, stress, joies, jeux avec ses amis, échanges avec les uns et les autres, activités qu'il a entreprises, etc. Juste en sortant de l'école, il raconte en général tout surtout si on sait l'interroger comme il le faut ou juste attendre. Certains parents disent : « il ne me raconte rien » mais ils posent la question parfois à un enfant très jeune : « qu'est ce que tu as fait aujourd'hui ? qu'est-ce que tu as fait comme travail ? » Il est certain que l'enfant ne va dans la majorité des cas pas répondre. Il faut des questions du type : « aujourd'hui, tu as travaillé avec le matériel de vie pratique ? comment as-tu fait ? », ou bien « aujourd'hui, tu as joué dans la cour avec Étienne ? vous avez commencé par quel jeu ? », « qu'as-tu préféré dans ta journée ? », « est-ce que c'était une belle journée ? » S'il répond : « oui », vous enchaînez : « qu'est-ce qui a fait que cette journée a été belle ? ». Il est souvent nécessaire de guider l'enfant dans ses réponses tout en lui laissant du temps pour s'exprimer. Et encore une fois se tisse un lien fort entre l'adulte et l'enfant, il sait qu'il va être écouté, qu'il va pouvoir faire part de ses émotions qui vont être expliquées et comprises, un lien de communication s'instaure qu'il est très important de mettre en place très jeune si on veut conserver toujours ce lien à des âges plus avancés.

Il m'a souvent été proposé de faire des conduites groupées mais je n'ai jamais accepté. C'était pour moi un véritable plaisir de faire tous les trajets avec mes enfants et je dois dire que j'en ai fait beaucoup. Même lorsqu'ils sont rentrés à l'université, qu'ils étaient trop jeunes pour avoir leur permis de conduire, nous les accompagnions et revenions les chercher. Les conversations étaient alors riches et les enfants pouvaient faire part de tout ce qu'ils avaient vécu et qu'y a-t-il de mieux que de se savoir écouté et compris à n'importe quel âge. De ce fait, la communication a toujours été très riche entre nous. De plus je leur expliquais toujours que les accompagner et venir les chercher était un véritable plaisir et donc jamais ils ne culpabilisaient de nous imposer des trajets dans les embouteillages. De ce fait, la vie était légère et agréable pour eux.

J'ai été stupéfaite cette année de l'histoire d'une maman qui habitait à 20 minutes de l'école et qui nous racontait faire part chaque jour à son petit garçon de 7 ans du poids que représentait le trajet pour elle afin que de lui-même demande à changer d'école. Lui voulait absolument rester dans notre école où il s'épanouissait pleinement alors qu'il avait vécu des moments difficiles quelques mois dans l'école publique dont il l'avait retiré pour l'inscrire chez nous. Et elle voulait qu'il se rende compte qu'il devait retourner dans l'école où il avait souffert car le trajet était trop pénible pour elle. Comment une telle maman peut-elle croire établir de bonnes relations avec son fils dans ces conditions-là ? il est petit donc il accepte mais ce sont des choses qui ressortent toujours un jour et ce jour-là il est souvent trop tard. Le parent se sent alors blessé, désarmé et est prêt à tout, dans l'incompréhension totale mais il n'y a souvent plus rien à faire, la relation est coupée et c'est normal. Je me mets souvent à la place de ces enfants à qui on fait porter le poids de nos responsabilités et qui ensuite n'ont absolument plus confiance en leurs parents et les rejettent.

A contrario, un parent de deux élèves de notre établissement met chaque jour entre 3/4 d'heures et une heure et demi pour accompagner ses enfants à l'école et cela depuis 3 ans. Et il ne se plaint jamais car ses enfants sont heureux et le plus extraordinaire est que lorsqu'il arrive le soir en fin de garderie pour venir les chercher, les enfants souhaitent encore rester à l'école. Les enfants ne se plaignent jamais du trajet non plus. Ce sont souvent les adultes qui se donnent la priorité par rapport à leurs enfants. Et certains adultes ne se fixent pas les bonnes priorités.

Aujourd'hui je vois arriver en rendez-vous tellement d'adolescents totalement cassés par le système traditionnel que je me dis que certains parents de jeunes enfants ne se rendent pas compte de ce qu'ils font. Souvent, ils nous disent lorsque leur enfant à 15/16 ans : « En fait, cela ne va pas depuis la maternelle ou depuis le primaire ». Mais comment ont-ils fait pour attendre aussi longtemps ? Ils ne se posent pas de question : il y a un système, on va donc y rester.

Certains disent : « Pour nous, cela a fonctionné donc je ne vois pas pourquoi pour lui cela ne fonctionnerait pas ! ». Ils ont oublié que nos enfants évoluent dans une société tellement différente de la nôtre que c'est un non-sens de vouloir leur imposer un système qui, lui, n'a pas changé du tout. Ils ne se rendent pas compte que tout ce stress que l'enfant subit depuis le plus jeune âge s'accumule et lorsqu'il ne pourra plus le supporter, il sera trop tard. Même si un établissement comme le nôtre peut leur permettre de reprendre le chemin de l'école, ils en garderont des séquelles pour toujours... Tout cela parce que l'adulte a des priorités qui ne sont pas le bien-être de l'enfant ! Quelle erreur ! Un enfant qui suit une scolarité en plein épanouissement, développant sa confiance en lui, son autonomie, respectant sa personnalité, lui permettant d'apprendre tout ce qu'il souhaite apprendre, se construira forcément dans une belle harmonie et deviendra un adolescent sans problème, acceptant d'entrer dans le monde des adultes, en bonne entente avec les adultes en général et ses parents en particulier et vivra toutes les périodes dites difficiles de l'adolescence sans conflit et de manière posée.

Dans le cas contraire, ce qui arrive souvent aujourd'hui est dramatique et cause des problèmes parfois insolubles aux parents et à la société en général et je me demande ce que vont devenir tous ces adolescents emplis de mal-être, de révoltes, de confiance ni en eux-mêmes, ni en les autres, d'absences d'envies d'apprendre, de travailler, d'aller de l'avant ?

Il est tout à fait naturel que le taux de suicides chez les jeunes soit en forte augmentation. Dans notre famille, les années passaient pleines de bonheur, de joies, de travail certes. Il est certain, créer sa propre école est un énorme travail qu'il ne faut envisager que lorsque tout cela représente une grande passion pour soi.

En effet, j'ai rencontré de nombreux problèmes qui ne sont pas toujours faciles à gérer : des problèmes dans la gestion des professeurs qui ne se rendent pas toujours compte de l'importance du travail et de la remise en question qu'est un tel enseignement. Une école où il n'y a pas de punitions, pas de zéros, pas de sanctions en fait, ce n'est pas facile à vivre pour les professeurs. Lorsque les élèves ne font pas ce qu'ils demandent, ils doivent trouver d'autres moyens que la répression. Ils doivent être créatifs et il ne leur reste plus qu'à être passionnants, à se faire aimer, à soutenir, à collaborer avec le jeune. Les professeurs ont toujours eu aussi beaucoup de mal avec le fait que pour moi, c'est l'enfant qui prime sur tout. Je les écoute, je tiens compte de leurs remarques, je les soutiens, je les défends… et cela, ce n'est pas facile à vivre non plus. C'est tellement mieux de dire que c'est de la faute de l'élève, de la faute de ses parents, etc. Encore une fois, cela permet de ne pas changer ses habitudes et de ne pas se remettre en question. De plus le fait que j'avais souvent mes enfants dans les différentes classes, fait que j'étais toujours au courant des bonnes choses mais aussi des mauvaises. Combien de professeurs ne font pas les programmes, ne se font pas respecter, imposent aux enfants ce qu'ils ne s'imposent pas à eux-mêmes, parlent mal aux élèves, les humilient, ne rendent pas les travaux, ne contrôlent pas, etc. Je n'imagine pas ce qu'il se passe dans l'Éducation Nationale où il n'y a aucun contrôle du travail des professeurs. J'ai travaillé plus de 10 ans en entreprise, et c'est la première fois que j'ai vécu une société où quels que soient les résultats, quel que soit la qualité du travail, la personne continue à percevoir son salaire, ne supporte pas les remarques, a tout pouvoir, etc. On comprend pourquoi le système tel qu'il est ne peut plus fonctionner.

Même dans ma propre école, je me souviens d'un professeur qui passait son temps à humilier un de mes enfants car il était plus fort que le sien. J'avais beau lui répéter qu'il était sensible, qu'il ne fallait pas lui faire réciter les poésies devant tout le monde, le professeur acquiesçait mais le faisait consciencieusement quand même. Heureusement qu'à l'époque un autre de mes enfants était dans la même classe, et qu'il m'a prévenue et m'a demandé de retirer celui qui se faisait maltraité dans la classe. Ce que je fis tout de suite et cet enfant n'a plus pu prononcer un mot pendant un mois, sa voix avait disparu. Je n'ose pas imaginer ce qui se passe dans le système traditionnel où les enfants n'osent rien dire. Combien de frustrations accumulées ? combien d'humiliations ?

Une autre fois, dans mon école, un professeur d'histoire-géographie décidait qu'un de mes enfants avait trop de connaissances en histoire donc qu'il ne pouvait plus assister aux cours car son savoir dérangeait les autres ! J'ai dû le retirer et lui faire donner des cours particuliers. C'est ainsi que des grands précoces se font systématiquement censurer et finissent par se refermer sur eux- même ou par arrêter de travailler puisque leur savoir n'est pas reconnu et est même gênant.

Ainsi une petite fille très précoce avait été inscrite par ses parents dans ma classe en CP car avant la maternelle elle savait lire mais comme elle voulait être comme les autres, elle s'était mise à faire croire qu'elle ne savait pas lire et si bien qu'elle n'arrivait plus à lire. Évidemment avec les encouragements, le fait que chacun fasse son travail et les niveaux mélangés, elle a rapidement retrouvé son niveau. Elle est restée dans notre école du CP à la Terminale S et a obtenu le bac S avec deux ans d'avance, a ensuite intégré une prépa économique dans un établissement renommé et a ensuite été admise dans une grande école de commerce toujours avec deux ans d'avance. Ce qui fait qu'elle était la seule élève non majeure de la grande école !

Quatre de mes enfants avaient deux ans d'avance et suivaient leur scolarité sans aucun problème. La cinquième n'en avait qu'un car elle était née en juin et je ne voulais surtout pas trop la pousser bien que tous les professeurs, chaque année, me proposait qu'elle saute une classe. Pour les autres étant nés en janvier, février et mars, c'était plutôt 18 mois d'avance qu'ils avaient et cela fonctionnait mieux. J'ai également refusé plus que 18 mois d'avance pour Angélique par exemple car alors s'installe une trop grande différence d'âge et donc de préoccupations entre les enfants. Ce qui est tout de même très amusant, c'est qu'en terminale, elle est devenue et l'est encore très amie avec une élève qui avait 4 ans d'écart avec elle.

Le fait d'avoir 1 voire 2 ans d'avance ne pose aucun problème dans une école comme la nôtre puisque les classes sont pour la plupart mélangés en âge, que chacun avance à son rythme et fait son travail. De plus cette pédagogie qui met l'accent sur le sens de la responsabilité et l'autonomie de l'enfant, donne rapidement une maturité à l'enfant. De ce fait, il n'y a pas de décalage de maturité entre les uns et les autres. J'en veux pour exemple les excellentes notes que mes enfants ont toujours dans des matières où soi-disant ils auraient pu manquer de maturité comme l'écrit de français ou la philosophie.

Ils ont rencontré, en revanche des problèmes dans les activités extérieures à l'école où les éducateurs sportifs, par exemple, regroupent les élèves par classe. À chaque fois, l'âge ne correspondait pas à la classe et là il y avait une incompréhension et beaucoup de moqueries, voire des adultes ou des enfants qui leur disaient qu'ils étaient des menteurs et qu'il était impossible qu'ils aient autant d'avance. J'ai toujours été très impressionnée par la bêtise humaine et par le besoin de l'adulte et même de certains enfants d'être dans la norme. On les met bien dans un moule et si on sort du moule, on est rejeté. Quelle bêtise ! alors que plus tard, le monde des adultes demande justement qu'on soit originaux, créatifs, différents !

Je ne comprends pas non plus pourquoi notre système traditionnel refuse les années d'avance à certains enfants ou alors leur fait sauter des classes. Ceci est une grave erreur car l'enfant passe à côté de certaines notions et l'enfant précoce ayant peur de l'échec, se retrouve devant des concepts inconnus et peut paniquer et perdre sa confiance. Alors que j'ai toujours fait le choix de leur faire étudier tous les programmes de chaque classe mais plus rapidement. C'est-à-dire qu'un enfant peut faire dans une même année un CE1 et un CE2 mais il ne saute pas une classe. Il peut aussi effectuer un CM1 et un CM2. L'enfant avance à son rythme et je le suis. Certains élèves plus matheux peuvent également être plus avancés en mathématiques qu'en français et où est le problème ? L'important est que l'enfant ne s'ennuie jamais, garde son sens de l'effort, avance à son rythme, soit fier de ce qu'il fait, continue toujours à apprendre et ne s'éteigne surtout pas. C'est peut-être plus difficile à gérer pour les professeurs et encore je pense qu'avec le système des plans de travail, c'est vraiment très agréable. Et quel bonheur de suivre un jeune enfant qui travaille chaque jour avec acharnement, qui avance très vite dans ses plans de travail, est fier de ce qu'il fait, et passe de classe en classe avec bonheur ! Le propre de l'enfant précoce est qu'il a une mémoire phénoménale et que lorsqu'il a vu une notion une fois il l'a comprise, le propre des programmes de l'Éducation Nationale est d'être extrêmement répétitif, on étudie les mêmes notions 5, 6 ou 7 années de suite. Quel ennui pour l'enfant qui a compris et retenu la première fois ! Je me souviens ainsi d'une de mes filles qui faisait ses exercices sur les homophones à/a, et/est, et… Elle faisait tout juste et elle me disait : « mais je ne comprends pas pourquoi il faut que je refasse encore des exercices ? » En effet, elle savait. Dans ce cas, il est impératif de passer à autre chose. Sinon l'enfant a aussi l'impression de ne pas être respectée et pas compris à sa juste valeur puisqu'on lui propose des choses qu'il sait déjà. De plus le matériel concret Montessori permet de se faire des acquis vraiment solides. L'enfant étudie tout avec le matériel qu'il manipule et s'approprie les notions avec les sens et avec les mains qui sont directement reliées à son cerveau. Par conséquent, les concepts sont solidement ancrés en lui. Et c'est la même chose dans toutes les matières puisqu'il existe du matériel partout. La méthode d'apprentissage permet également de toucher tous les types de mémoire : la mémoire visuelle puisque l'enfant voit le concept en concret, kinesthésique puisqu'il touche le matériel et le manipule et auditif car souvent la leçon en trois temps est utilisée pour apprendre. De plus, dans cette méthode, on leur donne tous les outils pour apprendre à apprendre, ce qui manque cruellement dans d'autres systèmes.

Je suis frappée d'ailleurs de constater souvent lorsque mes enfants sont en études supérieures que c'est eux qui font les fiches pour les autres et qu'ils n'ont aucun problème pour mémoriser et travailler en totale autonomie. Ce qui n'est souvent pas le cas de leurs camarades de classe, qui leur demande leurs fiches, dans les travaux de groupe ne font pas leur partie, etc. et même s'ils sortent souvent des grands lycées parisiens.

J'ai scolarisé aussi des élèves que l'on appelle « surdoué » c'est-à-dire ayant une aptitude particulièrement poussée dans une matière et souvent les mathématiques. Ils arrivaient souvent car ils étaient totalement incompris dans le système traditionnel et étaient en train de s'éteindre peu à peu. Je me souviens de deux jeunes garçons en particulier qui étaient surdoués en mathématiques. L'un d'eux était arrivé à 3 ans et savait déjà compter, faire des opérations, etc. Le problème qu'il avait est qu'il nous appelait par des nombres. Sa mère était 21, nous, nous étions 19 ! Nous lui avons permis d'avancer à son rythme en complète collaboration avec ses parents et il a passé avec brio son bac avec 5 ans d'avance. Il fallait bien sûr ajuster les différentes matières en fonction de lui. J'avais fait le choix de le mettre dans les matières du français avec des élèves de son niveau et en langues où il était un peu moins doué avec des enfants de son âge. Ce qui fait qu'il arrivait à être à peu près équilibré. Bien sûr il était différent et le restera mais il était plus heureux. Il suivait parfois les cours de physique avec des lycéens alors qu'il était en collège au moment où la chimie le passionnait. Je m'adaptais totalement à son évolution. Il a quitté notre établissement pour l'entrée en seconde car les parents n'avaient pas confiance en notre école pour qu'il soit pris dans la meilleure « prépa » et je sais qu'il a fait ensuite Maths Sup. Une petite fille, elle, était arrivée à l'âge de 3 ans en maternelle, en pleine dépression car elle avait appris à lire toute seule et on l'obligeait à faire des activités d'enfants de 3 ans dans une maternelle publique. En quelques semaines, elle s'est intégrée dans la classe de maternelle où les âges sont mélangés de 3 à 6 ans. L'éducatrice répondait à son besoin d'apprendre et lui présentait des activités conformes à ce qu'elle était capable de faire. Et en un rien de temps, elle est redevenue une petite fille gaie, heureuse, et toujours passionnée par les apprentissages. Nous lui avons, encore une fois, permis d'avancer à son rythme dans toutes les matières puisqu'elle était brillante partout. Elle a ainsi gagné 4 années et est restée dans notre école jusqu'à la fermeture provisoire. Elle est aujourd'hui dans un établissement très élitiste de Versailles avec 5 ans d'avance et vient d'obtenir la note de 15 de moyenne aux épreuves anticipées de première. Ses frères étant dans notre établissement, elle vient souvent me rendre visite et est restée adorable, toujours avec la vocation de devenir médecin. Elle a des amis et semble très épanouie, même si elle trouve parfois les réactions des professeurs un peu bizarres.

Ce qui est vraiment très important avec les enfants précoces et surdoués, c'est d'évoluer en fonction de chacun. En effet, comme tout enfant, ils sont uniques dans leur précocité. Ils peuvent se passionner pendant quelque temps pour une matière donc il faut leur permettre d'avancer au mieux dans celle-ci puis tout à coup leur centre d'intérêt change et il faut à ce moment être très à l'écoute et les accompagner dans ce changement. Il est nécessaire d'être proche de la famille car ils sont extrêmement sensibles et les parents voient souvent mieux les changements émotionnels arrivés. Je ne crois absolument pas aux écoles pour enfants précoces où on les met tous ensemble et où on les fait tous avancer de la même façon souvent en leur faisant faire deux années en une. D'abord il me semble indispensable qu'ils soient en relation avec tous les types d'enfants car nous sommes avant tout une préparation à leur vie d'adultes et ils ne vivront certainement pas qu'entre adultes précoces et leur adaptation aux autres sera alors trop difficile. De plus, il n'y a pas une même recette qui fonctionne pour deux enfants précoces. Il est nécessaire d'avoir juste en tête de les accompagner dans leur besoin d'apprendre et de faire en sorte qu'ils aient toujours à faire des efforts pour apprendre mais en ne les mettant surtout pas en échec. Avoir à faire des efforts, faire preuve de volonté est indispensable car ces enfants font tout avec facilité donc si on se contente de les faire avancer comme les autres enfants, ils perdent le goût de l'effort et le jour où il faut en faire un, ils ne savent plus et se retrouvent totalement perdus de ne plus réussir à faire aussi facilement. Alors souvent ils se bloquent et ne font plus rien.

Cette grande facilité aussi ne les rend pas forcément fiers d'eux puisque tout est facile. Donc souvent ils ne gagnent pas la confiance en eux-mêmes. Tandis que si on leur donne des challenges à leur niveau bien sûr, ils sont fiers de réussir et se rendent compte qu'ils peuvent en plus se surpasser.

Mais attention à ne pas les mettre en échec. Leur peur de l'échec est immense et peut les bloquer pour de longues années. C'est la raison pour laquelle je ne suis pas pour les deux années faites en une seule année. Il est nécessaire d'étudier tout ce qui est à étudier.

De plus ce sont des enfants qui, je pense, ont encore plus besoin d'être rassurés, d'être maternés car ils ont un cerveau qui va vite mais en général un émotionnel très fragile. Je comprends pourquoi un grand nombre d'enfants précoces se retrouve en échec scolaire. Ce qui est paradoxal car avec leur niveau d'intelligence, ils devraient exceller en étude. Encore une fois, les adultes sont responsables de ces échecs.

Certains parents ne veulent pas leur dire qu'ils sont précoces de peur qu'ils soient prétentieux. Je pense qu'il faut pourtant beaucoup en parler car ils sont bien conscients qu'ils sont différents. Mais leur expliquer aussi qu'il n'y a aucune raison d'être prétentieux car ils ont parfois plus d'inconvénients que d'avantages. Et il faut bien leur montrer que chaque être est différent, eux, c'est leur intelligence et d'autres c'est autre chose car ils se savent différents mais souvent ne veulent pas l'admettre et essaient de rentrer dans la norme, ce qui est la pire des choses.

Dans un établissement comme le nôtre où on met en valeur que chaque être est différent, ces problèmes ne se posent pas. Pour mes enfants, les deux ans d'avance me posaient le problème de l'après-bac car tant qu'ils étaient dans un établissement où on considère chaque être comme un être unique et où le professeur s'adapte à lui et non l'inverse tout se passait très bien. Ils avaient tous les cinq d'excellentes notes d'excellentes appréciations et réussissaient tous les examens passés avec brio. En effet, j'ai toujours été pour faire préparer beaucoup d'examens aux élèves dès qu'ils y sont prêts et cela existait surtout en langues. Ils ont donc passé de nombreux examens de Cambridge pour l'anglais, de Cervantès pour l'espagnol. C'est une reconnaissance extérieure très importante tant pour les enfants que pour les parents.

Comme d'habitude par rapport à mes enfants, nous avons beaucoup communiqué et considéré que chacun était différent. C'est ainsi que Stan et Noémie ont tous les deux passés deux bacs, d'abord un bac S puis un bac ES, Alexandre, lui a préféré faire une année supplémentaire en se spécialisant davantage en économie, en histoire et en langues, Angélique, elle a préféré faire une année de stage en entreprises afin de mieux savoir ce qu'elle souhaitait faire. Ils sont ensuite rentrés dans le supérieur et contrairement à ce que beaucoup affirmaient, s'y sont très bien intégrés. Quant à Stéphanie, elle est rentrée immédiatement dans le supérieur sans aucun problème, s'y est très bien adaptée, s'y est fait énormément d'amis et a réussi d'excellentes études tout en gardant son année d'avance. Toute ma vie était alors tournée vers la gestion de l'école et la vie avec mes enfants. Cette vie était très riche et très épanouissante. Comme je le disais plus haut, la gestion d'une école comme celle-ci n'est pas toujours facile de par les relations avec les professeurs d'une part mais aussi avec les parents d'autre part.

En effet les parents qui inscrivent leurs enfants dans notre école le font pour plusieurs raisons : La pédagogie Montessori les intéresse et pour ceux-là il n'y a pas de doute, ils connaissent cette pédagogie et ses bienfaits et nous font confiance. Ils accompagnent leurs enfants dans leur scolarité et sont des partenaires actifs et très agréables. Ceux-là sont la majorité des parents qui inscrivent leurs enfants dès la maternelle et même en début de primaire. De plus, l'éducation à la maison est également dans le modèle Montessori, et dans ces conditions, les enfants vivent dans un monde tout à fait cohérent.

D'autres inscrivent leurs enfants car ils sont à la recherche d'un autre système que celui de l'Éducation Nationale donc la pédagogie Montessori ou une autre pourquoi pas ? Ceux-là ne sont pas vraiment convaincus par la pédagogie et sont le plus souvent inquiets car c'est différent de ce qu'ils ont connu. Ils sont donc souvent inquiets car ils font une démarche à laquelle ils croient mais tout en voulant souvent le même fonctionnement que celui de l'Éducation Nationale. Ils ne connaissent pas vraiment toutes les valeurs essentielles que nous recherchons à développer. Évidemment le fait que nous suivions les programmes officiels les rassurent un peu mais ils ne comprennent pas toujours notre façon de travailler.

Ces derniers donnent en général une éducation à la maison qui n'a rien à voir avec les valeurs que nous inculquons à l'école telle que l'autonomie, le sens de la responsabilité, la bienveillance, le respect de l'enfant et de son rythme, et la vie est alors très difficile pour l'enfant. Ce choix n'a donc pas de sens et se termine souvent par un échec.

D'autres inscrivent leurs enfants pour le bilinguisme : ils ont une cellule familiale bilingue, ils voyagent à l'étranger, il est essentiel pour eux que leurs enfants apprennent les langues le plus tôt possible. Encore une fois, il est un peu dommage qu'ils ne s'intéressent pas plus aux valeurs de cette pédagogie car cela leur permettrait de mieux comprendre ce que nous faisons. Bien sûr ceux qui voyagent beaucoup pour des raisons professionnelles et ont pris le parti d'inscrire leurs enfants uniquement dans des écoles Montessori, comprennent tout à fait ce que nous faisons et ont souvent une magnifique attitude d'aide au niveau de l'école. La pédagogie Montessori est la seule que l'on retrouve dans un très grand nombre de pays. Pour les enfants d'expatriés, c'est la meilleure solution car c'est une référence stable dans leur vie. Ils retrouvent la même façon de travailler, le même environnement, le même matériel, la même approche, etc. C'est donc tout à fait rassurant ! D'autres encore viennent car leurs enfants ont connu des difficultés dans le système traditionnel et là tout dépend de l'âge de l'enfant et des difficultés rencontrées. Pour les parents qui voyagent, notre système scolaire se rapprochant beaucoup du système anglo-saxon, même si leurs enfants n'ont pas été en école Montessori, ils se trouvent très heureux dans notre établissement et les enfants s'adaptent très vite pour le bonheur de leurs parents. Alors que le système traditionnel français est très loin des systèmes des autres pays…

De plus le respect de chacun et de son rythme permet aux enfants ne parlant pas du tout le français d'avoir le temps d'apprendre notre langue et ceci dans une grande bienveillance. Lorsque l'enfant arrive après un parcours difficile, nous sommes souvent un grand soulagement pour les parents car ils ont vu leur enfant souffrir, ils ont été souvent mal traités par les enseignants, ils sont passés par tous les professionnels de l'enfance : pédiatre, orthophoniste, psychologue, ergothérapeuthe, psycho-motricien, et n'en peuvent plus de faire des tests de tout genre à leurs enfants, d'entendre des diagnostiques alarmants, de les emmener à droite et à gauche tout au long de la semaine sans grand résultat, avec une dégradation de la confiance en soi chez leur enfant et chez eux, avec des sentiments de tristesse et de culpabilité.

Je reste persuadée que dans la majorité des cas, le problème de l'enfant vient d'un non-respect de sa personne, de sa façon d'apprendre : on ne lui a pas laissé le temps, on lui a demandé d'apprendre comme les autres et au même rythme donc peu à peu il s'est retrouvé en échec, et a perdu sa confiance en lui-même. Le parent entendant très régulièrement les remarques désagréables des professeurs commence aussi à perdre confiance dans les capacités de l'enfant et là on rentre dans une situation que je considère comme dramatique. Comment un jeune enfant qui se sent déjà en échec, peut-il avoir confiance en lui s'il sent que ses parents commencent à douter aussi de ses capacités ? C'est impossible.

Souvent, tout vient des difficultés pour l'apprentissage de la lecture. Si on avait permis à cet enfant d'apprendre tranquillement à son rythme dès la maternelle, si on avait observé sa façon d'apprendre et si on lui avait fourni du matériel adapté à sa façon d'apprendre, peut-être ne serait-il pas en échec et totalement démoralisé.

Lorsque de tels enfants arrivent dans ma classe, la première étape est pour moi de les encourager, de leur redonner confiance en eux, en leur expliquant qu'ils sont de toute façon intelligents, qu'ils ont de très bonnes capacités et que c'est nous les adultes qui n'avons pas été capables de les comprendre. Je le leur montre en les faisant commencer par des exercices que je sais qu'ils vont réussir. Et lorsque l'enfant commence à retrouver un bon moral, j'introduis de nouvelles notions après avoir bien observé sa façon d'apprendre. Et j'insiste à chaque fois sur ses réussites.

Je dialogue également beaucoup avec les parents en leur faisant remarquer les succès de leur enfant pour qu'eux aussi se détendent et retrouvent confiance dans les capacités de leur enfant. Il est aussi souvent très important de travailler en partenariat total avec les parents. Certains parents sont vraiment formidables et leurs enfants obtiennent alors des résultats exceptionnels. Ce qui donne de très bons résultats pour les enfants, c'est lorsque les parents suivent des formations Montessori avec moi, se procurent du matériel ou le réalisent et travaillent exactement de la même façon que nous à l'école. Là, les enfants se trouvent dans une situation d'apprentissage tout à fait cohérente, font d'énormes progrès et réussissent.

Il y a aussi les parents qui inscrivent des adolescents en échec et pour lesquels nous sommes un peu la dernière chance. Ceci est beaucoup plus compliqué à gérer, car le jeune a accumulé les échecs, a totalement perdu confiance en lui, en les professeurs, souvent en ses parents aussi. Ils ne viennent pas vraiment pour une pédagogie, ils viennent pour qu'on sauve leur enfant. Souvent nous réussissons car nous installons une autre relation avec le jeune. L'ambiance de l'école lui redonne envie de se rendre dans ce lieu qui était pour lui synonyme d'hostilité : le fait de tutoyer les professeurs, d'avoir une belle relation de gentillesse avec eux, qu'il n'y ait plus de punitions de tout genre. En revanche, la mise au travail est très difficile et très lente. Certes, ils réussissent leur baccalauréat car en mettant en place une série de stratégies, l'examen est possible. Ce sont souvent des enfants intelligents qui ont refusé d'entrer dans le moule et se sont fait rejeter par les professeurs et par le système traditionnel. Leur intelligence et leur sensibilité leur permettent de réussir. Mais dans le fond, le jeune ne change pas énormément. Le travail est toujours difficile à mettre en place, la confiance en lui-même est très compliquée à restaurer car elle a été trop abimée. Les parents de ces enfants-là sont en général dans une grande souffrance et portent beaucoup de culpabilité de ne pas avoir trouvé la solution plus tôt.

D'autres parents souhaitent une autre pédagogie tout en voulant également les critères de l'Éducation Nationale. Là, c'est très difficile à vivre pour les enseignants, car les parents sont sans cesse en comparaison, en jugement de notre travail et n'ont absolument pas confiance en nous. De plus, l'enfant sentant que ses parents doutent, se sent aussi très mal et n'est pas heureux. L'Éducation Nationale les rassure tout en sachant que cela ne fonctionne plus très bien et c'est la raison pour laquelle ils viennent vers nous ; mais leur choix n'est pas déterminé donc ils le vivent mal.

Il y a aussi tous les parents dont les enfants souffrent de phobie scolaire. Ceux-là sont de plus en plus nombreux et c'est très triste. Lorsque j'ai créé cette école il y a plus de 20 ans, les cas de phobie scolaire étaient très rares pour ne pas dire inexistants et aujourd'hui, ils sont tellement nombreux. La société a beaucoup trop évolué pour que des enfants intelligents acceptent tout ce qui se passe dans le système traditionnel. De plus, la cellule familiale explosant de plus en plus, ces enfants perdent tous les repères. Les phobies scolaires augmentent considérablement et les cas sont de plus en plus graves : anorexie grave, suicides, etc. et dans la majorité des cas avec des enfants très intelligents, et ayant de superbes résultats en primaire et même en 6e, 5e bien souvent. J'ai réussi à en aider un bon nombre mais pas tous. Et aujourd'hui, je ne peux accepter tous les élèves en phobie scolaire qui souhaitent s'inscrire. En effet, je pense que le groupe doit être constitué d'une majorité d'élèves allant bien pour pouvoir accueillir et bien aider l'élève en souffrance. Beaucoup de critères sont nécessaires pour aider ces jeunes. D'abord que ce jeune en souffrance ait la volonté de revenir à l'école et ne s'en soit pas éloigné pendant trop longtemps car sinon, le retour vers un groupe pour des longues journées de cours est trop difficile. Je leur explique aussi souvent qu'il ne faut pas qu'ils soient trop exigeants avec eux-mêmes, qu'ils s'accordent des hauts et des bas, qu'ils ne veuillent pas réussir tout à coup à venir tous les jours à l'école pendant toute la journée de cours et avoir de bons résultats. La plupart du temps, en accord avec les parents, j'établis des emplois du temps personnalisés en fonction des matières que le jeune aime, des professeurs avec qui il apprécie être, et de sa fatigue. Ses emplois du temps peuvent être plus remplis petit à petit mais en fonction des réactions du jeune. Au début je leur propose que les professeurs ne les notent pas car ils sont souvent très perfectionnistes et les notes leur font peur. Le premier objectif n'est-il pas de revenir dans un groupe, de tenir une journée entière de cours, de faire des devoirs et de réussir à faire des contrôles. Je leur explique aussi que je les considère comme des êtres libres c'est-à-dire qu'ils ont droit de quitter les cours s'ils sentent que c'est trop oppressant pour eux. Ils peuvent sortir, revenir ou rentrer chez eux à partir du moment où ils m'en informent par sms. En effet, je suis responsable d'eux et je dois savoir où ils sont. Le sms car c'est souvent très difficile pour eux de venir parler à la directrice de l'école. De plus le sms permet de commencer un dialogue avec le jeune. Et ceci pour moi est essentiel, car je peux alors leur écrire combien ils comptent pour moi, combien je suis à leur disposition pour les aider, combien je les aime, combien je suis prête à tout faire pour qu'ils y arrivent, etc. et les mots écrits, ils peuvent les lire, les relire et s'en imprégner car ils ne sont pas habitués à ce genre de relations avec l'adulte responsable de l'établissement scolaire. C'est de cette façon-là que j'ai souvent commencé à instaurer une relation de confiance et de communication entre le jeune et moi et ces deux valeurs sont essentielles si on veut réussir à aider l'élève comme il le faut.

La bienveillance des professeurs est également capitale puisque ce jeune en souffrance se trouve en contact avec eux la majorité du temps. Et les autres élèves sont souvent l'élément clé. Je me souviens d'une jeune fille qui n'était pas allée à l'école depuis environ un an et qui ne parvenait plus à entrer dans une salle de classe. Elle venait jusqu'au bureau de l'école et s'arrêtait là. C'était une jeune élève de sa classe qui venait l'y chercher chaque matin. Elle venait lui parler puis l'entraînait vers la classe et ainsi petit à petit elle a réussi à revenir.

Une autre qui n'allait pas bien non plus, a commencé à se lier d'amitié avec certains élèves de la classe, et elle, qui sortait d'une hospitalisation, venait dans la classe pour retrouver ses amis. Bien sûr à chaque fois j'explique les circonstances aux autres élèves de la classe sans entrer dans les détails bien sûr, je leur explique que j'ai besoin d'eux, de leur aide et que je compte sur eux car c'est grâce à eux que ce jeune pourra être sauvé de cette phobie. Et ils jouent en général très bien le jeu, sauf bien sûr si le jeune qui ne va pas bien ne veut pas revenir.

J'ai eu ainsi le cas d'un garçon qui en fait ne souhaitait pas retourner étudier puisque dès qu'il a eu ses 16 ans, il a arrêté l'école. Dans ce cas, nous n'avons réussi à rien. Les autres faisaient des efforts et lui, les rejetaient, donc au bout d'un moment ils l'ont laissé seul. Ce que je trouve tout à fait normal.

De jolies relations amicales se sont tissées avec certains parents mais c'est très rare et les choses se terminent souvent tristement. En effet, je pense que les relations entre les parents et moi-même sont souvent faussées, il y a trop d'émotif dans les relations parents/écoles/enfants. Tant que tout va bien, l'amitié semble solide mais lorsqu'il faut dire à un parent que son enfant ne fait pas ses devoirs, ou n'est pas sage, le parent le prend mal et l'amitié explose. Les parents acceptent beaucoup moins bien une remarque négative de la part d'une amie alors que si les relations restent plus froides, les choses se passent mieux. De plus souvent les parents des amis de mes enfants comparaient leurs enfants avec les miens et ce n'était pas bon. Nous avons toujours eu, dans notre maison, un grand sens du travail et de la volonté, donc bien sûr mes enfants travaillent très bien. De plus le fait d'être dans une pédagogie Montessori depuis leur plus jeune âge en a fait des enfants s'intéressant à tout, droits, et aimant travailler.

Les enfants grandissaient donc tranquillement. Stanislas arrivait en fin de primaire. Je songeais à l'inscrire au Lycée International de Saint-Germain-en-Laye car il était bilingue mais lorsque je visitai l'établissement et que je vis cette usine à enfants, je renonçai et me dis que nous devions continuer avec le collège. Après tout, cela ne devait pas être beaucoup plus difficile que le primaire. Il suffisait de continuer de la même façon, des classes à niveaux mélangés, des plans de travail individualisés, des professeurs motivés et bienveillants qui considèrent chaque être comme unique. Et puis, réfléchir et réfléchir encore à ce que l'on peut donner de meilleur pour que la scolarité continue à être heureuse, enrichissante et épanouissante tout en les préparant à réussir les examens et à être bien prêt pour une vie d'adulte équilibrée.

Je me suis rendu compte que j'avais eu raison à plusieurs niveaux mais en particulier le jour où un élève qui était venu finir sa scolarité brillamment dans notre établissement après avoir passé de longues années dans ce lycée m'écrivit : « d'un numéro parmi tant d'autres, je suis devenu un être humain en qui l'on croit ! ». Exactement ce que je ne souhaite pas pour nos élèves. Il me paraît essentiel de considérer chaque élève comme un être unique qui a une histoire, des goûts, un caractère, des objectifs, etc. que l'on va chercher à connaître afin de les respecter. La richesse est l'unicité de chacun et non le groupe.

Le collège étant créé, il n'a pas été difficile d'ouvrir ensuite le lycée. En fait, je suivais la scolarité de Stanislas pour ouvrir les classes les unes après les autres. Pour le lycée, il était essentiel de vraiment bien les préparer au baccalauréat en gardant ce même état d'esprit cher à la pédagogie Montessori et en respectant toutes ses valeurs. Il fallait qu'ils réussissent leur baccalauréat mais aussi soient pris là où ils souhaitaient aller.

Qu'ils puissent aller là où ils souhaitent aller et surtout à l'endroit qui est fait pour eux. Et pour cela il est indispensable que leur personnalité soit respectée afin qu'ils développent une bonne connaissance d'eux-mêmes, de leurs goûts et aussi de leurs aptitudes. Qu'ils n'aillent surtout pas vers où tout le monde va, où vers où leurs parents souhaitent qu'ils aillent. J'explique toujours à mes élèves qu'il est indispensable qu'ils suivent leur propre chemin, qu'ils ne se préoccupent pas du chômage, ni des voies soi-disant bouchées car s'ils font bien ce qu'ils font avec professionnalisme et volonté, ils y arriveront toujours. On a tort de faire vivre aujourd'hui nos enfants dans un climat de stress par rapport à l'emploi en leur inculquant la peur de grandir. Et c'est normal. Comment peuvent-ils avoir envie d'aller vers un monde où il n'y a pas de travail, où tout s'écroule ? Il est impératif de leur montrer à un monde qui donne envie et qui fait confiance sans être utopiste… Un jour, une de mes filles m'a écrit une phrase qui m'a beaucoup touchée : « D'une utopie, tu as fait une réalité ». Il faut les laisser avoir des rêves, aller au bout de leur passion, avancer avec un esprit léger plein d'avenirs. J'ai d'ailleurs toujours dit à mes enfants qu'il était extrêmement important qu'ils soient toujours heureux et épanouis de ce qu'ils faisaient et qu'ils prennent avant tout leurs décisions avec leur cœur et surtout pas d'après ce qui se fait, d'après ce qui est bon pour le curriculum vitae.

C'est la raison pour laquelle ils ont choisi des chemins souvent originaux et qui leur ont toujours bien réussi. Beaucoup de personnes m'avaient expliqué que les enfants sortant d'établissement comme le mien ne seraient pas pris dans les bonnes prépas, ni dans les bonnes écoles. Je l'ai tellement entendu que parfois je finissais par douter et aussi par craindre d'avoir fait une erreur en les menant jusqu'à la terminale. Peut-être aurais-je dû faire comme tout le monde et les faire entrer dans un lycée reconnu de la région pour qu'ensuite ils soient pris dans un bon établissement. Mais dès l'instant où je me dis « comme tout le monde », cela me fait peur !

Lorsque Stanislas a été en cours d'année scolaire pour son deuxième baccalauréat (il a passé d'abord un bac S puis un bac ES), il a fallu qu'il présente son dossier dans différentes écoles supérieures. Voulant vérifier les dires de la majorité des personnes autour de moi, il a déposé son dossier dans un établissement de renom pour une préparation aux grandes écoles de commerce tout en sachant qu'il ne ferait pas sa scolarité dans cette prépa car je ne suis pas pour ce type de cursus où on les martyrise pendant 2 ou 3 ans pour qu'une fois entrés dans une grande école, ils ne fassent plus grand-chose. De plus les années entre 16 et 19 ans sont des années merveilleuses et il est dommage de les vivre dans cette ambiance. Pour un peu qu'ils n'obtiennent pas l'école qu'ils désirent, ils ont fait tout cela pour rien et se retrouvent sans aucun diplôme et bien aigris. De plus, je ne suis pas du tout pour ces endroits où on leur explique qu'ils sont les meilleurs. Quels sont les critères pour être le meilleur ? Stanislas a donc présenté dans un même temps un dossier pour entrer à Paris Dauphine. C'était un nouveau moyen de vérifier si des dossiers venant de notre établissement avaient une chance d'être acceptés. À ma grande joie, il a été accepté dans les deux. Je prouvais donc une nouvelle fois que notre lycée n'était en rien un obstacle pour faire les meilleures études supérieures. La suite allait me conforter dans ce sentiment au-delà de mes espérances.

Les mauvaises langues expliquaient que c'était parce que Stanislas était mon fils et qu'il était exceptionnel mais que pour d'autres, ce serait plus compliqué. Dans les années qui ont suivi, les élèves de notre établissement ont été acceptés partout où ils le désiraient, s'ils en avaient les aptitudes bien sûr, que ce soit en France en écoles préparatoires aux grandes écoles de commerce ou scientifiques ou littéraires, en écoles d'art, d'architecture, et écoles de commerces post-bac, en universités de tout genre, en BTS, en IUT? etc., etc. ou à l'étranger par exemple au Canada à Mc Gill qui est une université très réputée ou en Angleterre à Warwick pour Angélique, ou aux États Unis, etc.

Stanislas a donc fait son entrée dans cet établissement réputé mais nous avions convenu que c'était uniquement pour voir ce que c'était et qu'ensuite, s'il le désirait, il rejoindrait l'Université Paris Dauphine qu'il préférait.

Ce style de mode d'enseignement ne lui a pas plu du tout et surtout tout le « bizutage » qui avait lieu au début. Il y est donc resté une semaine puis est rentré à l'Université de Paris Dauphine. Noémie a également passé un bac S puis un bac ES et est également rentrée à l'Université de Paris Dauphine car elle ne savait pas vraiment ce qu'elle désirait faire plus tard.

Elle travaillait tout son temps libre à l'école dans la classe avec moi et y était très heureuse. Stanislas aussi donnait des cours de S.V.T. aux élèves de différents niveaux et les enfants adoraient ses cours. Alexandre continuait sa scolarité en faisant beaucoup de sports dans lesquels il réussissait très correctement.

Stéphanie était une excellente élève très sociable. Elle continuait aussi, l'art plastique, la danse, la musique, le chant et aimait beaucoup le chinois. Angélique également travaillait très bien et avait de nombreuses activités artistiques.

Nous continuons à passer toutes nos vacances ensemble dans notre maison du Cap Ferret mais aussi à voyager régulièrement car il était essentiel pour moi de leur montrer d'autres horizons. Nous aimions beaucoup visiter d'autres pays, connaître d'autres peuples. Avec 5 enfants les voyages coûtent cher mais malgré tout nous réussissions à partir. Des moments très importants de l'année étaient les classes de neige avec l'école. En effet, chaque année j'organisais une classe de neige et nous emmenions un nombre important d'enfants (entre 50 et 100), avec des parents d'élèves et des professeurs. Lors de ces voyages, je consacrais tout mon temps et mon énergie aux élèves car il était très important que ces séjours restent des souvenirs merveilleux pour les enfants. Le groupe était constitué d'enfants entre 5 et 18 ans et tout le monde vivait en bonne harmonie. Souvent nous occupions un centre entier et passions tout notre temps ensemble. Le matin, c'était des cours ou des activités basés sur la montagne (luge, raquettes, secours en avalanche, etc.), l'après-midi, ski pour tous, et au retour du ski à nouveau travail, dîner, puis soirées animées au début par les professeurs puis par des animateurs des centres d'hébergement.

C'était formidable de voir ainsi les petits et les plus âgés tous ensemble, une vraie famille. Les grands aidaient les petits à mettre leurs chaussures de ski, puis portaient les skis jusqu'aux départs des pistes et au retour même chose. Il se créait alors des liens très forts entre les élèves et les professeurs découvraient d'autres côtés très positifs des élèves. On faisait beaucoup d'activités variées ensemble : le bowling, la patinoire, des jeux de tout genre, des karaoké, des parties de cartes, etc. Les enfants de tous les âges étaient très heureux et les adultes aussi. Lorsqu'on organise ce genre d'événements, il est vraiment indispensable de tout donner au groupe et ne pas s'imaginer qu'on va passer une semaine aux sports d'hiver à faire du ski. On doit être partout afin d'être certain que tout se passe bien : consoler les plus petits en manque de leurs parents, organiser le travail, les activités quotidiennes, rassurer les parents restés en région parisienne, aller à l'infirmerie pour les jambes et bras cassés, soigner les malades, aller à la pharmacie, arbitrer les disputes entre les plus grands, écouter les uns et les autres et savoir leur apporter la bonne réponse, organiser des jeux, lire des histoires aux plus petits, organiser le travail de chacun, vérifier l'ordre des chambres et la propreté des enfants, vérifier le matériel de ski de chacun… Ce sont des temps très fatigants mais qui valent vraiment la peine. Les jeunes que je revois disent toujours que c'était leurs plus beaux moments. Il est très important d'organiser régulièrement des voyages ou sorties de ce type.

Chaque année aussi, nous préparions un voyage dans un autre pays pour tous, de 8 à 18 ans, avec des professeurs et des parents désireux de nous aider dans le voyage. Nous avons visité Venise, l'Andalousie, Barcelone, Rome, la Grèce, Lisbonne. C'était toujours des voyages orientés vers l'histoire et l'art et agrémentés d'un jour de plage afin que les jeunes en gardent vraiment un très bon souvenir.

Nous avons toujours passé toutes nos vacances ensemble et les enfants n'aimaient pas beaucoup aller chez les autres, à part chez notre amie Clémence, qui était comme un membre de la famille et ses enfants très proches. Pendant les vacances aussi, tout tournait autour des enfants, toutes les activités étaient centrées sur eux. Et nous passions d'excellents moments.

Bien sûr au programme de chaque jour, il y avait un peu de travail et de la lecture de n'importe quels livres du moment qu'ils y prenaient du plaisir. Alexandre a aussi eu son bac avec deux ans d'avance mais il a choisi de faire un petit arrêt dans les études. Il préférait venir enseigner dans l'école : il avait besoin, disait-il, d'une vie utile et étudier ne lui apporterait rien. Comme il avait ces deux années d'avance, c'était pour moi une bonne idée qu'il fasse autre chose tant qu'il n'était pas prêt. Il se consacrait aussi aux sports. Et ceci pendant 3 ans.

Au cours de cette troisième année, je commençais à chercher une école qui pourrait lui convenir car je souhaitais absolument qu'il fasse des études ; il ne pouvait pas rester ainsi à travailler à l'école sans s'être fait son propre bagage, sans être allé voir ailleurs.

J'ai trouvé une école nouvelle qui me semblait bien car elle avait un programme original proche de ce que nous dispensions à l'école : des cours avec des professionnels qui travaillaient en même temps en entreprise, des conférences de grands patrons du monde économique français, des actions humanitaires, des langues, des cours de théâtre, des matières intéressantes... Au début la reprise pour Alexandre fut difficile puis peu à peu il s'y est fait et y prenait les bonnes choses.

J'ai toujours remarqué qu'il fallait à mes enfants un court temps d'observation pour ensuite comprendre exactement ce que les autres en termes scolaires attendent d'eux et cela dans tous les univers. Je pense que le développement sensoriel allié à l'apprentissage précoce d'autres langues et d'autres cultures, leur a développé un pouvoir d'adaptation et une intuition incroyables. Quel que soit l'univers dans lequel ils se trouvent ils ont besoin d'un court temps d'adaptation et ensuite se mettent exactement à répondre ce que l'on attend d'eux et cela en fonction des pays, des cultures, des langues, des types d'enseignement, etc.

Je suis persuadée que le fait de développer dès le plus jeune âge au maximum les 5 sens à travers le matériel sensoriel créé par Maria Montessori, développement sensoriel qui crée aussi un sens de l'observation très pointu et ceci ajouté à l'apprentissage de plusieurs langues et cultures, permet le développement de l'enfant ce que l'on pourrait appeler un sixième sens ou « intuition » qui leur permet de ressentir sensoriellement ce que l'autre attend de lui ou ce que l'autre ressent et de réagir en fonction de ce ressenti. Lorsqu'ils sont face à quelqu'un ou face à une situation, tous leurs sens sont en éveil avec une observation très fine, donc dans un premier temps, ils ressentent l'autre totalement, c'est la raison pour laquelle il faut un temps d'observation et ensuite ils adaptent leurs réponses, leur comportement à ce qui se trouve en face d'eux. Je l'ai remarqué pour mes cinq enfants et dans toutes les situations possibles.

C'est une raison de plus de l'importance du développement de tous les sens chez le jeune enfant. En effet, c'est de 2 à 6 ans que les sens peuvent s'affiner au maximum par un entraînement avec un matériel adéquat et ensuite c'est beaucoup plus difficile voire impossible. La pédagogie Montessori est la seule qui comporte tout ce matériel sensoriel extrêmement important et réfléchi avec de nombreux buts directs et indirects, et la seule qui prévoit la manipulation de ce matériel en libre accès autant de fois que l'enfant le désire et pendant plusieurs années. Personnellement, je continue à placer du matériel sensoriel dans ma classe de primaire pour les enfants qui n'ont pas eu la chance de faire le cursus maternel et pour ceux qui l'ont suivi mais ont encore besoin de le manipuler.

Ce matériel sensoriel est primordial pour bien d'autres

raisons que j'évoquerai plus tard et rien que pour cette raison, tous les enfants devraient en bénéficier partout. Je ne comprends absolument pas les parents qui sont prêts à débourser des sommes folles pour leurs jeunes de 15 à 25 ans et qui ne le font pas pour leurs jeunes enfants alors que c'est au début de la vie que tout se met en place, se construit de manière presque définitive et qu'ensuite se fera du raccommodage rien de bien profond.

Alexandre obtenait d'excellents résultats dans cette école mais malheureusement elle a fermé à la fin de sa deuxième année et il a dû intégrer la faculté. C'était alors un tout autre monde… qu'il n'a pas été facile pour lui de comprendre. Il a été heureux d'y rencontrer des personnes d'origine sociale bien variée et de voir des jeunes dans des conditions très difficiles travailler à la faculté pour s'en sortir, certains ne parlant pas bien le français ayant bien du mal à obtenir des résultats corrects malgré un travail sérieux et un autre aspect de la faculté, toute la tricherie qui existe pendant les examens.

Stéphanie a obtenu aussi son bac avec mention et a intégré très facilement l'Université de Paris Dauphine. Vous vous demandez pourquoi ils allaient tous dans cette université : c'est une université qui intègre les élèves sur dossiers donc le niveau est plus que correct, l'enseignement y est très ouvert et pas trop spécialisé, ce qui permet à l'issue des 3 années de licence d'avoir un large choix pour la suite, ce parcours permet aussi après la licence en faisant une période de « prépa » aux grandes écoles d'intégrer une bonne école de commerce. Si on ne souhaite pas faire une école de commerce, la poursuite des études dans cet établissement donne un excellent niveau pour avoir une vie professionnelle très intéressante. C'est un cursus très ouvert dans un environnement assez élitiste.

À chaque fois que mes enfants ont préparé le baccalauréat, ils ont été très moteurs pour aider le reste de la classe dans leurs révisions, dans leurs réalisations de fiches de révision, etc. Notre établissement restait toujours ouvert et les élèves pouvaient y venir n'importe quand pour se retrouver ensemble et réviser. Mes enfants qui avaient été très habitués, lors de l'accueil des nombreux jeunes chez nous, à aider les autres, trouvaient tout à fait naturel de s'investir pour la réussite de leurs camarades. Et c'était essentiel pour moi de développer chez eux cette générosité et cet altruisme qu'ils ont tous.

Angélique a également réussi brillamment son bac et elle a choisi de faire une année de stage en entreprise afin de prendre un peu de temps pour déterminer ce qu'elle souhaitait faire. Angélique a toujours été très autonome et c'est elle qui a trouvé toute seule ses trois stages. Elle n'avait que 16 ans et s'est très bien intégrée dans les différentes entreprises dans laquelle elle est passée. La dernière voulait même la garder et elle a failli y rester et abandonner les études pour un temps. Dans le même temps, elle a préparé ses dossiers pour intégrer une université anglaise.

Elle s'est fait aider d'un ami américain qui avait aussi étudié en Grande Bretagne et a tout mis en place toute seule. L'autonomie donnée à l'enfant par cette pédagogie est extraordinaire et tellement positive. Angélique à 16 ans a été capable : de trouver les écoles anglaises qui lui convenaient, de constituer les dossiers ce qui n'est pas une chose facile, de présenter ses dossiers avec les dissertations nécessaires en anglais bien sûr, de faire ensuite toutes les démarches pour l'inscription ainsi que pour trouver les logements.

J'avoue que je n'étais pas très réjouie à l'idée qu'elle allait partir si jeune en Angleterre mais elle l'avait décidé et cela devait se passer comme cela. Un jeune qui est équilibré sent bien ce qui est bon pour lui donc il est nécessaire de le respecter afin qu'il ne perde pas la confiance qu'il a en lui-même. On doit même tout mettre en place pour lui permettre de réussir l'objectif qu'il s'est fixé.

C'est ainsi qu'à juste 17 ans, elle est partie s'installer en Angleterre pour suivre ses études à l'Université de Warwick, excellente université. Je l'ai accompagnée car je souhaite absolument voir où mes enfants sont installés et comment. Le cadre de vie est essentiel pour la réussite de l'adaptation dans un autre pays loin de sa famille et seule au début. J'ai donc toujours eu à cœur de les aider à mettre en place leur logement en soignant tous les détails : non seulement le mobilier mais aussi des éléments de décoration importants comme des plantes, des bougies, des photos de la famille et des amis, de la jolie vaisselle, de la belle literie, des tapis, des coussins, etc. Tous ces petits détails qui font qu'on est heureux de rentrer chez soi, même si on est un peu seul. Au contraire, si son environnement est triste et vide, il est très difficile de remonter la pente quand le moral baisse à cause du manque de sa famille et de ses amis. J'ai ainsi fait pour tous que ce soit à Philadelphie pour Stan, à Lyon pour Stéphanie ou ailleurs pour les autres. Évidemment lorsqu'ils s'installent en cité universitaire, il est beaucoup plus difficile de faire un peu de décoration. Cependant je vais toujours les voir car je veux être certaine qu'ils sont logés correctement et que l'environnement est positif. C'est ainsi que je me promène dans le monde entier pour voir si tout va bien. À Singapour pour Angel, à Miami pour Alexandre, à Shangaï pour Stéphanie et bientôt au Koweit pour Stan.

L'environnement préparé est une notion très importante de la pédagogie Montessori. Nous le verrons plus tard pour les classes mais je pense que cette notion d'environnement préparé est valable pour tout. On parlera de l'environnement préparé du bébé, puis celui de la chambre de l'enfant, puis celui de la classe de maternelle, puis de primaire etc. etc. mais j'y crois aussi pour l'environnement de l'entreprise et aussi l'environnement général de la vie pour un jeune qui vit loin de sa famille ou proche d'ailleurs. Le soin apporté à l'environnement est indispensable. Pour être bien et pouvoir bien travailler, l'environnement doit être complètement étudié et entretenu régulièrement en fonction de l'évolution de chacun. Quand on parle d'environnement, on parle de la chambre ou de l'appartement, puis on parle du quartier dans lequel on vit, puis de l'université dans laquelle on étudie, puis des amis que l'on se fait. Tout doit être bien en adéquation avec sa personnalité si l'on veut que le jeune s'épanouisse et optimise son séjour. Pour mes enfants, le logement était un premier point important, une chambre pas forcément très grande mais propre, calme pour le repos, avec de la lumière et une vue jolie, bien agencée, décorée et personnalisée avec un coin pour travailler où il se sente bien. Un quartier sécurisant pas trop loin de l'université, avec de la vie autour, des magasins, un joli square ou un parc pour la verdure, des arbres. Les éléments naturels sont indispensables à une vie sereine.

Ensuite il faut respecter le caractère de chacun : certains préfèrent être seuls car ils ont besoin de s'isoler de temps en temps, d'autres préfèrent la colocation car ils aiment ce côté copains, fêtes, etc. C'est dans ce domaine aussi qu'il est important que les jeunes se connaissent bien afin de faire le bon choix.

Stanislas est donc rentré à l'Université de Paris-Dauphine. L'adaptation, encore une fois, contrairement à ce qui m'avait été répété, s'est bien passée et il a fait ses trois années sans grande difficulté. Bien sûr la relation qui existe entre les professeurs et les élèves n'a rien à voir avec ce qui se passe dans notre établissement puisqu'ils ne font aucun effort pour connaître leurs élèves mais une fois cela intégrée, tout va bien.

Souvent les parents se posent le problème du retour à l'école traditionnelle. Dans un premier temps, le mieux est vraiment de faire toute sa scolarité dans notre établissement mais lorsqu'il est nécessaire de changer, les enfants s'adaptent. Certes ils sont moins heureux et la méthode leur convient moins mais ils s'adaptent, sauf si les parents les retirent au bout d'un an car l'enfant allant mieux, ils pensent que cela va continuer n'importe où. Je suis très surprise de la façon de réagir des parents dans certaines situations. Lorsqu'ils choisissent notre école parce que cela ne va pas ailleurs, ils attendent que leur enfant aille mieux ou qu'il ait gagné une année d'avance, puis nous le retirent au bout d'un ou deux ans ou plus. Et ils pensent que tout va continuer ainsi. Je suis assez stupéfaite du manque de suite dans les idées des parents et du manque de respect pour le bien-être de leur enfant. L'enfant est un paquet que l'on dépose un jour à un endroit, puis un jour à un autre et ce paquet doit se faire à tout ce qu'on lui propose sans qu'on lui demande son avis.

Lorsqu'on choisit une pédagogie comme la nôtre, ce n'est pas pour un an ou deux, c'est pour toute la scolarité de l'enfant. C'est comme si certains parentq disaient à leur enfant : « On a trouvé un endroit où tu es bien, où tu travailles bien, où tu te sens bien, où tu as des amis et où tu t'épanouis et bien maintenant, on va te mettre ailleurs, mais tu vas voir cela va être super ! ». Cette année, je l'ai vécu une nouvelle fois pour un jeune garçon de 9 ans qui était arrivé il y a 18 mois. Comme il allait mal à l'école publique de quartier car il était très précoce, ses parents m'ont demandé conseil et l'ont inscrit dans une autre école Montessori avec une pédagogie très mauvaise. Au bout de cinq mois, les personnes de cette école ne le supportaient plus, alors les parents m'ont demandé de le prendre, ce que j'ai fait par souci de l'enfant. Je l'ai suivi, intégré, normalisé comme dirait Maria Montessori, il a sauté une classe, s'est fait des bons amis. A la fin de l'année, ils ont décidé de le remettre dans son école de quartier en lui expliquant qu'il allait y être très heureux car il y avait des grandes récréations avant et après le déjeuner ! Comment ces parents s'imaginent-ils avoir de bonnes relations avec leur enfant lorsqu'il va devenir adolescent ? Il va bien se rendre compte de leur inconséquence totale et du manque de respect pour lui. Et à son tour, il ne les respectera plus.

En revanche, les élèves qui ont suivi une partie de leurs scolarités dans notre établissement jusqu'au baccalauréat et encore plus ceux qui ont suivi toute leur scolarité, s'adaptent très bien aux études supérieures, quel que soit l'endroit choisi. Ce que je répète toujours aux parents inquiets de l'adaptation, c'est que plus on rend fort un enfant, plus on aura développé sa confiance en lui, son autonomie et sa connaissance de lui-même, mieux il s'adaptera. Est-ce qu'on s'adapte bien à une situation quand on n'a pas confiance en soi ? qu'on est bien cassé de tous les côtés par une mauvaise éducation scolaire ? qu'on est blessé par trop d'humiliations ? Au contraire, un être qui n'est pas fort a beaucoup de mal à s'adapter à des situations différentes de ce qu'il a connu. Une fois sa licence obtenue, Stanislas a décidé de faire pendant l'été une « prépa » aux grandes écoles de commerce afin d'intégrer une de ces écoles en deuxième année.

Ce qui est à noter c'est que comme il était totalement bilingue grâce à sa scolarité dans notre établissement, il n'a pas eu besoin de suivre les cours d'anglais et a donc été exempt du travail dans cette matière et a obtenu la meilleure note au concours. Voici un nouvel avantage donné par l'apprentissage d'une langue à l'école dès la maternelle. Aux examens, sans travailler, ils ont les meilleures notes à l'écrit et à l'oral, quel avantage énorme ! Il a donc intégré une très bonne école de commerce. Il a décidé de suivre ces études tout en travaillant dans une entreprise. Il a donc cherché un emploi. Il était très jeune puisqu'il n'avait pas encore 20 ans. Il trouva un emploi dans une entreprise de distribution et concentra ses cours sur deux jours.

Pendant ce temps, Noémie ne se sentait pas bien à l'Université car ce qu'elle aimait par-dessus tout c'était travailler à l'école avec les enfants. Elle était malheureuse. Toute mon éducation a été faite pour que mes enfants aient une jolie vie et soit heureux et donc je ne supportais pas qu'elle ne le soit pas. Elle réussissait très bien mais me parlait de ses angoisses à chaque fois qu'elle devait aller en cours et de son bonheur d'être avec les enfants. Elle m'expliquait qu'elle avait la même passion que moi pour les enfants et l'éducation et qu'elle aimerait arrêter ses études. J'acceptai alors que son père et son frère étaient totalement contre. J'ai toujours eu à cœur de faire confiance à mes enfants et à leurs choix. Personne ne les connaît mieux qu'eux- mêmes. Je savais que Noémie était courageuse, elle nous l'avait prouvé à maintes reprises et travailleuse. Ce n'était donc pas du cinéma ! Elle arrêta donc et vint me rejoindre dans ma classe pour enseigner aux élèves de primaire. Elle avait suivi des formations Montessori sur le matériel lorsqu'elle avait environ 13 ans, avait suivi toute sa scolarité dans cet univers, avait lu tous les livres, que demander de mieux ? Elle donnait aussi des cours particuliers depuis des années, avait un superbe contact avec les enfants quel que soit leur âge et réussissait très bien dans ce domaine. Je ne pouvais pas remettre en question son choix et cette passion puisque nous la partagions parfaitement. Depuis le jour où j'ai su sa maladie, je me suis toujours juré de faire tout pour elle, de lui offrir tout pour son bonheur. Elle dit souvent d'ailleurs, qu'elle sait qu'avec moi elle pouvait tout avoir, que même l'impossible, j'irai lui chercher. Et ce qui est formidable, c'est qu'elle n'en a jamais abusé. Je la voyais heureuse et épanouie dans cette mission et je me disais qu'elle avait encore un an d'avance et que si elle souhaitait un jour reprendre ses études, cela ne lui poserait aucun problème. Je n'ai jamais regretté ce choix car aujourd'hui elle a fondé son école Montessori qu'elle dirige très sérieusement, avec beaucoup de compétence. Elle y est très heureuse, donne beaucoup de bonheur autour d'elle tant aux enfants qu'à leurs parents, réussit très bien puisqu'en un an elle a plus que doublé le nombre d'élèves dans son école ; elle a changé de bâtiment pour un autre deux fois plus grand et surtout, s'épanouit pleinement. Elle est à la tête d'une jolie entreprise humaine qui fonctionne particulièrement bien. Pourquoi demander davantage ?

J'ai toujours eu à cœur dans mon éducation comme à l'école de respecter chacun, ils ne sont pas faits pour les mêmes choses, n'ont pas les mêmes goûts, ni les mêmes aptitudes et auront tous des chemins différents. C'est d'ailleurs un grand bonheur d'avoir cinq enfants tous très différents les uns des autres. Même entre eux, ils s'apportent beaucoup par ses différences. L'essentiel était de leur donner à tous le meilleur départ possible et qu'ensuite, lorsqu'ils étaient prêts, ils puissent chacun suivre leur chemin.

C'est pour moi formidable de partager cette grande passion pour l'éducation et les enfants avec ma fille. Nous avons toujours été très proches l'une de l'autre mais là c'est vraiment une grande chance. On se comprend en un clin d'œil, on a des débats passionnants sur les enfants, pouvons partager nos journées, se poser des questions, trouver des solutions ensemble. Je continue à essayer de lui apporter le meilleur de moi-même pour qu'elle ait la plus belle école, lui fournit du matériel, fait des recherches, lui prépare des jolis plateaux, partage avec elle ce que je déniche d'intéressants, mes lectures, etc. et elle aussi m'en fait un retour formidable. J'ai une profonde admiration pour ce qu'elle fait dans son école avec ses élèves ainsi que dans l'administration. Elle est encore très jeune et fait preuve d'un très grand professionnalisme en ayant toujours à cœur de donner le meilleur d'elle-même. Elle travaille énormément et le fait qu'elle ait été scolarisée dans une école Montessori de la maternelle au baccalauréat en fait la personne le plus à même de diffuser cette merveilleuse pédagogie adaptée par nos soins. Nous animons ensemble des formations Montessori pour adultes et là encore, nous passons des moments fabuleux. Comme certaines personnes m'ont écrit : « quoi de mieux que de partager sa passion avec sa fille ? ». On m'a dit aussi que c'était la plus belle preuve du fait que cette façon de s'occuper d'eux leur avait plu puisqu'elle souhaitait continuer sur le même chemin.

Alexandre obtint son bac très facilement, faisait du sport avec talent et s'intéressait à tout. Il ne souhaitait pas poursuivre ses études et commença à travailler aussi à l'école auprès des enfants. Il donnait également des cours particuliers à deux jumeaux qui avaient besoin de beaucoup d'aide ainsi qu'à des enfants en difficultés.

En même temps, il suivait de nombreux cours auprès des professeurs de notre établissement. Je trouve extrêmement riche pour les enfants de recevoir un enseignement par des personnes de différentes générations. En effet, les jeunes de l'âge d'Alexandre à l'époque c'est-à-dire 16 ans apportent beaucoup aux enfants. Ils évoluent dans le même monde alors que moi, par exemple, je ne partage pas vraiment leurs loisirs, leurs façons de parler, les jeux à la mode, etc. L'enseignant jeune est tellement plus proche de l'enfant, il peut devenir un grand frère qu'ils n'ont pas et se confie sur certains sujets comme ils ne le feraient pas avec une personne plus âgée. Ils ont aussi davantage le même langage, ce qui fait que la communication est souvent facilitée et que les explications sont parfois mieux comprises. De plus un jeune joue davantage avec eux et mélanger le jeu au travail rend la relation plus étroite.

Il est certain que le professeur plus âgé apporte aussi son lot de bonnes choses à l'enfant et donc l'idéal est vraiment d'avoir des professeurs de tous les âges mais ne pas oublier les très jeunes. De plus, pour le jeune, c'est assez formidable de sentir qu'il apporte beaucoup à un plus petit et que le petit enfant lui voue une grande admiration. Les jeunes enfants sont très francs et sincères et c'est aussi très important pour un jeune. Souvent dans notre établissement, je demande à des lycéens de venir m'aider dans ma classe. Pour ceux qui ne se sentent pas très bien dans la vie, qui n'ont pas une belle image d'eux-mêmes, qui doutent de leur utilité sur cette terre, c'est extrêmement bénéfique. Lorsque le jeune arrive dans la classe aussitôt tous les enfants vont le voir, lui parlent gentiment, lui demandent de l'aide et là le jeune se rend compte combien il peut apporter aux autres. Il comprend aussi qu'il a de la valeur et qu'il ait apprécié. Souvent aussi, au lieu de punir un élève pour des devoirs non faits ou des retards, on lui demande de venir passer pendant une semaine toutes ses récréations dans la classe des plus jeunes avec une mission précise. Ainsi il ne bénéficie plus de ces temps de pause avec ses camarades et à ces moments-là, il vient aider les plus petits : les faire lire, les aider avec des exercices de mathématiques, donner un cours de sciences, leur raconter des histoires, jouer avec eux, etc. Et ainsi ils apprennent beaucoup. Pour des jeunes au comportement difficile pendant les cours, je leur demandais de préparer un cours pour des enfants de classe primaire et après vérification du contenu, de dispenser ce cours. Et là souvent il se rendait compte comme il était difficile d'animer un cours lorsque les élèves parlent, chahutent et n'écoutent pas. C'est bien de temps en temps d'inverser les rôles pour mieux comprendre les difficultés de chacun.

Alexandre, après trois années d'enseignement, reprit le chemin des études et des voyages. Il avait toujours en tête de créer des écoles Montessori mais il était nécessaire qu'il fasse un peu sa vie tout seul pendant quelques années. Il a obtenu un Master 2 en management, est parti un semestre à Miami, a réalisé différents stages en entreprise et notamment en banque puis il a voyagé en Asie. Mais au retour, alors qu'il avait l'opportunité d'emplois très rémunérateurs, il avait toujours en tête de me rejoindre pour créer le plus d'écoles Montessori dans le monde et pour développer l'organisme de formation. Encore une fois, c'est une grande chance pour moi que je mesure tous les jours.

Quel bonheur de voir que ce que l'on a créé va prospérer grâce à la génération d'en dessous ! Quel bonheur de travailler avec son fils ! Et forcément, il fera mieux que moi car ayant étudié pendant de nombreuses années, il est à la pointe de tout ce qui se fait aujourd'hui dans les entreprises et dans l'économie, il sera donc plus à même de développer cette entreprise. Et encore une fois, je me dis que ce que nous avons fait pour nos enfants, leur a plu, puisqu'ils veulent le continuer pour leur vie, leurs enfants et les autres. De plus, c'est formidable de voir la générosité qui s'est développée chez eux, le besoin d'aider l'autre, le besoin d'humain qui dépasse le besoin de gagner beaucoup d'argent. Et encore une fois, c'est formidable de partager cette passion pour les enfants et l'éducation avec un de mes enfants. Seule et avec Joël, je ne pourrai pas développer ce projet suffisamment afin que cela profite au plus grand nombre d'enfants possible, alors qu'avec l'aide d'un jeune plein d'enthousiasme et de ressources, on pourra le faire. Je remarque d'ailleurs que les façons de travailler évoluent beaucoup et que les jeunes entrepreneurs d'aujourd'hui sont beaucoup plus efficaces que moi. De ce fait, il m'apporte beaucoup aussi car j'apprends à travailler mieux. Et encore une fois, un autre objectif est atteint : que mes enfants sachent plus de choses que moi et m'enseignent.

Je dois dire que déjà à cette époque-là, la réussite de nos enfants et de bon nombre d'élèves de notre établissement à la pédagogie Montessori telle que je l'avais adaptée, prouvait que c'était une excellente pédagogie, qui, en plus de tout ce qu'elle développait, ne fermait aucune porte aux enfants. Bien au contraire, les portes de tous les établissements renommés leur étaient grandes ouvertes. La connaissance parfaite d'au moins une langue leur rendait même l'accessibilité aux divers établissements bien facilitée.

Stéphanie aussi décida de faire une prépa aux grandes

écoles de commerce et intégrait l'EM Lyon. Elle devait donc s'installer à Lyon, ce qu'elle fit avec une grande autonomie. Elle s'adapta très bien et fut très heureuse de cette expérience. Ensuite elle décida de partir six mois à Shangaï car elle aime beaucoup le chinois qu'elle a continué à étudier. Encore aujourd'hui, elle étudie cette langue et passe avec succès différents examens officiels.

Au cours de toutes les années passées dans notre établissement, en commençant bien sûr par la maternelle (âge le plus important), j'ai toujours tout fait pour conserver chez le jeune la soif d'apprendre et de s'intéresser à tout. Cette capacité d'absorber tout ce qui les entoure, les enfants l'ont depuis la naissance, tout le matériel mis à disposition des enfants en maternelle ainsi que l'obligation de toujours répondre à leurs centres d'intérêt dans tous les domaines et enfin la création de tout le matériel possible en fonction de ce que nous observons chez l'enfant, fait que l'enfant puis l'adolescent continuent à avoir envie d'apprendre. Ceci n'est pas du tout développé dans le système classique. En maternelle, ils n'ont accès qu'à peu de choses car les programmes sont vraiment très restreints – cette information me vient des nombreux professeurs des écoles qui assistent à mes formations Montessori – car on sous-estime les enfants très jeunes. Puis en élémentaire également, les programmes de l'Éducation Nationale sont vraiment très restreints et on ne suit que les programmes. Ce qui est le contraire de ce qui se passe dans notre école où les programmes sont infinis. De plus l'enfant précoce qui s'intéresse à tout et pose des questions sans arrêt, dans les classes des écoles traditionnelles, on lui demande de se taire car ils dérangent les autres. Les cours magistraux conduisent la majorité des enfants qui sont curieux et qui reçoivent à la maison une foule d'informations par leurs parents, à ne plus poser de questions et à ne plus avoir envie d'apprendre. La source se tarit. En effet depuis 25 ans, je me demande toujours comment cela se fait que d'un enfant qui a naturellement envie d'apprendre une foule de choses on arrive un jour à un adolescent qui ne s'intéresse plus à rien. C'est forcément à cause du système scolaire dans lequel ils vivent pendant des années. J'ai constaté que dans notre établissement, c'est le contraire. J'observe que mes enfants arrivés au baccalauréat, sont très ennuyés de devoir choisir une voie plutôt qu'une autre car il faut trop se spécialiser et laisser tomber certaines matières. Lorsqu'ils sont en université, ils continuent d'étudier des matières non comprises dans leurs programmes, comme le chinois pour Stéphanie ou l'italien pour Angélique. Lorsqu'ils ont fini leurs études, ils continuent encore à apprendre comme la philo pour Stan par exemple. C'est une valeur fondamentale que celle de vouloir toujours apprendre. Cela rend la vie tellement formidable et la grande curiosité est vraiment une preuve d'intelligence. Le contraire est tellement difficile à vivre. Une vie sans curiosité pour tout ce qui nous entoure est tellement triste. Ce sont les adolescents qui ont perdu toute curiosité, qui sombrent souvent dans la dépression, dans le mal-être… Apprendre devient un effort impossible à réaliser puisque rien ne les intéresse. Alors que le jeune intéressé par tout, va même plus loin que ce qu'on lui demande et s'émerveille devant toutes les connaissances à acquérir. Sa vie est tellement riche.

De plus, ils gardent toujours ce besoin d'autonomie et de responsabilités. Très jeune (à juste 16 ans), Angélique a souhaité travailler pendant ses vacances d'été, sur un marché sur notre lieu de vacances. Elle vendait les fruits et légumes. Stéphanie, elle, avait choisi de travailler pour un café-pâtisserie. Elles ont ainsi travaillé pendant plusieurs étés pendant les deux mois et cela leur a beaucoup appris.

Notre école pendant tout ce temps a pris beaucoup d'ampleur de deux petites classes de maternelle et une vingtaine d'élèves, elle a atteint 6 classes de maternelle, 1 jardin d'éveil, 5 classes de primaire, 2 classes de chaque niveau jusqu'au baccalauréat et environ 490 élèves. Et nous avions maintenant un très grand bâtiment pour le primaire et le collège et lycée et un autre bâtiment dans lequel je suis encore aujourd'hui avec les classes pour les petits. IL y avait plus de 50 professeurs !!! Cela devenait très lourd à gérer ! Financièrement aussi, cela était très difficile. De ce fait, nous étions forcés d'accepter tous les élèves qui souhaitaient s'inscrire et je pense que c'est une erreur. Cette pédagogie convient à tous les enfants lorsqu'ils commencent jeunes, mais pour les plus âgés elle convient pour la plus grande majorité mais ceux qui sont trop abîmés, eux ne s'y adaptent pas. Ils y sont heureux mais n'ont plus le respect pour les autres, pour les professeurs et pour eux-mêmes qui font que leur intégration parmi les autres est très difficile voire impossible. Évidemment, j'étais très heureuse d'arriver à aider tous ces enfants de 2 à 18 ans et je passais des moments très intéressants. Mais je m'éloignais petit à petit de mes objectifs premiers qui étaient de bien connaître chaque élève afin de leur apporter toute une éducation personnalisée.

Commençaient aussi à se poser de nombreux problèmes entre les trois personnes dirigeantes qui étaient le père de mes enfants, une de mes sœurs et moi. Le bonheur d'être dans l'école parmi les enfants était demeuré intact mais la gestion de l'administratif devenait pesante.

Heureusement beaucoup de jeunes prouvaient qu'il fallait continuer : ils étaient bien dans l'école, retrouvaient leur confiance en eux, réussissaient leur baccalauréat et partaient vers le chemin qu'ils s'étaient choisi. D'autres qui nous quittaient avant la fin, partaient avec une grande confiance en eux, une autonomie et de bonnes bases car tout le matériel créé par Maria Montessori permet de se faire des bases vraiment solides. Au niveau pédagogique et personnel c'était une grande réussite pour chacun. Et c'est la raison pour laquelle je continuais.

Il est essentiel de dire combien cette école était un lieu de grand bonheur pour tous. Un refuge où les adultes étaient très amicaux et où il régnait une grande confiance, de l'amour, et de la compréhension.

Les cinq enfants réussissaient brillamment toutes les études en étant très heureux.

Stanislas sortait de l'ESCP et était embauché définitivement dans une entreprise de grande distribution. Encore une fois, il fit un choix que tout le monde ne partageait pas car il n'avait pas un salaire mirobolant même un peu au-dessous de ceux qui sortaient de cette même grande école. Mais il ne voulait pas s'en arrêter là. Il voulait ensuite faire un MBA et il savait qu'en passant par là il avait plus de chance d'être admis.

Il s'adaptait donc très bien à la vie en entreprise, réussissant encore une fois à faire le travail de deux personnes et passant quelques bonnes années. Puis il constitua les dossiers qu'il présenta pour plusieurs MBA. Il fut admissible d'en quelques-uns de très renommés comme Insead et Wharton. Il alla passer les oraux avec confiance et fut encore une fois reçu au deux. Il choisit le très prestigieux MBA de Wharton, le meilleur du monde dans sa discipline. Il allait donc s'installer pour deux années à Philadelphie. C'était la première fois qu'il partait loin pendant une si longue période et j'avoue que cela ne me réjouissait pas mais j'étais très fière et très satisfaite qu'il soit pris dans ces MBA. Encore une fois, je prouvais à tous que le choix de faire une école pour mes enfants avec une pédagogie bien spécifique et très sérieuse, et bien construite, avec en plus un enseignement des langues très poussées, fonctionnait parfaitement bien. Le fait qu'il réussisse à chaque fois les entretiens prouvait aussi que s'étaient développées une grande confiance en lui et une importante maîtrise de l'oral. Il savait aussi être prêt au bon moment et comme il le fallait.

J'aurais bien aimé rencontrer toutes ces personnes qui m'ont expliqué pendant des années qu'en faisant cette école pour eux, et donc en refusant de les mettre dans le chemin de tous, je leur fermerais des portes et qu'ils ne pourraient pas aller où ils voulaient. Tous ces gens qui nous ont retiré leurs enfants au moment du lycée car s'ils restaient chez nous, ils ne pourraient pas accéder aux meilleures études. J'espère que beaucoup de ces personnes liront ce livre et comprendront leurs erreurs. Car en plus Stanislas a réussi tout cela en ayant du temps pour faire tout ce qu'il désirait faire, en n'étant privé de rien, en vivant tout à fait normalement et en ayant que très peu de stress. C'est-à-dire en passant une superbe enfance. Comme à chaque fois, je partis avec Stanislas vers Philadelphie pour installer son environnement au mieux afin qu'il s'adapte à cet important changement de vie. En trois jours, nous avons aménagé entièrement un appartement, nous avons visité la ville et ses environs, avons même eu le temps d'aller au bord de la mer, et sommes allés faire l'ensemble des démarches dans l'université. Je partais le laissant derrière moi très bien installé et réconfortée sur le fait qu'il allait passer deux superbes années qui allaient changer sa vie.

Évidemment, comme toujours quand je les laisse, je pleurais toutes les larmes de mon corps mais je savais qu'il serait heureux.

Pendant ce temps, les autres poursuivaient leurs chemins avec beaucoup de réussites et de départs vers d'autres horizons. Et moi j'essayais de rebâtir mon école en sachant que cette pédagogie était celle de la réussite à tous les niveaux: réussite au niveau de la construction d'une belle personnalité forte, confiante, honnête, généreuse et autonome et au niveau de la vie professionnelle qu'ils bâtissaient. Angélique terminait aussi sa licence d'un excellent niveau à Warwick et décidait de postuler pour les grandes écoles de commerce française et entrait brillamment à l'ESSEC. J'allais bien sûr assister à sa Graduation avec une grande fierté.

Stéphanie trouvait de beaux stages et construisait très bien son parcours et aujourd'hui à juste 22 ans, elle a signé un CDI à un excellent poste pour une des sociétés les plus en vue de la planète.

Stanislas, avec sa belle aventure, allait définitivement montrer que cette école lui avait été extrêmement bénéfique. En mai 2015, j'allais avec une immense émotion assister à sa Graduation d'un des meilleurs MBA du monde. En le voyant avec sa toge et son chapeau, dans cette belle salle de l'Université de Wharton, parmi tant de jeunes hommes et femmes, et encore plus en entendant appeler son nom pour la remise du diplôme symbolique, je me disais que j'avais réussi le principal objectif de ma vie: permettre à mon fils d'accéder au meilleur si tel était son chemin, et ceci en vivant 25 ans de bonheur et de réussites. Et à ces moments-là, j'ai ressenti une immense joie et une grande sérénité. Oui j'ai eu des échecs et même certains très importants, oui tout n'a pas été facile, mais quelle récompense de voir mon fils monter sur cette estrade et recevoir avec un immense sourire ce papier des mains du doyen… Comme me l'avait dit Noémie un jour : « d'une utopie, j'en ai fait une réalité ! ». Je me souviens du jour où j'ai décidé de ne jamais mettre mes enfants dans une école à la pédagogie traditionnelle mais de leur créer leur école, mon souhait était que mes enfants aient la plus belle des enfances, de tout mettre en œuvre pour qu'ils se construisent sur des bases très solides, de leur éviter toute souffrance inutile et de toujours leur donner le meilleur en tout. Je souhaitais qu'ils puissent avoir accès à tout ce qu'ils désiraient en fonction de leur personnalité à chacun, qu'ils deviennent le plus autonomes possible afin de pouvoir toujours se débrouiller par eux-mêmes, je voulais qu'ils puissent s'adapter partout, qu'ils soient le plus heureux possible. Avec son MBA en mains, Stanislas a eu des propositions d'emplois de haut niveau et donc passionnant partout dans le monde, il aura accès à beaucoup de choses, va pouvoir se construire une vie d'adulte très épanouissante. Noémie avec son école Montessori et le succès qu'elle rencontre, est des plus heureuses et à la vie qu'elle a souhaitée très fort, Alexandre, en se consacrant à la création d'écoles dans le monde entier et en développant l'organisme de formation qui permet la transmission de tout ce que j'ai appris à travers tout ce chemin, continue aussi à vivre sa vie comme il l'a désiré. Pour Stéphanie, les portes s'ouvrent également un peu partout et elle réussit dans tout ce qu'elle entreprend et est très épanouie de la vie qu'elle se construit avec grande autonomie. C'est donc à juste 22 ans un parcours qui la rend très heureuse aussi et Angélique n'a pas encore terminé ses études mais déjà se construit la vie qu'elle a souhaitée (comme depuis qu'elle est née d'ailleurs) a déjà visité plus de pays que je n'en verrai dans ma vie, fourmille d'idées de créations d'entreprises et est donc pleine d'enthousiasme et de joies sur son existence et son avenir.

C'est donc encore une fois mes enfants qui m'ont montré le chemin pour écrire ce livre. Ils souhaitent que je raconte tout ce que j'ai vécu pour que d'autres s'en inspirent dans l'éducation de leurs enfants ou pour la création d'un système scolaire qui pourrait exister partout en France. Il créerait une génération de jeunes bien différents qui réussiraient leur vie et contribueraient à un monde plus paisible. Tout ce que j'ai fait est possible partout et pour tous.

La naissance de chacun m'a transformé et la vie de chacun m'a enrichi et m'a donné le plus grand bonheur possible. C'est vrai que ma vie a été centrée sur eux mais elle a été tellement riche. Grâce à la création de cette école pour eux, j'ai pu donner du bonheur à des milliers d'enfants et à leurs parents, j'ai pu redonner espoir à beaucoup de familles, et permettre aussi à de nombreux professeurs de s'épanouir en travaillant autrement.

Souvent des parents me disent, lorsque je dis qu'il faut toujours mettre l'enfant en priorité dans notre vie, qu'il faut aussi penser à nous, parents, et à avoir une vie enrichissante, épanouissante, et que tout ceci est plus facile en prenant des moments sans eux… Mais je peux dire aujourd'hui que j'ai la plus belle vie qu'on puisse avoir : quel bonheur de voir ses enfants réussir et être heureux ! Est-ce qu'il y a un plus grand bonheur que de se dire que nos enfants ont une vie des plus heureuses entourés d'amis et des bonnes personnes ? qu'on leur a donné les plus grandes chances de réussite dans leurs vies et qu'ils n'ont que peu de reproches à nous faire, et que maintenant avec tous ces jolis bagages qu'on leur a constitué, ils ont toutes les clés pour mener leur propre existence ?… Et personnellement, lorsque je regarde en arrière, je suis fière de ce que j'ai entrepris et réussi, je suis fière de mes choix et je n'ai pas de regrets. Et lorsqu'on vieillit, ne pas avoir de regrets permet de continuer sereinement.

Encore une fois, je me suis épanouie grâce à eux, je me suis dépassée grâce à eux, je suis repartie grâce à eux, j'ai reçu les plus grands bonheurs grâce à eux, et je suis certaine que ce n'est pas fini… Aujourd'hui, c'est eux qui connaissent plus de choses que moi, qui me conseillent avec bienveillance et me font évoluer à tous les niveaux. Comme je l'ai dit, ils sont devenus plus forts que moi, ça aussi c'est un objectif atteint, et de ce fait ils m'apportent tellement ! Et puis, on est si bien quand on se retrouve pour passer un peu de temps ensemble. J'attends maintenant mes petits-enfants car pour eux aussi, j'ai des idées pour leur créer une vie extraordinaire et pour jouer un rôle passionnant leur offrant le meilleur bien être possible.

Je suis certaine que la pédagogie mise en place dans mon école, qui a permis à un si grand nombre de jeunes de s'épanouir et de bien se construire, est tout à fait réalisable partout. Je vais donc expliquer un certain nombre de piliers qui me semblent essentiels et je tâcherai d'illustrer ces piliers d'exemples concrets. En effet, Maria Montessori a développé sa pédagogie en observant les enfants, c'est une pédagogie scientifique. Loin de moi l'idée de me prendre pour Maria Montessori, mais je pense qu'il est indispensable avant d'affirmer quelque chose d'avoir des preuves concrètes et humaines de leurs réussites. Trop de lois ou de nouveaux programmes sont aujourd'hui décidés par des personnes qui ne sont pas en contact avec les enfants. Lorsqu'on n'est pas au contact quotidiennement avec les enfants, il est totalement impossible de décider de ce qui doit être fait avec eux. C'est la raison pour laquelle, malgré mon travail important dans de nombreux domaines, j'ai décidé de toujours continuer à enseigner dans ma classe et de toujours rester dans mon école pour observer les enfants de 2 à 18 ans. Comment pourrais-je transmettre quoi que ce soit, si je ne l'ai pas appliqué. Parfois, j'ai des nouvelles idées, et j'essaie de les mettre en œuvre auprès des enfants et cela ne fonctionne pas. Je les abandonne donc, alors qu'au départ ces idées me semblaient excellentes.

Je crée un matériel concret, je le présente aux enfants ; s'ils ne s'y intéressent pas ou si le matériel ne les aide pas à mieux comprendre le concept, je l'abandonne ou le transforme puis l'essaie à nouveau. Ce sont les enfants qui sont mes guides.

J'ai remarqué aussi qu'en 25 ans, les enfants de tous les âges ont considérablement changé et que nombre de choses sont totalement dépassées aujourd'hui. Si je ne m'occupais pas d'enfants, comment le saurasi-je ?

Chaque enfant est différent, chaque enfant demande une remise en question et c'est en les observant et en leur enseignant qu'on continue à comprendre cela. C'est en rencontrant de nouveaux enfants précoces, de nouveaux enfants dyslexiques, de nouveaux enfants tout simplement, que l'on peut réfléchir à ce qui pourrait se faire de meilleur pour les aider aujourd'hui. Et demain, ce sera peut-être autre chose en fonction de l'évolution de notre monde.

La pédagogie doit être vécue. C'est la même chose pour nombre de formatrices qui n'enseignent plus. Comment peuvent-elles expliquer un métier sans l'exercer ? Pour moi ce serait impossible de distribuer des théories si je ne les ai pas appliquées avant. Comment transmettre ce qu'on ne vit pas ?

Bien sûr, les enfants manifestent de grandes constantes que Maria Montessori avait observées et dont je reparlerai. Mais la mise en application dans la classe au quotidien doit évoluer et cela, Maria Montessori l'avait observé aussi puisqu'elle n'a jamais voulu que sa méthode soit figée.

LES PILIERS DE LA METHODE MONTESSORI

Ouverture sur la culture

Depuis le plus jeune âge des enfants, il est très important de proposer une grande ouverture sur la culture, sur l'histoire, sur les sciences, par des livres bien sûr, par des dvd mais surtout par des visites de musées, de châteaux, de pays étrangers, etc.. et ceci le plus souvent possible. Ceci pour plusieurs raisons : les enfants développent ainsi une grande curiosité du monde dans lequel ils vivent, et aussi une grande ouverture d'esprit sur l'autre. Ainsi ils apprennent d'où ils viennent et trouvent leurs racines. Les racines sont essentielles pour bien grandir comme un arbre. Plus un enfant a une bonne connaissance du monde dans lequel il vit, plus il développe sa confiance en lui car on se sent toujours mieux dans un monde que l'on connaît bien. L'enfant a besoin de concret, les livres ne suffisent pas, il faut voir les choses pour de vrai. Voir des châteaux, des armures, des meubles, des tapisseries, des peintures, etc. permet de bien mieux comprendre ces époques.

Il est aussi très important d'emmener les enfants en voyage à l'étranger si on le peut bien sûr. J'entends souvent des parents dire : « il est trop petit, il ne se souviendra pas » donc ils n'emmènent pas leur enfant avec eux. Cela me paraît être une grave erreur car le plus important est l'adaptabilité à d'autres cultures, à un autre climat, d'autres odeurs, tous les sens sont touchés par un changement de cultures et lorsqu'on sait l'importance de l'apprentissage par les sens chez le jeune enfant, on saisit l'intérêt de cette approche : l'ouïe avec des sons d'une langue différente et souvent les musiques sont aussi différentes de celles de notre pays, l'odorat car les odeurs varient beaucoup d'un pays à l'autre, la vue car les paysages, les gens, les couleurs sont souvent différents, le goût car les saveurs sont souvent différentes des nôtres dans un autre pays, parfois même le toucher car les tissus sont différents et ainsi l'enfant même très petit développe encore mieux ses sens et donc son cerveau. Le cerveau est obligé de faire un travail pour s'adapter à tous ces changements.

En revanche lorsque l'on visite avec des enfants, il faut veiller à orienter totalement leurs visites vers eux afin que cela ne devienne pas une corvée et ait l'effet inverse que celui escompté. Il ne faut surtout pas les dégoûter en n'en faisant trop. Il faut penser à des petits souvenirs en fin de visite, à des distractions pour eux type la plage, une piscine, des jeux…

Lorsque je voyageais avec mes enfants petits, je me procurais un guide et je leur lisais toutes les parties qu'ils pouvaient comprendre. Je faisais une sélection de ce qui pouvait les intéresser. Par exemple : à Cluny, nous allions voir principalement la tapisserie à la Licorne et nous cherchions les lapins.

À l'époque où l'un de mes fils était passionné d'armures, nous faisions toutes les visites de châteaux où l'on pouvait trouver des hommes en armures.

Je pense aussi qu'il faut toujours suivre les enfants dans leurs centres d'intérêt même si au départ nous ne sommes pas intéressés par ce domaine. Par exemple, une de mes filles était passionnée par la mode, les grands couturiers, nous allions donc visiter toutes les expositions qui traitaient de ces sujets. Et il est formidable de voir ces domaines d'intérêt s'élargir grâce à ses enfants. Je n'étais pas intéressée par la photographie et grâce à une de mes filles, j'ai commencé à découvrir cet art qui est formidable aussi.

Ainsi aujourd'hui, mes enfants s'intéressent à tout, aiment voyager et lorsqu'ils voyagent, ils visitent tout ce qu'il est possible de voir. Ils font les itinéraires comme je les faisais dans leur enfance et c'est eux qui me lisent les guides maintenant comme je faisais avec eux.

Les enfants reproduisent presque toujours ce qu'ils ont connu avec leurs parents dans leur enfance. Ce sont les actes qui les marquent et qu'ils intègrent peu à peu et imitent à l'âge adulte.

Tout ce qu'ils apprennent va développer une plus grande ouverture et une plus grande tolérance.

La lecture

La lecture est un élément qui devrait occuper une grande part dans la vie des enfants avec leurs parents. Les parents devraient lire des histoires à leurs enfants dès tout- petits. Des couvertures de livres doivent être visibles par le bébé dès sa naissance. Lorsqu'il ouvre les yeux, le bébé doit pouvoir regarder toutes ces images qui s'offrent à lui et ainsi se familiariser très jeunes avec les livres. Lorsque nos enfants étaient petits, avec leur père, nous allions dans des librairies spécialisées pour enfants et on revenait toujours avec des livres sur tous les sujets.

Nous lisions tout le temps, le soir avant de les coucher, dans la journée à chaque moment libre, et dès qu'ils disaient s'ennuyer on leur proposait de lire. Comme je l'ai dit plus haut, la journée pendant les vacances comportait toujours un temps de lecture de minimum une heure. Aujourd'hui les cinq enfants lisent beaucoup même si pendant un temps, certains ne lisaient pas ou très peu. Pour un de mes fils, par exemple, qui n'aimait pas lire, je cherchais toujours des livres sur ses passions : le sport, les voitures, et il lisait alors avec plaisir. Maintenant il est l'un de ceux qui lit le plus. Pendant que Noémie était malade et dans un état totalement végétatif, son père et moi, lui lisions toujours des livres. Souvent elle nous demandait de lui lire des centaines de fois le même livre et on lisait inlassablement ce livre Pendant tout un temps, c'était la seule chose qu'elle pouvait faire.

C'est grâce à ces histoires, qu'elle pouvait s'évader vers d'autres horizons que cet hôpital, cette maladie et toutes les souffrances qui l'accompagnaient. Elle pouvait partir vivre la vie de ces personnages imaginaires, sortir de cette chambre d'hôpital, quitter la maladie, les souffrances, la douleur, etc. etc. On lisait… on lisait… tout le temps. Elle pouvait aussi partager ses lectures avec son frère. Cela maintenait un lien entre eux car volontairement ils ne se voyaient pas. Je ne voulais pas que Stan soit traumatisé par la terrible vision de sa sœur malade.

Elle maigrissait, elle avait des infections partout, champignons, etc. et pendant tout un temps un regard vide proche de la mort, mais elle écoutait les histoires et en redemandait. Une chose m'a énormément impressionnée ; lorsque j'ai voulu reconstituer la bibliothèque de leur enfance, Noémie, 24 ans plus tard, a été capable de me redonner tous les titres des livres de cette période alors qu'elle me dit n'avoir aucun souvenir de cette époque. Stan, lui, ne s'en souvenait pas.

Toutes ces lectures l'ont probablement aidée à se battre, à vivre et à garder un très joli caractère pendant toutes ces périodes difficiles. De même lorsque Stan a été contraint de rester alité sans bouger pendant 12 semaines après un grave accident de ski, il a passé de nombreuses heures à lire et il ne s'est jamais plaint.

Lorsqu'elle a grandi Noémie pouvait raconter des histoires qu'elle inventait à ses deux sœurs pendant des heures. Ces livres lui ont également permis de développer son imagination considérablement.

La lecture est essentielle et tout devrait être fait, à l'école comme à la maison, pour que l'enfant puisse avoir un excellent niveau de lecture et de compréhension dès le plus jeune âge. Il est également indispensable que les enfants voient leurs parents lire car dans la petite enfance, ils absorbent tout ce qu'ils voient leurs parents faire, donc ils auront envie de lire s'ils voient leurs parents lire.

Maria Montessori avait observé que la période sensible de la lecture était bien avant 6 ans. Nous constatons d'ailleurs dans nos écoles où la lecture fait partie de l'enseignement dès 2 ans que les enfants ont considérablement envie de lire très jeune. Je conseille à tous de commencer par un apprentissage de la lecture le plus tôt possible.

Donc ce qu'il y a de plus important est de faire ressentir à l'enfant ce qu'est un son. Et cela peut être fait par de nombreuses activités sur les sons. Par exemple, on cherche le son qui commence un mot, puis celui que l'on entend à la fin. La lecture consiste en la compréhension qu'un mot est composé de sons et que ces sons correspondent à des lettres. Ces activités sur les sons, tous les parents devraient les faire le plus tôt possible avec leurs enfants. Ainsi les enfants développeraient petit à petit cette capacité à reconnaître les sons qui composent les mots et apprendraient aussi à voir le mot d'une autre façon pas globalement mais en le décortiquant en fonction des sons. Ainsi l'apprentissage de la lecture serait un jeu d'enfants. Encore plus dans les familles où se trouvent des enfants dyslexiques pour qui la lecture sera un apprentissage long et difficile. Si les parents font alors très jeunes des jeux de devinettes sur les sons, cela rendra les choses plus faciles.

Bien sûr un son est un concept très abstrait donc tout jeu qui consiste à faire prendre conscience à l'enfant ce qu'est un son est fondamental. Donc leur faire écouter de la musique, faire des jeux avec des boîtes à sons, des appeaux, des instruments de musique, leur lire des poèmes en insistant sur les rimes. Ces activités devraient tenir une place très importante dans la vie quotidienne de l'enfant. En effet, un enfant qui lit gagne encore en autonomie : il peut comprendre tout ce qui est écrit dans les journaux, sur les panneaux d'affichage dans la rue, au cinéma, sur les étiquettes des produits, dans les livres, etc. Ce n'est pas pour ça que le parent doit arrêter de lire des histoires bien sûr car la lecture est un moment convivial à partager ensemble.

Apprendre à lire très jeune est fondamental car ainsi l'enfant peut prendre son temps. Il a 3 voire 4 ans pour apprendre à lire. Si on attend la fin de la maternelle ou le CP, on est pris par le programme et par l'impératif de savoir absolument lire avec un rythme soutenu ce qui retire le plaisir d'apprendre à lire

Lire doit revêtir un côté extraordinaire : lire un livre à un enfant devrait toujours avoir lieu dans la bonne humeur, le parent doit être enthousiaste, positif et montrer le bonheur qu'il a de lire un livre à son enfant.

Un coin bibliothèque doit avoir sa place dans la chambre de l'enfant avec des livres que l'enfant peut attraper tout seul.

Les livres doivent être disposés de façon à ce que l'enfant ait envie de les attraper, c'est-à-dire la couverture apparente. Cette bibliothèque ne doit pas avoir trop de livres mais sur des sujets variés : sur la nature et changé en fonction des saisons, sur les fêtes qui vont être célébrées dans la période donnée, des livres d'histoires vraies et inventées, des livres de poèmes, des livres d'adultes avec des paysages, des voyages, des animaux, des voitures, etc. Et ces livres doivent être changés régulièrement. Le coin bibliothèque doit être convivial et confortable avec un tapis ou un fauteuil confortable et au calme.

La lecture d'un livre doit montrer à l'enfant que partager un livre peut permettre aussi de partager des émotions, des rires, des peurs, etc. et que cela procure des sensations très fortes. A l'école, c'est la même chose, une bibliothèque de livres variés doit aussi avoir sa place et dans un endroit convivial. Ne pas y mettre trop de livres et les changer régulièrement. Lire un livre doit faire partie du programme de chaque journée de classe. Des activités sur les sons doivent tenir une place importante dans les activités de la classe. Le professeur disposera de nombreux plateaux de matériel où l'enfant pourra faire des jeux de sons. Le développement du sens auditif aura une place importante également car c'est alors que le professeur pourra constater des problèmes auditifs chez certains enfants qui, s'ils sont traités très tôt, éviteront à l'enfant des difficultés d'apprentissage et des pertes de confiance en lui sur un apprentissage aussi essentiel que celui de la lecture.

Même lorsque l'enfant grandit et sait lire, l'activité lecture doit tenir une place importante dans toutes les classes de la scolarité d'un enfant. Il est souvent facile de trouver des personnes bénévoles qui sont heureuses de venir faire lire les enfants en individuel.

A chaque vacances, et à tout âge, on peut conseiller des livres à lire ou laisser le choix libre mais demander que des livres soient lus. Petits, aux petites vacances, les enfants peuvent lire un livre s'en souvenir et le raconter aux autres. Il est très riche de partager ainsi des lectures que l'on a aimées avec ses camarades de classe. Plus grands, ils peuvent en faire des résumés de préférable en classe car sinon on risque de corriger le résumé fait par le parent.

On peut aussi leur faire réaliser des fiches sur le livre afin de le présenter à leurs camarades et de leur donner envie de le lire. J'ai remarqué dans ma classe, où les enfants sont mélangés du CP au CM2, qu'ils sont captivés à ces âges par n'importe quel livre s'il est bien raconté. J'ai un petit garçon de 6 ans, Samson, qui raconte très bien les livres : plusieurs fois pendant l'année, nous nous sommes mis sur le cercle et l'avons écouté raconter son histoire ; tous les enfants restaient bien concentrés et semblaient heureux.

Une formation de conteuse devrait être donnée à toutes les personnes qui sont en charge d'enfants. Ce n'est pas très compliqué mais il est très important de savoir certaines choses de base qui permettent à cette adulte de vraiment captiver les enfants.

Lorsque les étudiants sont plus grands, il est aussi important de prévoir des temps de lecture à haute voix. Vraiment toute la scolarité devrait prévoir dans son emploi du temps un temps pour la lecture de jolis textes. Pour l'épreuve anticipée de l'oral de français, un entraînement de lecture oral est essentiel car c'est la deuxième impression que le candidat donne à l'examinateur, la première étant sa présentation.

Si l'enfant apprenait à lire très jeune comme cela se passe dans notre école, cela permettrait aussi à l'enfant, grâce à un nombre d'activités variées préparées par le professeur, de développer également la compréhension de la lecture.

Une fois de plus, je pense que cela devrait être une des priorités de notre éducation car la lecture est la clé de tout pour bien étudier. Un enfant qui lit et comprend bien, aura des facilités à comprendre les énoncés des exercices donc pourra les effectuer avec succès et autonomie. Il aura également des facilités pour lire des textes dans toutes les matières et donc pour les retenir.

Par la lecture, l'enfant va développer ses capacités en orthographe et en vocabulaire. Ce qui est essentiel pour tout. Le développement du vocabulaire est également clé pour la réussite mais également dans les relations avec les autres. Pouvoir trouver les bons mots pour exprimer ses idées et ses émotions facilitent considérablement la vie en société.

Une fois de plus, Maria Montessori avait remarqué que la période sensible du langage étant entre 0 et 6 ans, plus on développait pendant cette période le goût pour les mots et le vocabulaire, plus l'enfant avait d'attrait pour un vocabulaire riche et varié. Les scientifiques ont remarqué qu'un enfant entre 1 et 3 ans peut apprendre 40 mots nouveaux par jour. Donc, toutes les écoles devraient offrir ce matériel riche et varié qui se trouve dans les écoles Montessori et qui permet le développement du vocabulaire. Et également tout ce matériel que l'éducatrice doit créer et disposer dans sa classe afin de toujours développer le vocabulaire de l'enfant. Ce matériel que l'on appelle les cartes de nomenclature est considérable et sans fin. Il recouvre toutes les parties de la vie de l'enfant : les animaux, les plantes, les paysages, les pays, les parties du corps, les pièces de la maison avec tout ce qui se trouve à l'intérieur, les sports, les métiers, les véhicules, les planètes, les formes géométriques, etc. etc. Cela est infini. Ce matériel doit également être créé en fonction de l'émotionnel de l'enfant c'est-à- dire en fonction de ses centres d'intérêt au fur et à mesure de sa croissance. En tant que professeur lorsque l'on voit qu'un enfant s'intéresse à un sujet particulier, il faudrait toujours créer un matériel pour répondre à cet intérêt. Ainsi l'enfant se rendrait compte que l'adulte fait toujours tout pour répondre à sa soif d'apprendre et l'enfant développerait ainsi toujours plus de curiosité pour tous les domaines.

Apprendre à lire doit donc avoir lieu très tôt. Et cela ne doit pas être réservé à l'école. Les parents devraient aussi pouvoir avoir les connaissances pour apprendre à lire à leurs enfants comme ils leur apprennent à faire du vélo. La lecture n'est pas la seule responsabilité de l'école, elle s'intègre à toute la vie.

Par la lecture, l'enfant va également développer sa créativité car il va connaître d'autres vies, d'autres gens, d'autres cultures, etc. et ainsi pouvoir imaginer plein de choses. La créativité est essentielle pour la réussite d'une vie.

Dans des moments difficiles, la lecture va toujours permettre de s'évader et de s'imaginer dans une meilleure situation.

Je cite ci-dessous un article rédigé par notre professeur de français, Marie Robert, sur *la lecture comme thérapie* :

« C'est assurément ne pas connaître le cœur humain que de penser qu'on ne peut le remuer par des fictions » (Voltaire, *De la Tragédie*)

La fiction habite notre quotidien, nos bibliothèques, nos trajets, nos sacs, nos conversations, nos tables de chevet, nos esprits, nos querelles, et cela, même depuis notre plus tendre enfance. Blanche Neige, Emma Bovary, Capitaine Nemo, Batman, Anna Karenine, Ulysse, Julien Sorel, et tous les autres nous sont familiers. Mais ces rencontres de papier, en plus de nous offrir un heureux divertissement sur une plage abandonnée ou d'habiller nos soirées hivernales, peuvent aussi nous soigner. L'idée de la fiction comme thérapie est une pratique qui, sans être théorisée, est présente depuis des siècles dans nos sociétés à commencer, par exemple, par la mythologie et sa manière d'apaiser des émotions à travers le récit de destinées héroïques.

La bibliothérapie est un terme qui désigne une expérience consistant à encourager la lecture pour ses effets thérapeutiques. Sa première utilisation date de 1916, dans un article paru dans « The Atlantic Monthly » sous le titre « A Literary Clinic ». L'auteur y décrit un institut où l'on dispense des recommandations de lecture à valeur de guérison. Un livre peut être un stimulant ou un sédatif, un irritant ou un somnifère. Quoi qu'il en soit, il agit sur nos émotions, sur nos pensées, et enclenche notre réflexion. Des histoires agréables vont nous faire oublier, quand d'autres vont nous déstabiliser.

La bibliothérapie prend aujourd'hui des formes diverses et variées : des cours de littérature pour la population carcérale, des cercles pour personnes âgées ou atteintes de démence sénile. En 2007, The School of Life a été créée avec une clinique de bibliothérapie, la fiction étant vue comme une cure suprême parce qu'elle offre aux lecteurs une expérience qui leur permet, à travers la rencontre avec un récit et des personnages, de se transformer. La fiction a une vertu restauratrice. On peut prescrire des romans pour différentes affections, telles le chagrin d'amour, ou l'incertitude dans la carrière.

Mais l'enjeu est d'autant plus crucial quand il s'agit des adolescents. Car lire de la fiction peut nous faire perdre tout sens de l'ego, et en même temps, nous faire nous sentir pleinementnous-mêmes. Elle est un moyen de vivre des émotions réelles à travers des histoires feintes.

Ainsi la littérature, au-delà de transmettre du savoir et au-delà même du plaisir que l'on peut y éprouver possède trois vertus qui chacune peuvent participer à la construction de l'adolescent :

- *Traverser des expériences sans en éprouver les dangers. La fiction sert à nous faire vivre des hypothèses. Elle nous permet d'explorer une situation, parfois extrême, et d'en tirer une sagesse, sans pour autant en assumer les risques parfois irrémédiables. C'est le principe de la fable qui peut être étendue au roman. Par exemple, se prémunir des méfaits de la drogue à travers des personnages comme les adolescents perdus de Bret Easton Ellis, dans Moins que zéro, est souvent plus efficace que n'importe quelle campagne de prévention ou le discours d'un adulte, pris comme péremptoire.*
- *Découvrir des univers. La fiction étend notre monde et nous emmène dans des pays, et des époques inconnus ou inaccessibles. Les adolescents, plongés dans l'ennui, peuvent trouver un moyen de supporter la morosité de leur quotidien et de viser des horizons qu'ils atteindront adulte. Découvrir la Russie aux côtés de Tolstoï ou le Moyen-Âge avec Au nom de la Rose, développe intensément l'envie d'avenir et l'imagination.*
- *Se sentir compris. Dans des périodes de douleur, d'angoisse et de désarroi, il est souvent difficile de dialoguer avec ses proches. Le sentiment d'incompréhension est caractéristique des adolescents. Or, la fiction permet également de faire la connaissance avec des personnages qui ont vécu les mêmes choses que nous, et ainsi de se sentir accompagné dans sa solitude. Lire des histoires d'amour, c'est traverser des sentiments qui nous précèdent. En outre, c'est aussi une incitation au dépassement en voyant que les personnages ont survécu à leur peine. Quand je lis la Princesse de Clèves de Madame de*

> *Lafayette, je traverse la question du renoncement. Dans La Recherche du temps perdu de Proust, j'éprouve celle de la jalousie.*

Au bout du compte, la fiction est un lieu de connaissance. C'est l'expérience d'un imaginaire qui dit quelque chose de la réalité. Elle est thérapeutique car elle nous conduit à transcender nos émotions. C'est le cas pour nous tous, mais c'est encore plus le cas dans des situations de tumultes comme l'adolescence. J'espère donner le goût de lire à mes élèves, et les inciter à remplir leurs sacs, leurs étagères et leurs tables de chevet de milliers de personnages et de terres vierges à fouler.

L'ÉCRITURE

Il est aussi très important de faire écrire les enfants le plus jeune possible. Maria Montessori a expliqué qu'en fait, les enfants apprenaient à écrire avant de lire. C'est vrai puisqu'avec sa méthode, ils apprennent à tracer les lettres rugueuses pour en apprendre le nom, peuvent ensuite les reproduire dans un plateau contenant du sable ou de la semoule et composent ensuite les mots avec un grand alphabet mobile constitué de lettres distinctes que l'enfant pose sur un tapis ou sur un tableau à côté d'un objet. L'enfant écrit donc très tôt. Et cela est essentiel. Des scientifiques comme Stanislas Dehaene l'ont découvert aussi. Il faut faire écrire les enfants très jeunes car leur cerveau ne fait pas la différence entre le « b » et le « d » par exemple. S'ils tracent cette lettre par tous les moyens possibles, la main étant reliée à leur cerveau, ils enregistreront la différence entre ces deux lettres.

J'ai fait énormément de recherches sur ce sujet. Et c'est ainsi que j'ai découvert les travaux très importants de Penfield qui a observé que le cerveau consacre une partie de sa puissance de traitement aux messages issus de la main. Pour le cerveau, nous avons un corps de nabot, un visage hypertrophié et des mains de géants.

Les recherches scientifiques entreprises depuis une vingtaine d'années ont montré que la manipulation sensorielle et l'utilisation d'outils par la main favorisent l'acquisition et la synthèse de données abstraites.

C'est ce que pratiquent tous les jours nos élèves au Lycée Montessori International Athéna puisque Maria Montessori avait démontré il y a plus d'un siècle l'importance de la manipulation sensorielle.

Elle a dit : « dans le passage du prendre au comprendre, du concret à l'abstrait, l'enfant élabore des schémas mentaux, des règles qui permettent de classer les objets dans des catégories d'ordre de plus en plus élevé et de transformer les objets réels en objets symboliques. On a ainsi simplifié un schéma pédagogique dans lequel la main doit trouver tout naturellement sa place. Si elle ne la trouve pas, des troubles d'apprentissages risquent bien de survenir. »

Il a été remarqué dans le domaine pédagogique, à l'heure où l'informatique règne dans nos sociétés, que de nombreux enfants ont des problèmes de lecture, d'écriture, de comportement social classés souvent sous l'étiquette fourre-tout de dyslexie dénoncée comme le mal du siècle. Ces problèmes semblent tenir probablement pour une part à l'oubli dès le plus jeune âge d'un instrument pourtant essentiel et que nous avons tous à notre portée : la main.

Nous pouvons méditer ces quelques phrases intéressantes :

Darwin : « La main supplée à tous les instruments et par sa connexité avec l'intelligence, elle a assuré à l'homme la domination universelle ».

Henri Bergson : « On accroîtrait singulièrement ce qu'il y a d'inventivité dans le monde. Un savoir tout de suite livresque comprime et supprime des activités qui ne demandent qu'à prendre leur essor. Exerçons donc l'enfant au travail manuel, et n'abandonnons pas cet enseignement à un manœuvre. Adressons-nous à un vrai maître pour qu'il perfectionne le toucher de l'enfant au point d'en faire un tact : l'intelligence remontera de la main à la tête ».

Professeur Claude Verdan : « Parce que l'exercice de la main est nécessaire au développement du cerveau de l'enfant, il faut en tenir compte dans l'éducation et favoriser les travaux manuels et l'exercice des arts pendant la scolarité ».

John Ruskin : « L'art est beau quand la main, la tête et le cœur travaillent ensemble ».

Kant : « La main est la partie visible du cerveau ».

Aristote : « C'est donc à l'être capable d'acquérir le plus grand nombre de techniques que la nature a donné l'outil de loin le plus utile : la main ». Et je ne vous cite là que quelques phrases écrites par les philosophes et scientifiques de tous les temps.

Il faut aussi penser à d'autres moyens pour faire travailler la main de l'enfant. Évidemment dans nos classes de maternelle Montessori, nous mettons à la disposition de la main des enfants une importante quantité de matériel créé par Maria Montessori mais aussi par nous.

Ensuite, dans ma classe, je continue à mettre en place des exercices où la main de l'enfant peut encore s'entraîner et nous mettons l'accent sur les activités artistiques au cours desquelles la main est très sollicitée. Pour l'enseignement des mathématiques, du français et des sciences, l'enfant continue à manipuler des étiquettes, des objets, etc.Et nous écrivons. Mais nous n'écrivons pas pour recopier des textes ou des poésies comme ils le font dans la majorité des écoles publiques. Les enfants écrivent pour créer des histoires, des devinettes pour leurs camarades, raconter ce qu'ils ont fait, rédiger un résumé d'un livre, pour rédiger des exposés, etc.

Stanislas Dehaene a aussi insisté l'importance pour l'enfant de voir écrire ses parents. Les adultes doivent trouver des moyens pour écrire avec un papier et un crayon devant leurs enfants. On peut écrire aussi des cartes postales, écrire des lettres, etc. mais écrire. En effet, maintenant, les adultes écrivent beaucoup sur les ordinateurs et même presque uniquement et c'est ainsi que des enfants ne veulent pas écrire. On les envoie donc chez l'ergothérapeute qui souvent conseille de leur donner un ordinateur. Ce qui me semble dans la majorité des cas, inutiles. J'ai un exemple intéressant (parmi tant d'autres) à ce sujet. Une année, une maman vint procéder à l'inscription de son fils âgé de 8 ans, m'expliquant qu'il ne faut surtout pas l'obliger à écrire, car il a un très gros problème de graphisme et cela lui fait mal à la main et le met en échec grave. Je réponds donc que je suis tout à fait d'accord et que je ne le ferai travailler qu'exclusivement avec le matériel pour les maths et avec les étiquettes pour le français. Ceci ne me dérangeant absolument pas. Je ne fais pas beaucoup écrire les enfants à part pour tout ce qui est expression écrite et je ne les ennuie pas avec la qualité de leur écriture. J'ai remarqué qu'il faut laisser du temps aux enfants et que parfois ils ne sont pas prêts et les stresser peut les mettre en état d'échec grave. Donc encore une fois, je les respecte et j'ai toujours remarqué que le jour où ils étaient prêts, ils écrivaient bien, à condition que les parents respectent cet état de fait aussi.

Je présentais donc à cet enfant les différentes boîtes de matériels concrets afin qu'il puisse tout de même avancer dans son plan de travail. Et tout allait bien. Lorsqu'il faisait des fiches où il était juste nécessaire d'écrire des mots, j'insistais auprès de lui pour qu'il se sente à l'aise d'écrire comme il le voulait et surtout pas trop. Puis un jour, je leur demande s'ils souhaitent faire une expression écrite qui consistait à faire deviner une carte postale en la décrivant précisément. Je dis à cet enfant qu'il peut faire cet exercice à l'oral. Il répond par la négative et commence à écrire sa description et il écrivait très correctement. Je le félicitai donc chaleureusement même si l'écriture n'était pas très belle. Une autre fois, nous faisions une expression écrite où ils racontaient leurs vacances. Et même chose, il se met à écrire et à écrire, remplissant plus d'une grande feuille de cahier. Encore une fois, je le félicite. Et ainsi, il s'est mis à écrire naturellement sans aucun problème. À la rentrée scolaire suivante, sa mère vient m'expliquer que l'ergothérapeute avait décidé que l'ordinateur était inutile, qu'il n'aurait peut-être pas une très belle écriture mais qu'il continuerait à écrire. Encore une fois, laisser l'enfant nous guider, trouver des exercices appropriés pour lui donner envie, lui faire confiance, l'encourager, et le problème disparaît.

Pour l'expression écrite, c'est la même chose. J'en fais réaliser beaucoup à mes élèves et ce dès qu'ils arrivent un tout petit peu à écrire. Même si c'est phonétique, je m'applique à essayer de lire avec facilité et je ne corrige aucune erreur afin que l'enfant garde toujours son envie d'écrire. Pour un enfant qui a une forte dysléxie c'est la même chose, je ne corrige pas et je lis avec facilité le texte. Pour ne pas les laisser trop dans les erreurs, ce que je n'aime pas tellement, je leur propose de retaper moi-même leurs écrits et de leur donner mais surtout sans dire que c'est parce qu'il y a beaucoup de fautes. Et je trouve tous les moyens possibles pour qu'ils aient envie d'écrire. Écrire peut apporter tellement ! Lorsqu'ils sont jeunes, les enfants ont dans la majorité des cas besoin d'un support concret. Alors je choisis des cartes postales particulièrement jolies sur lesquelles se trouvent des animaux et je travaille de nombreux éléments avec ces cartes postales : des descriptions, des introductions, des conclusions, des développements. Comme je le disais plus haut, nous faisons beaucoup de devinettes pour montrer aux enfants l'intérêt de certains mots dans la phrase : les adjectifs par exemple permettent de rendre la description plus précise. Et comme tout cela est basé sur du concret, l'enfant le comprend et l'intègre beaucoup mieux. Nous travaillons aussi l'adverbe de cette façon-là puis le vocabulaire, etc. On peut aussi au préalable le faire avec des objets ce qui rend les choses encore plus concrètes. Les enfants aiment beaucoup écrire s'ils ne sont pas freinés par un commentaire d'adulte négatif. Ils font aussi des poèmes avec des rimes, des exposés, etc. On peut aussi leur demander de réaliser des journaux pendant leurs vacances. Ainsi ce qui est important c'est que l'enfant prenne du plaisir à écrire. Si on les encourage toujours positivement, ils aiment écrire.

En revanche les critiques négatives ou la maniaquerie de certains adultes peuvent mener à un échec total. J'ai vu de nombreux élèves arrivés en phobie scolaire parce que des professeurs les avaient obligés à tracer des belles lettres, à présenter un travail très soigneux, alors que l'enfant n'était pas prêt. La majorité des enfants précoces ont un retard en motricité fine mais leur cerveau va très vite donc ils ont besoin d'écrire ce qui est dans leur tête mais ce n'est souvent pas très agréable à lire. Et alors ? qui cela gêne-t-il le professeur, l'adulte ? Quelle importance ? on sait bien qu'un jour l'enfant saura écrire correctement. Des exemples d'enfant cassé comme ça, j'en ai des centaines. Un jour un père est venu inscrire son enfant en cours de primaire car il n'écrivait plus, il tenait le crayon mais n'appuyait plus dessus car sa maîtresse ne cessait de le reprendre car il ne prenait pas les bonnes couleurs pour écrire. Certains professeurs gomment le travail des enfants. Quelle humiliation ! Il y a même des jeunes qui arrivent en première et qui ne réussissent plus à écrire quoi que ce soit. Et souvent ils ont pourtant beaucoup de choses à dire.

Se pose ensuite le problème du choix de l'écriture : cursif, script, majuscule. Je pars du principe que lire est un chemin vers l'autonomie donc ce que l'on désire c'est que l'enfant puisse lire tout ce qui l'entoure et tout est écrit en script : les livres, les journaux, les étiquettes des produits que l'on utilise quotidiennement, les panneaux dans les rues, les affiches, etc. donc il faut leur apprendre en priorité les lettres scriptes. De plus elles sont beaucoup plus faciles à tracer que les fameuses cursives avec toutes leurs boucles compliquées. Un enfant qui apprend à lire, donc à écrire, très jeune, n'a pas forcément la motricité nécessaire pour tracer les boucles. Quant aux majuscules, cela n'a pas de sens, car pratiquement rien n'est écrit dans ce style. Encore une fois Stanislas Dehaene l'a dit aussi : il faut apprendre le son des lettres et non le nom, et ne surtout pas apprendre à écrire en majuscules !

Ce choix d'écriture pose de grands problèmes dans l'esprit des parents français : il faut écrire en cursives. Quand on pense que dans la majorité des autres pays du monde, les enfants n'écriront jamais en cursives, c'est tout de même assez amusant. Pour rassurer ces parents anxieux, je mets à la disposition des enfants en âge élémentaire, donc lorsqu'ils sont prêts, des cahiers d'écriture en écriture cursive et ensuite c'est l'enfant qui choisit dans la mesure où ses parents le respectent, ce qui est rarement le cas. Il est amusant, dans ce domaine encore, comme les parents veulent formater leurs enfants. A chaque réunion de parents d'élèves de ma classe, des parents veulent que j'oblige leur enfant à écrire en cursif et souvent certains ont quitté mon école à cause de dissidence sur ce sujet. L'écriture est pour moi bien souvent l'expression de la personnalité et donc chacun doit choisir son écriture. Dans les collèges et lycées publics, on voit des jeunes qui ont tous la même écriture, notamment les filles avec leur écriture ronde. Quel dommage ! Lorsqu'on est adultes, on constate bien que chacun va avoir sa propre écriture qui évolue avec le temps et avec l'état d'esprit de la personne. Alors pourquoi encore une fois imposer tout cela à un enfant qui n'est même pas prêt à exécuter ce qu'on lui demande. On le met encore une fois en difficulté par choix personnel. Mes enfants ont toujours eu le choix du type d'écriture qu'ils désiraient, et bien certains ont choisi l'une et d'autres l'autre. Et ils sont tout à fait capables d'écrire correctement et très lisiblement. J'ai eu un jeune garçon très précoce dans toutes les matières, jusqu'à l'âge de 15 ans, il écrivait très mal et présentait un travail très peu soigné. Nous lui expliquions qu'il fallait qu'il fasse des efforts sinon les examinateurs ne liraient même pas ses copies. Ceci est important et à cet âge le jeune est capable de le comprendre et de faire des efforts. Il a eu son brevet avec mention bien et est aujourd'hui un des meilleurs élèves du lycée, ayant plus d'un an d'avance dans plusieurs matières et présente un travail très bien écrit (avec son écriture) et très soigné. Les professeurs qui ne le connaissaient pas avant, louent la belle présentation de ses copies. En ce qui concerne l'écriture cursive, elle devait bien poser problème puisqu'elle a été simplifiée.

Développer le vocabulaire

Il est essentiel de développer au maximum le vocabulaire des enfants et ceci en commençant le plus tôt possible. Plus les enfants auront des mots à leur disposition, mieux ils pourront décrire leurs sentiments, leurs émotions, leurs sensations, etc.

J'ai reçu un jour une maman chinoise qui m'expliquait

combien elle regrettait de ne pas avoir enseigné sa langue à ses enfants car elle ne disposait pas de vocabulaire assez précis en français pour leur dire tous ces sentiments.

Dès que l'enfant naît il est essentiel de lui parler comme à un adulte en employant une langue riche afin de lui donner envie de communiquer le plus rapidement possible et de manière correcte. L'enfant ayant grandi en entendant et en apprenant un vocabulaire riche, aura naturellement envie de continuer dans ce sens. Entre 0 et 6 ans, l'enfant traverse la période sensible du langage et donc il absorbe les mots avec une rare facilité et pour toujours.

C'est la raison pour laquelle il est très important de leur parler correctement surtout pas dans un langage enfantin.

De plus il est très important de toujours leur dire le nom précis des objets et surtout pas le nom générique. Par exemple on va lui parler des roses et non d'une fleur, d'un chêne et non d'un arbre, de l'hirondelle et non de l'oiseau, etc.

On va même insister sur du vocabulaire qui nous paraît compliqué mais que le jeune enfant aime et retient très bien. Par exemple tout le matériel de la « vie sensorielle » permet d'introduire un vocabulaire riche comme le nom des figures géométriques un peu compliquées, par exemple, l'ennéagone, les triangles à angle obtus, le décagone, et…

On remarque toujours le bonheur avec lequel les enfants apprennent ces mots. Par exemple, je suis toujours impressionnée sur l'aisance avec laquelle les très jeunes enfants retiennent tous les noms des dinosaures.

Les cartes de nomenclature sur tous les sujets sont présentées dès que l'enfant sait parler, permet aussi l'apprentissage d'un vocabulaire très varié.

Cet apprentissage du plus de mots possible développe aussi le goût des mots. Donc en primaire, l'enfant aime les mots et cherche encore à développer son vocabulaire.

Dans la partie vocabulaire du programme Montessori, l'étude très poussée de la formation des mots tient une place importante. L'enfant comprend ainsi qu'un mot est souvent composé d'un radical auquel on a ajouté un préfixe et/ou un suffixe. Il réfléchit sur le sens des préfixes et suffixes et sur les mots ayant un radical commun.

On met en place également beaucoup d'activités sur les synonymes, les antonymes, les homophones, etc. et cela pour chaque catégorie de mots : les verbes, noms, adjectifs, adverbes, etc.

On lui apprend à comprendre par lui-même la composition des mots afin qu'il puisse continuer son apprentissage du vocabulaire avec autonomie et en lui donnant les clés lui permettant de comprendre tous les mots.

Nous trouvons également très intéressant d'étudier la racine latine ou grecque des mots afin de permettre encore à l'enfant de mieux comprendre sa langue et ainsi de prendre conscience de toute la richesse de notre langue et d'avoir toujours envie d'enrichir son vocabulaire.

Cette connaissance très poussée du vocabulaire et du sens des mots leur permettra de beaucoup mieux communiquer par oral et par écrit.

Ils seront plus précis dans tout et sauront exprimer avec subtilité ce qu'ils voient, ressentent, entendent, vivent, etc.

C'est une aide supplémentaire pour mieux appréhender le monde dans lequel ils vivent et en mesurer toute sa richesse et savoir communiquer afin d'atteindre une harmonie avec les autres.

Des classes à niveaux mélangés

Dans les écoles Montessori, les classes sont toujours d'âges mélangés : en maternelle, dans une même classe, se côtoient des enfants de 2 ans et demi à six ans et en primaire de six à neuf ans voire dix ans. C'est-à-dire qu'une classe Montessori peut couvrir tous les niveaux du cycle élémentaire français (du CP au CM2).

Ce mélange est d'une richesse exceptionnelle pour chacun à condition de respecter le principe du travail individuel où chacun évolue et étudie à son propre rythme.

En maternelle, il n'y a pas de niveaux nommés « petite section », « moyenne section » ou « grande section ». C'est une classe unique où chacun peut apprendre de l'autre.

Nous partons du principe qu'il n'existe pas un âge déterminé pour tel ou tel apprentissage. Chaque enfant possède son propre rythme et l'éducateur Montessori, qui est un guide pour l'enfant, observe chacun de ses élèves, détermine quelle période sensible il traverse et lui présente alors le matériel pédagogique concret adapté à ses besoins. Le mélange des âges permet aux plus petits d'entendre et de voir ce que les plus âgés étudient et suscite donc chez eux l'envie d'apprendre la même chose. Souvent en entendant ce que les plus grands apprennent, les plus petits l'intègrent inconsciemment.

On peut alors faire un parallèle avec une famille composée de plusieurs enfants. En général, les enfants d'une même famille ont tous des âges différents et chacun apprend donc de l'autre. Les apprentissages sont souvent beaucoup plus faciles pour les plus jeunes que pour les aînés. Par exemple, lorsque les parents font réciter leurs leçons aux plus grands, les plus jeunes entendent tout. Ils peuvent ainsi enregistrer sans aucune pression et donc sans aucun stress ce que les plus grands apprennent, eux, avec beaucoup plus de tension parce que c'est rendu obligatoire par le programme scolaire.

Les petits sont toujours « tirés vers le haut » par les plus grands. Alors que les choses sont nouvelles pour les plus grands, les plus jeunes sont eux déjà familiarisés avec les concepts.

La classe d'âges mélangés permet aussi aux plus petits de voir vers où ils vont en grandissant et d'avoir des objectifs alors que grandir pourrait parfois les effrayer. Si les grands ont un bon comportement et réalisent de choses enviables, les plus petits ont hâte de grandir pour devenir comme leurs aînés.

Pour les enfants uniques aussi ce mélange est très important car il leur apporte des « grands frères » ou des « grandes sœurs » accessibles. En effet, la relation exclusive avec des adultes n'est pas toujours facile et le monde des parents est pour eux un modèle inaccessible – alors que suivre un modèle de 2 ou 3 ans de plus qu'eux leur paraît réalisable.

Pour les plus âgés, ce mélange est aussi positif car les petits ont souvent une grande admiration pour les plus grands qui se sentent valorisés et développent ainsi plus d'assurance et de confiance en eux. Ils comprennent aussi qu'ils savent davantage que les plus jeunes.

Dans une classe comme dans une famille, les plus grands peuvent expliquer certaines choses aux plus petits. Ils révisent ainsi sans s'en rendre compte.

Le plus grand développe aussi la tolérance, la patience, il doit faire attention aux petits, ne pas les bousculer, ne pas se moquer, etc.

On peut ainsi confier quelques missions de confiance aux plus grands en leur demandant de montrer certaines choses aux plus petits, ce qui est un bon apprentissage de la responsabilité.

Dans mon école, je respecte également ce mélange des âges en collège. Les élèves sont dans la même classe en $6^{e}/5^{e}$ puis $4^{e}/3^{e}$ puis $2^{nde}/1^{re}$ parfois et Terminale tout seul, ce qui oblige les professeurs à réaliser un travail exceptionnel pour individualiser leur enseignement. Dans toutes les matières, les élèves ont des plans de travail de longue durée et peuvent ainsi avancer régulièrement à leur propre rythme. Tout ce qu'on évoque plus haut sur les notions d'exemple est aussi valable au collège.

Il est tellement important à chacun de visualiser des objectifs et d'admirer les plus grands. Les plus grands se savent donc obligés d'avoir un bon comportement et si possible un comportement exemplaire car ils sont un modèle pour les plus jeunes qui les imitent souvent. Avoir un bon comportement leur donne confiance en eux, ils se sentent des gens bien.

Pour l'enfant précoce aussi, ce mélange des âges est primordial car cet enfant « différent » à souvent des capacités intellectuelles qui lui permettent des apprentissages en avance de 2 voire 3 ans par rapport à sa classe d'âge. Comme il a souvent aussi la sensibilité d'un enfant beaucoup plus jeune, il peut ainsi suivre son rythme d'apprentissage en avance sur sa classe d'âge tout en vivant comme un jeune de son âge. Il étudie au milieu d'élèves plus âgés mais se trouve aussi au milieu d'élèves qui en sont au même développement que lui, ce qui est très important, notamment à l'adolescence. J'ai eu dans mon école des élèves qui a 10 ans suivaient parfois avec brio un niveau de 3e. Malgré cela, ils restaient des enfants de 10 ans avec des préoccupations d'enfants de 10 ans. Le mélange des âges en classe leur permettait d'avoir de bons amis, ce qui est essentiel au devenir d'un être équilibré.

On retrouve là toute la richesse d'une famille composée de plusieurs enfants d'âges différents.

La liberté dans la classe Montessori

Beaucoup de choses se racontent sur la liberté de l'enfant Montessorien dans la classe. Certains disent des choses du type : « dans une école Montessori, l'enfant fait ce qu'il veut », ou alors : « il n'y a aucune discipline ». Je dois avouer que dans certaines écoles Montessori qui interprètent très mal les livres de Maria Montessori, ces phrases sont vraies et j'en ai été témoin mais dans la pédagogie que j'ai choisi de mettre en place dans mes écoles Montessori, c'est totalement faux. Cette notion de liberté est fondamentale et devra exister dans tous les établissements scolaires et dans toutes les familles.

Maria Montessori a remarqué que :

« L'enfant a un impérieux besoin de liberté. S'il a reçu la clé de sa personnalité et s'il est gouverné par ses propres lois de développement, il est en possession de facultés tout à fait sensibles et uniques qui ne peuvent s'exprimer que dans un contexte de liberté. Si l'une de ces conditions vient à manquer, la vie psychique de l'enfant n'atteindra pas sa plénitude de développement et sa personnalité subira un arrêt de croissance. »

« Ce n'est pas de penser ce que nous voulons qui nous rend libre, mais de penser ce qui est vrai. Par analogie ce n'est pas faire ce que l'on veut qui nous libère mais faire ce qui est juste. » Dans l'œuvre de Goethe « les années d'apprentissage de Wilhelm

Meister » on peut lire : « j'ai découvert l'incommensurable bonheur de la liberté ; il consiste non pas dans le fait que l'on agisse à sa guise en toutes circonstances mais dans le fait que l'on puisse, sans frustration ni contrainte faire ce qu'il convient comme il convient ».

Maria Montessori : « les enfants témoignent d'une étonnante discipline personnelle : à leur sérénité s'ajoute le respect du droit des autres. C'est parfaitement spontané, ils vivent dans leur petit monde studieux sans jamais déranger personne. Leurs mouvements sont harmonieux et tout en eux témoigne de l'intérêt qu'ils portent à toutes choses. Ce sont des personnes libres et indépendantes, responsables de leurs actes, jamais ils n'abusent de leur liberté. Leur respect de l'autorité n'en est en rien diminué. »

L'enfant doit disposer de la liberté de choix : En maternelle d'abord, l'enfant choisit son travail cependant cette liberté a une limite :

- Il doit faire son travail jusqu'au bout,
- Il n'existe qu'un matériel de chaque série donc il doit attendre pour pouvoir faire le matériel qu'est en train de faire un autre,
- Il doit faire le matériel correctement : une façon lui est montrée, il ne peut utiliser le matériel autrement pour faire n'importe quoi,
- Il doit faire l'exercice jusqu'au bout
- Il doit remettre le travail à l'état initial et le ranger.
- En primaire : il peut choisir s'il commence par les maths ou le français mais doit s'y tenir et après la récréation doit changer de matière
- En primaire : lorsqu'il a choisi une matière, il doit suivre le plan de travail (il ne peut pas faire une page puis une autre au choix)
- En collège et lycée : c'est la même chose il doit suivre le plan de travail.
- Il doit assumer les conséquences de ses actes et cela dès la maternelle : par exemple, tout petit, s'il renverse, il doit ramasser, s'il casse, il doit ramasser,
- En collège et lycée, c'est la même chose, il doit assumer les conséquences de ses choix.
- Avec les plans de travail, s'il ne travaille pas en classe :

il ne peut pas se cacher il s'en rend compte tout de suite et il doit le finir à la maison ou passer plus de temps que les autres sur un seul plan de travail.

- En maternelle ou primaire, il choisit sa place, s'il souhaite travailler sur la table ou sur un tapis mais il doit respecter cet espace. Il ne peut pas changer dans le courant de la demi-journée, il ne doit pas déranger les autres, ni travailler sur l'espace de l'autre, L'enfant doit disposer de la liberté de mouvement : L'enfant peut se déplacer dans la classe, il peut aller aux toilettes lorsqu'il le désire, etc.
- Il doit marcher doucement (ne pas courir)
- Ne pas marcher sur le tapis d'un autre,
- Ne pas déranger,
- Ne pas bousculer les autres, ni le matériel d'un autre, ni les étagères, etc.
- Faire attention aux plus jeunes (mélange des âges)
- Il doit travailler sur un tapis (c'est son espace de travail dans lequel il est libre) ou sur une feutrine sur la table (id tapis) mais en dehors de cela il doit respecter l'espace de l'autre.
- En maternelle et primaire, des exercices sont organisés à la rentrée pour préparer et gérer cette liberté : o Marcher doucement o Marcher sur la ligne o Marcher sur la ligne avec une clochette o Marcher autour du tapis sans le toucher o Porter la chaise o Ouvrir et fermer la porte o Maîtriser son corps et ses membres Tout ceci pour illustrer la phrase de Maria Montessori : « *Les enfants nous l'apprennent : liberté et discipline vont toujours ensemble, ce sont deux aspects d'une même chose et là où la discipline fait défaut, la liberté n'est pas parfaite. La volonté et l'obéissance vont de pair puisque la volonté apparaît en premier et que l'obéissance vient, plus tard s'appuyer sur elle. La liberté est essentielle à la véritable obéissance, celle qui résulte du choix et non de la contrainte, elle est donc essentielle dans l'apprentissage de la volonté.* » L'enfant doit disposer de la liberté d'expression : ils peuvent s'exprimer, parler avec les autres, ne pas être d'accord, raconter

ce qu'ils ont fait, faire les exposés qui les intéressent :

- Ne pas parler fort,
- Respecter l'avis des autres,
- Écouter l'autre,
- Ne pas se moquer,
- Ne pas prononcer des paroles blessantes,
- Respecter les paroles des autres,
- Être poli : dire bonjour, merci, excusez-moi, etc.
- Respecter le professeur,
- S'il est fatigué, contrarié, pas d'accord, il peut le dire (poliment). Il est écouté.

L'enfant doit disposer de la liberté d'être soi-même :

- Respect du rythme de chacun (plan de travail, enseignement adapté)
- Respect de la façon d'apprendre de chacun (auditif, visuel, dyslexique, etc.) adaptation de l'enseignement à chaque cas
- Respect de ce qu'est chacun (les plus timides peuvent le rester, ceux qui ont des phobies, ne viennent que lorsqu'ils ont la force de venir, ceux qui vont plus vite comme Nathan il commence le programme de maths de 1re S avant alors qu'il n'est qu'en 2nde, Alexandre a terminé le programme de physique-chimie de 1re S alors qu'il est en 2nde, chez les plus petits, ils avancent à leur rythme).
- Respect des talents de chacun (ils sont même mis en valeur et poussés, Ex : L'histoire de James qui se trouve un peu plus loin. Et même aide aux anciens élèves (James) et maintenant Victoire)
- Ne surtout pas rentrer dans un moule : respect de ce qu'ils sont et on ne veut surtout pas les changer (le rêveur peut le rester, le sensible aussi)
- Le développement constant de la confiance en soi leur permet de mieux se connaître et s'accepter et donc d'être soi-même et pas chercher à être comme l'autre.
- On n'accepte pas les moqueries donc on peut rester soi-même

- Le développement de la connaissance des autres cultures : on connaît, on n'en a pas peur, on ne juge pas l'autre donc il peut rester lui-même
- Les enfants baignent dans un milieu multiculturel dès tout-petits donc ils savent très jeunes que d'autres vivent différemment mais ne sont pas moins bien, ni mieux donc on peut rester soi-même avec sa propre culture.
- On incite l'enfant à acquérir l'auto-discipline ce qui le rendra totalement indépendant et donc libre (ex Montessoriens depuis petits comme Alexander et Alexandre ont une totale auto-discipline, ils n'ont jamais besoin de sanctions, d'autorité, etc.)
- La confiance en l'adulte les rend libres, ils savent qu'ils peuvent être eux-mêmes sans craindre l'adulte.
- Les enfants ont leur propre discipline : Maria Montessori disait : « liberté et discipline vont toujours ensemble, ce sont deux aspects d'une même chose et là où la discipline fait défaut, la liberté n'est pas parfaite »
- Chez les petits, il y a beaucoup de contraintes et de disciplines et ainsi ils peuvent exercer leur liberté dans ce cadre Une belle phrase de Maria Montessori : « *Chaque enfant est différent et chaque esprit a ses capacités et ses affinités particulières, ses exigences propres et sa méthode personnelle face aux expérimentations. Ces caractéristiques sont malheureusement souvent estompées pour ne pas dire effacées par l'éducation qui devrait au contraire les mettre en valeur* ». « *Grâce à la liberté dont il jouit dans une ambiance Montessori, l'enfant a toutes opportunités pour réfléchir à ses actes, méditer sur leurs conséquences pour lui-même et pour les autres. Il se confronte aux limites de la réalité. La possibilité d'accéder à la connaissance de soi est l'une des conséquences les plus importantes de la liberté donnée dans une classe Montessori* » Le but de la méthode est surtout de faire de ces jeunes des êtres libres
- La confiance en soi rend libre, tout est fait pour développer cette confiance en soi depuis la maternelle jusqu'aux plus âgés : Filliozat a écrit dans « l'intelligence du cœur » : « *la confiance semble être l'ingrédient fonda-*

mental de la réussite et du bonheur. C'est un concept générique qui englobe différentes dimensions : la confiance de base, la confiance en ses désirs, en ses sentiments, en son jugement, en ses capacités, en son aptitude à entrer en relation avec les autres et à être utiles. La confiance en ses pensées propres est celle qui permet de résister à l'influence sociale, de réfléchir par soi-même et de remettre en cause les préjugés. Elle est titulaire de la tolérance à la solitude, car pour rester soi-même parmi les autres, on a besoin d'une sacrée force intérieure. Pour devenir un jour indépendant, savoir se diriger, et vivre de manière autonome, il faut aussi apprendre à faire les choses seul. »

- Par la qualité de l'enseignement et l'apprentissage des langues, on leur permet d'avoir toutes les portes ouvertes pour leur vie future : ils peuvent choisir les écoles supérieures qu'ils désirent et le pays où ils désirent vivre,
- Un bon niveau partout donne une grande liberté (on peut tout choisir),
- Le fait de tout cultiver chez les jeunes : les matières académiques classiques + l'art, la musique, le sport, les langues… Permet aux jeunes d'avoir davantage d'opportunités,
- Le développement de la créativité leur permet d'imaginer davantage de situations pour leur avenir et leur donne donc plus de liberté
- Les rendre autonomes et indépendants va les rendre libres car ils sauront (il est possible d'être indépendant tout en n'étant pas libre. Mais il est impossible d'être parfaitement libre sans avoir conquis cette base qu'est l'indépendance). Les exercices de vie pratique qui sont commencés dès le plus jeune âge puis le fait de savoir travailler tout seul les rendent totalement autonomes. S'ils savent qu'ils ont la capacité de se débrouiller tout seul, ils acquerront leur liberté. Un être dépendant des autres n'est jamais libre.
- Les rendre toujours capables de travailler sous leur propre impulsion les rend libres car ils n'ont pas besoin de quelqu'un qui leur dit de travailler, ils le font par eux-

mêmes (plan de travail, enthousiasme pour le travail, les petits travaillent ne jouent pas, belle image de soi quand on travaille bien).

- Travailler pour eux et non pour leurs parents ou pour les professeurs ou par rapport aux autres les rend libres (travail individuel, plans de travail, peu d'importance des notes avant). Je conclurai ce chapitre par une phrase de Maria Montessori et de Fröbel, le principal titre de « gloire » de Fröbel, qualifié de « maître germanique de l'éducation de la petite enfance », reste sa conception pédagogique qui est à l'origine des *jardins d'enfants*, une idée au retentissement universel : « Seule la liberté à l'intérieur de contraintes volontairement consenties est une véritable liberté ».

Le développement de l'autonomie

Il est essentiel de développer une totale autonomie de l'enfant : l'autonomie intellectuelle, l'autonomie du comportement et l'autonomie émotionnelle chez l'enfant. idée au retentissement universel.

L'autonomie intellectuelle

L'autonomie intellectuelle c'est être capable de penser par soi-même tout en gardant sa raison. Cela signifie de trouver les solutions en utilisant son propre raisonnement plutôt qu'en acceptant aveuglément le point de vue des autres.

C'est en procurant dès le plus jeune âge du matériel concret que l'enfant expérimente par lui-même pour découvrir des concepts abstraits que se développe cette autonomie intellectuelle. Le contrôle de l'erreur, essentielle dans tout matériel mis en place dans la classe, permet également à l'enfant de comprendre par lui-même pourquoi sa façon de faire ne fonctionne pas. L'éducateur ne donne pas les solutions à l'élève et le laisse les découvrir par lui-même. Et si l'enfant trouve un moyen d'atteindre l'objectif par ses propres moyens on les respecte. Contrairement à certains professeurs qui imposent systématiquement leurs façons d'arriver à la solution.

Notamment en mathématiques, j'ai rencontré plusieurs fois des exemples d'enfants surdoués pour cette matière qui arrivait à la solution avec des moyens très personnels mais tout à fait juste.

Le contrôle de l'erreur associé à ce matériel concret permettent à l'enfant de réfléchir d'après leurs forces en apprenant de leurs faiblesses. Ils grandissent avec ces forces-là.

L'autonomie intellectuelle utilise la métacognition (penser sur ses propres pensées). Il y a trois étapes de métacognition

- Pour le développement d'un plan d'action – Quelles sont mes connaissances préalables ? Qu'est-ce que je devrais faire en premier ? Combien de temps cela va-t-il me prendre ? De quels matériels aurai-je besoin ? Cela est développé très jeune par les exercices de vie pratique notamment ceux du soin de l'environnement dans lesquels l'enfant apprend par exemple à « nettoyer la table ou la chaise ». Ces exercices lui apprennent qu'on ne peut pas faire les choses dans n'importe quel ordre.
- Pour le maintien et le suivi du plan d'action – Quelles sont les informations importantes ? Est-ce que je progresse dans la réalisation de ma tâche ? de quoi d'autres ai-je besoin ? Qu'est-ce que je ferais si je ne comprends pas ?
- Pour l'évaluation du plan d'action – Comment ai-je fait ? Qu'est ce que j'aurais pu faire différemment ?

L'autonomie physique (ou comportementale)

Ceux qui sont physiquement autonomes démontrent une volonté et une capacité à être autonome (indépendant) et à prendre soin d'eux. Ils connaissent et respectent leurs propres attentes. Ils sont capables de gérer leurs espaces de travail afin d'éviter les distractions. En outre, ils prennent soin de leur propre santé et de leur hygiène.

Tout cela doit absolument être développé dès la maternelle par des exercices variés faisant partie de l'environnement de la classe.

L'autonomie émotionnelle

Autonomie émotionnelle est définie en termes de relations avec les autres et comprend l'abandon des dépendances envers les parents. Il représente la capacité de ressentir pour soi-même. Les individus émotionnellement autonomes sont sûrs d'eux et ne sentent plus la nécessité de s'appuyer sur l'approbation de leurs pairs. Ils apprennent à être conscients des autres. Ils sont empathiques, emploient des techniques d'écoute active, et sont conscients des limites physiques et du langage corporel comme moyen de communication. Ils sont également en mesure de contrôler leur propre santé et leur bien-être et parviennent à gérer l'anxiété et le stress.

L'éducation Montessori, en se centrant sur l'autonomie, aide à créer des enfants qui sont des êtres :

- Qui ont confiance en eux-mêmes, et qui sont des apprenants compétents

• Indépendants et intrinsèquement motivés
• Avisés
• Responsables socialement
• Des citoyens du monde
• Des partisans de la paix et de la justice

Les plans de travail

À partir de la dernière année de maternelle, les enseignants devraient toujours travailler avec des plans de travail individuels pour toutes les matières.

Un plan de travail est, au départ, identique pour chaque élève d'un même niveau. Il est effectué selon le programme de l'Éducation Nationale. Il s'agit de découper ce programme officiel en fonction du nombre de semaines de l'année scolaire réellement travaillées (retirer les semaines de classe verte, classe de neige, les semaines d'examens blancs, etc.).

Ces plans de travail permettent de déterminer les objectifs de travail à effectuer chaque semaine par l'élève. Dans l'école Montessori, ils devraient être faits à l'aide des fichiers et manuels de cours officiels associés aux matériels Montessori correspondants.

Les plans de travail comprennent la notion à étudier, les exercices à effectuer, les leçons à apprendre, les règles à retenir, le matériel à utiliser... Y figurent également les tests, dictées, etc.

Cela permet à l'élève :

- d'être plus autonome car il n'a pas besoin d'attendre les instructions du professeur pour avancer dans le programme,
- d'apprécier chaque semaine le travail qu'il a réalisé,
- d'être fier de lui lorsqu'il réalise les objectifs ou même va plus vite que le programme établi.
- de prendre ses études en mains car il est actif de ses apprentissages. Lorsque l'élève est en avance sur les objectifs du plan de travail, cela lui laisse du temps pour d'autres activités : travailler d'autres matières, aider ses camarades de classe à progresser dans leur propre plan de travail, faire plus d'activités artistiques ou sportives, etc.

Au fur et à mesure que l'élève a fait un certain travail, il peut passer une ligne de « stabilo » sur l'exercice effectué, ou le cocher, afin de constater que le travail est accompli et qu'il peut passer à la suite.

Lorsqu'il ne parvient pas à réaliser les objectifs du plan de travail, deux cas se présentent :

- soit le problème est régulier et cela peut signifier que le plan de travail est un peu trop chargé. On peut alors le réduire ou proposer à l'enfant d'essayer d'avancer un peu à la maison. C'est l'occasion pour l'enseignant de se rendre compte qu'il doit probablement davantage s'occuper de cet enfant, être plus attentif à lui... voir s'il n'a pas un problème de dyslexie, etc.

- soit le problème est occasionnel et il faut donc essayer de comprendre pourquoi... Cela peut être l'occasion de régler des problèmes d'apprentissage ou détecter de la fatigue ou des perturbations familiales par exemple, et ainsi mieux aider l'enfant à réussir. Un des risques de la mise en place des plans de travail individuels consiste dans le fait que ceux-ci peuvent devenir un outil de comparaison pour les élèves. Ceci est largement compensé par le fait que la pédagogie Montessori n'encourage pas du tout l'esprit de compétition mais au contraire privilégie l'individualité de chaque enfant dans le respect des différences de chacun. C'est une donnée que je ne rencontre jamais dans ma classe. Cela permet aux parents qui doivent évidemment avoir accès à ces plans de travail :
- de suivre la progression et mieux comprendre comment leur enfant apprend, ce qu'il apprend et quels sont les buts à atteindre,
- de prendre conscience d'éventuels problèmes d'apprentissage ou autres et de réagir rapidement avant que trop de conséquences négatives n'en résultent,
- de décider la mise en place d'aides beaucoup plus efficaces si elles le sont en liaison avec ce que l'enfant fait à l'école,
- d'avoir un contrôle tout à fait légitime sur le travail de leur enfant en classe. Les enfants apprécient d'ailleurs beaucoup que leurs parents puissent s'intéresser concrètement à ce qu'ils font. Ces plans de travail sont donc une interface très efficace entre l'école et les familles.

Pour les enseignants, qui peuvent être inquiets par ce côté travail individuel avec beaucoup d'élèves et classes de niveaux mélangés, il est très rassurant de pouvoir situer rapidement les élèves par rapport aux programmes, guider efficacement chacun dans sa progression individuelle et juger de façon opportune ce qu'il faut mettre en place de particulier en cas de besoin.

Rien n'empêche évidemment d'ajouter des activités hors programme à ce plan de travail individuel. Il en existe beaucoup dans la pédagogie Montessori, mais il faut rester vigilant et ne pas privilégier les programmes établis par les instituts de formation Montessori par rapport aux programmes de l'Éducation nationale. Le danger serait en effet de marginaliser les enfants, ce qui rendrait leur adaptation à d'autres écoles très difficile voire impossible. En effet certaines notions présentes dans les programmes de l'Éducation Nationale ne font partie d'aucun enseignement dans la formation Montessori. Des notions sont donc oubliées, ce qu'aucune école ne devrait pouvoir se permettre.

Le programme Montessori a l'avantage d'être quasiment le même dans tous les pays du monde, ce qui facilite considérablement l'adaptation des enfants des familles qui changent souvent de pays. Il est cependant impossible que tous les pays du monde aient le même programme scolaire national.

Il faut donc que chaque école adapte le programme Montessori aux programmes officiels afin que les élèves puissent réussir en temps voulu leurs examens et, le cas échéant, s'adapter à n'importe quel changement d'école.

De plus, en tant qu'enseignante, lorsque je reçois un élève d'un autre pays, avec le plan de travail, il m'est très facile de pointer les notions vues ou non par cet enfant et de faire un plan de travail en fonction de ce constat. Ainsi l'enfant s'intègre d'autant mieux qu'il dispose de son propre plan de travail qui est en totale adéquation avec ce qu'il a fait avant.

En conclusion, la pédagogie Montessori est d'une exceptionnelle richesse pour optimiser les capacités intellectuelles de chacun des élèves dans le respect de leurs individualités et susciter un développement harmonieux de leurs personnalités. Les plans de travail sont un outil supplémentaire qui tend à favoriser l'autonomie des élèves, la gestion personnelle de leur travail ainsi que leur sens des responsabilités. En encadrant leur libre choix pour telle ou telle étude ou activité au sein de la classe, ces plans de travail viennent démentir la critique qui est parfois faite aux écoles Montessori de laisser les enfants « faire ce qu'ils veulent ».

En respectant les programmes officiels, les plans de travail individuels sont une excellente réponse aux parents qui s'interrogent sur la progression de leurs enfants au sein de l'école et sur leur adaptation éventuelle à un changement d'établissement.

Le contrôle de l'erreur

« Essayer, rater, essayer encore, rater mieux », disait Samuel Beckett.

Et si l'erreur était la clé de la réussite ? Nous sommes souvent confrontés à des élèves qui préfèrent ne pas me rendre leurs devoirs plutôt que d'assumer la responsabilité d'une possible erreur. Sans compter les autres, ne concevant pas même la perspective du brouillon, ni celle de la correction, et entretenant l'idée chimérique, teintée de déni, que le premier jet pouvait être parfait. Quelle que soit la variation, la peur est sensiblement la même : les erreurs sont perçues comme des spectres qui rôdent sur les copies. Il y a celles qui paralysent et celles dont on préfère nier l'existence. C'est « la faute » tant redoutée par les élèves, et pénalisée par les professeurs. La faute qu'on souligne d'un rouge plus vif qu'elle.

Le système classique fait de l'erreur une obsession, il faut la faire disparaître à tout prix pour s'assurer qu'une leçon est acquise. Le principe repose sur l'idée qu'une règle doit être appliquée d'une certaine manière sans quoi on se trompe, puisque l'on n'a pas su procéder de la « bonne façon ». Le risque, au-delà de la mauvaise note, est de se sentir mis à l'écart et d'être renvoyé à une permanente incapacité. Ce type de démarche est humiliant pour les élèves qui finissent par être si terrorisés et découragés par ce sentiment d'échec qu'ils préfèrent négliger leurs travaux ou ne pas même essayer avec en tête le célèbre refrain « *de toute façon je suis nul* ».

Et pourtant... Des célèbres brouillons de Flaubert à la divine Tarte Tatin, n'y a-t-il pas de singulières vertus dans le fait de se tromper ? C'est une des perspectives que nous cherchons à transmettre à nos élèves, et plutôt que la faute, ce sont les bénéfices et la richesse de l'erreur qu'il faut souligner :

L'erreur est un levier d'amélioration. Il va de soi que l'évaluation est nécessaire, mais constater une erreur est une remarquable opportunité, quelque chose qu'il faut accueillir avec sérénité. Car c'est dans l'erreur que se fonde la capacité de réussite si tant est que l'on accepte de se corriger. L'erreur permet de solidifier ses acquis, de les comprendre, de savoir les apprivoiser, de ne pas agir au hasard, ou avec hésitation. L'erreur met en lumière une fragilité et permet de la consolider. Ainsi, dans la pédagogie Montessori, le matériel proposé aux enfants comporte toujours le contrôle de l'erreur. Dès lors, si l'enfant se trompe, il trouve seul son erreur et apprend à se corriger en restant autonome. Il comprend qu'il est naturel de se tromper et qu'il dispose en lui-même des outils pour progresser. Il est indispensable de conserver cette approche avec les plus grands. C'est pourquoi il est nécessaire de proposer le plus souvent possible des grilles d'auto-évaluation pour vérifier si leur copie est en cohérence avec la méthode. Ils sont leurs meilleurs correcteurs, le professeur n'intervient qu'en support, pour des points précis et non pour les maintenir dans un état de faiblesse et d'incapacité. L'erreur est un cadeau, car si elle nous renvoie à nos difficultés, elle éveille aussi notre faculté d'amélioration.

L'erreur est un levier de créativité. Le critique littéraire Roland Barthes disait « *La littérature, c'est la rature* ». Flaubert argumentait que *Madame Bovary* devait son originalité à un ensemble de corrections et que le bon mot ne survenait que dans l'erreur. Dans l'histoire des arts, et dans celle de la littérature, la faute est souvent source de génie. Elle est l'éclat dans l'habitude, le sursaut qui transforme un joli texte pour le parer de sublime, elle est l'audace de la différence qui fait d'une œuvre un travail unique. Elle permet d'explorer d'autres formes, de faire des découvertes. Car, sans l'erreur, nous risquons de nous figer tandis que le monde continuera ses perpétuelles métamorphoses. Elle est un moteur d'évolution et d'adaptation dans la vie intime comme dans la société, et de nombreux créatifs, parmi les plus ingénieux, savent que même le monde des affaires appartient à ceux qui savent tirer profit de l'erreur. Le tout est de savoir accepter l'erreur tout en minimisant les risques connus et attendus. Il est essentiel que des élèves, souvent anéantis par des années dans un système dévastateur pour l'ego, puissent se sentir valoriser par ce changement de regard chez les adultes.

L'erreur, c'est l'apprentissage de la temporalité. Beaucoup d'élèves, fruits d'une génération à la vivacité connectée, pensent que les choses se construisent dans l'immédiateté. Tout doit être rapide à l'image d'un flux numérique. Et si souvent l'efficacité est une qualité, l'erreur nous rappelle les bienfaits de la patience, de l'étape, car pour apprendre, il faut de l'effort et du temps. Comme l'artisanat, l'écriture est une technique. Aligner des lettres et des mots est un travail d'orfèvre, dont le savoir-faire s'acquière. Ce « *petit à petit* » est propre à chacun, dans l'intimité de ses erreurs, on comprend ce qui signifie grandir et mûrir. On apprend à se dépasser, à surmonter, à avoir l'audace d'essayer. Dans notre établissement, le seul risque à courir, c'est celui de la réussite. Et d'erreur en erreur, ce n'est pas la honte qui surgit, mais la confiance en soi, la confiance en la vie.

« On fait reculer l'obscurité à force de vivre, de rire, de souffrir, d'aimer, de risquer, de se tromper, de perdre, de donner et de recommencer » - Simone de Beauvoir.

L'environnement préparé

Maria Montessori a toujours évoqué l'importance de l'environnement préparé pour que l'enfant puisse s'épanouir et trouve toujours ce qui lui est nécessaire pour apprendre et répondre à ses besoins de construction de sa personne. Je pense que durant toute la période de 0 à 18 ans, l'enfant doit bénéficier d'un environnement préparé avec grand soin par l'adulte.

Lorsqu'il est petit, cet environnement est celui de sa chambre et de l'endroit où il vit. Un soin tout à fait particulier doit lui être apporté. C'est en effet à cet âge-là que le bébé absorbe totalement tout ce qui l'entoure et souvent cela déterminera sa vie future. S'il évolue dans un environnement de douceur et de bienveillance au niveau sensoriel, il développera l'idée que le monde dans lequel il vit est doux et bienveillant. Si c'est le contraire, il aura une sensation de violence et d'insécurité. Beaucoup d'éléments clés peuvent être décrits pour le développement d'une personnalité confiante chez le jeune enfant : de jolies couleurs, peu d'objets, toujours ordonné, choisir des mobiles qui ont été définis par Maria Montessori et qui ne sont pas trop chargés, des jouets toujours en élément naturel, des livres aux jolies couvertures disposées joliment autour du lit de l'enfant, etc.

Puis l'enfant grandissant, l'environnement de la maison doit continuer dans cette même énergie. Des étagères avec des jeux éducatifs en bois naturel mis à disposition de l'enfant (mais pas trop), une chambre bien rangée où les jeux se renouvellent régulièrement, des endroits à la hauteur de l'enfant afin qu'il range ses jouets, ses vêtements, ses livres, des musiques douces et apaisantes, l'éloignement des téléphones portables et des ordinateurs de la part des parents, etc. Une grande sécurité physique et émotionnelle.

Puis à l'école, la classe de maternelle doit bénéficier d'un environnement extrêmement bien préparé en fonction de ce que Maria Montessori explique dans ses livres. Un environnement toujours très bien rangé avec les différentes parties de la pédagogie Montessori : la vie pratique, la vie sensorielle, les mathématiques, le langage, la culture, la table de nature, le coin artistique, la bibliothèque, etc. Et tout ceci rangé d'une façon bien précise pour que l'enfant puisse s'y retrouver facilement et choisir son matériel en fonction de ce qu'il maîtrise et de ce qu'il souhaite apprendre. Des fauteuils confortables près du coin bibliothèque, des lieux calmes pour l'écoute des sons et l'apprentissage de la lecture, des couleurs pastels sur les murs, peu d'images et le plus possible à la hauteur des enfants, des pièces éclairées et d'une taille adaptée à l'enfant (ni trop petite, ni trop grande sinon l'enfant se perd), des bouquets de fleurs composés par les enfants, des tables et chaises qu'il peut déplacer tout seul et laver également, la prise d'eau à disposition pour que l'enfant puisse être totalement autonome, le plus souvent possible, un jardin où l'enfant peut jouer avec ses camarades mais aussi s'occuper des plantations, des animaux. Un environnement où règle l'ordre et où les choses demeurent à la même place. Un environnement où tout est à la portée de l'enfant afin qu'il puisse se servir comme il le désire.

En classe primaire, c'est la même chose, il doit y régner le même ordre assez rigide afin que l'enfant s'y sente rassurer de pouvoir apprendre ce qu'il désire. Le matériel est rangé selon les différentes matières et toujours placé de la gauche vers la droite et du haut vers le bas en progression de difficulté. Tout doit être très propre. Les enfants ont chacun leur casier dans lequel ils rangent leurs plans de travail, leurs cahiers d'exercices, d'activités et tout ce dont ils ont besoin. Des tables et des chaises qu'ils peuvent déplacer et de la taille de chacun (comme les âges sont mélangés, il est important d'avoir des tables adaptées à chaque âge), des tapis pour ceux qui souhaitent travailler par terre, des plantes vertes, un animal, et… Le travail des enfants peut être accompagné d'une musique douce qui aide souvent au calme et à la concentration.

En classe de collège et lycée, il est important que ce soit les élèves qui aient leur classe et non les professeurs. Ces classes doivent être également aménagées avec grand soin, les murs décorés de jolies images, les casiers des élèves bien rangés, les tables disposées afin que chacun y trouve sa place, le matériel doit être à disposition des élèves et en bon ordre. Tout doit être très propre et clair. L'idéal est que les professeurs avant la rentrée et tout au long de l'année, affichent de jolis posters, des exposés, qu'ils constituent un environnement bienveillant pour les élèves.

Encore une fois, il est important de suivre les saisons et

les fêtes pour la décoration des classes et ceci à tous les âges. À Noël, on met des guirlandes, des boules, des décorations, etc. et pour tous les âges.

Sur les murs des classes devraient se trouver des lettres, des frises alphabétiques des sons des lettres et des frises de chiffres chez les plus petits, chez les plus âgés, des frises littéraires ou historiques afin que l'enfant ait toujours sous les yeux des repères importants.

L'environnement de l'école et des classes est très important pour que les jeunes s'y sentent bien et aient envie de venir et de travailler.

Pas besoin de grands bâtiments froids, des petites structures sont souvent plus adaptées. Il faut aussi penser à des aménagements extérieurs. Des plantations, des animaux, tout cela pour faire vivre les enfants dans la vraie vie. Quoi de plus agréable et à tout âge, d'aller ramasser les œufs des poules ou de voir les premiers crocus fleurir. Et penser toujours à l'harmonie des couleurs, des formes, des affiches, car un jeune qui évoluera dans un environnement harmonieux développera un caractère harmonieux et sera à la recherche de cela. Il est important aussi de les mettre le plus souvent en contact avec la nature. Les jeunes vivent bien souvent beaucoup trop éloignés de la nature et beaucoup trop connectés à leurs consoles et aux jeux totalement irréels. Il serait très important à tous les âges de les faire jardiner par exemple et cultiver et récolter.

Toute personne a plus de plaisir à travailler dans un environnement bien préparé et joli. C'est aussi important pour la qualité de vie des professeurs.

La créativité

Il est essentiel de trouver tous les moyens pour développer et maintenir la créativité chez les élèves. Pour cela, il faut vraiment respecter l'enfant et ne surtout pas le mettre dans un moule.

Je pense que cette notion de « développement de la créativité » chez l'enfant dès son plus jeune âge est une des grandes forces de la pédagogie Montessori et une des choses qui est totalement oubliée dans les programmes classiques. On préfère mettre l'accent sur les mathématiques ou les résultats en orthographe qui sont quantifiables plutôt que sur des capacités d'élaborer des stratégies pour résoudre des problèmes quels qu'ils soient. Et pourtant le développement de la créativité est vraiment une des choses où l'on voit une grande différence entre les enfants ayant commencé jeunes dans nos écoles et les autres. Et cela se voit pour le restant de la vie.

Quelle force nous donnons à nos élèves en leur donnant cette capacité à élaborer des stratégies pour réussir, à être suffisamment créatifs pour toujours se dire qu'ils sont capables de trouver des solutions, à être suffisamment créatifs pour explorer des nouveaux concepts, des nouvelles idées, etc.

Quand je prends mes enfants en exemple, ils sont tous prêts à créer leur entreprise, à chercher les solutions les meilleurs pour parvenir à atteindre leurs objectifs, à réfléchir à des stratégies, ce sont des créateurs ! Et lorsque j'observe la majorité de nos anciens élèves c'est la même chose !

En maternelle et en primaire, le matériel concret Montessori permet à l'enfant de toujours trouver ses propres solutions donc développe forcément sa créativité pour trouver le chemin pour y arriver.

C'est la raison pour laquelle il est vraiment nécessaire d'insister sur le fait de laisser l'enfant manipuler son matériel, le contrôle de l'erreur lui permet de voir s'il s'est trompé et de trouver le moyen de rectifier son erreur.

L'éducateur doit intervenir le moins possible et ne doit pas montrer le chemin à l'enfant. Il ne doit pas autoriser l'enfant à détourner l'utilisation du matériel.

L'enfant développe ainsi un esprit critique très important. Plus tard en primaire, c'est la même chose, tout le matériel concret mis au service des apprentissages de l'enfant lui permet de développer sa créativité.

On ne doit pas lui donner les solutions et j'insiste toujours sur cela en formation notamment avec les parents et les professeurs des écoles. Les adultes ont toujours envie de donner la réponse ou d'expliquer comment on trouve la solution. Dans notre pédagogie, il est essentiel de ne rien dire car l'enfant dans ses apprentissages, développera alors ses propres stratégies et cherchera par lui-même la solution ainsi devant toutes situations il sera capable d'être suffisamment créatif pour trouver la solution à son problème.

En tant qu'enseignant, lors de la création de nouveaux matériels, nous devons toujours avoir en tête le fait que l'enfant doit pouvoir s'en servir tout seul et donc avoir cette fameuse auto-correction. En effet, lorsque l'enfant fait une erreur, il sait qu'il n'a pas fait le matériel correctement et cherche donc une nouvelle stratégie pour réussir. Il doit donc réfléchir et être créatif pour trouver un autre moyen d'utiliser ce matériel. Et c'est incroyable ce que tout ce matériel qui est en place autant dans les classes de maternelle que de primaire et qu'également en collège, leur permet d'élaborer des stratégies et d'être suffisamment créatifs pour trouver tout seul la solution.

Tout le matériel leur permet toujours tout seul de se poser des questions et en fonction des réponses que l'enfant donne, de savoir si c'est juste ou s'il doit trouver une autre solution.

Lorsque je reçois des parents et que je montre le matériel à leur enfant. La majorité des parents, lorsque l'enfant se trompe, leur dit : « regarde, tu devrais faire comme ci, tu devrais faire comme ça » et ainsi l'enfant n'a absolument pas besoin d'imaginer une stratégie, il lui suffit de faire ce que dit le parent et c'est juste.

Nous, enseignants, devons-nous entraîner à faire tout le contraire. Surtout intervenir le moins possible. Pendant une présentation de matériel, on ne parle pas, on ne donne pas les objectifs, ni la façon de faire, on se contente de montrer puis de proposer à l'enfant de le faire et ensuite on le laisse autonome.

Ainsi se développe chez l'enfant un esprit qui réfléchit, qui est créatif pour trouver ses solutions. Et je suis impressionnée comme les enfants Montessoriens sont différents des autres sur ce point de vue.

Les enfants qui n'ont pas connu cela petits, sont complètement perdus lorsque l'adulte ne leur dit pas ce qu'il faut faire, comment il faut faire, avec quoi il faut le faire. Comme feront-ils lorsqu'ils seront adultes et qu'ils devront élaborer des stratégies ?

Il est aussi nécessaire d'insérer dans le programme beaucoup d'activités artistiques et de l'expression écrite et aussi de lui confier des responsabilités.

Les activités artistiques commencent à deux ans par des cours en petits groupes de travaux manuels et un atelier artistique est à la disposition des enfants. Les cours en petits groupes permettent de mieux cibler chacun en fonction de là où il en est afin de lui donner les moyens de progresser.

En primaire également, des cours d'art sont organisés en petits groupes par des spécialistes de cette matière. Les plus petits groupes permettent à chacun de s'exprimer parfaitement.

J'ai souvent remarqué le lien entre la façon de travailler chez les enfants et leur développement artistique. Un jeune enfant du nom de Raphaël qui était très précoce avec un excellent graphisme avait beaucoup de difficultés à organiser son travail, ses cahiers, à suivre un plan de travail. Par ailleurs, il ne savait ni colorier ni découper. Nous avons essayé en l'aidant au début à faire de jolis coloriages (sans dépasser) et à ensuite découper le plus soigneusement possible ses ouvrages. Petit à petit il s'améliorait dans le soin apporté aux travaux artistiques et en même temps dans sa façon d'organiser son travail.

En collège et lycée aussi, nous continuons à accorder une place importante à l'art plastique mais en leur donnant des méthodes adaptées à chacun. Encore une fois, il ne s'agit pas d'un cours magistral ou tout le monde fait la même chose. Encore une fois tout est mis en œuvre pour que le jeune soit fier de ce qu'il a fait. Un programme bien précis a été établi par un grand spécialiste qui est capable de leur montrer comment faire. En effet, je pense que dans ce domaine encore plus que dans d'autres, il est essentiel que le professeur montre l'exemple. Un programme avec une progression bien précise est établi afin de permettre aux jeunes de prendre confiance en leurs talents et de progresser à leur rythme. Au travers de ces cours d'arts plastiques, il est possible d'aider le jeune à prendre confiance en lui-même dans tous les domaines. Au début il commence sur des petites feuilles et on lui demande d'occuper tout cet espace, puis la feuille grandit et on demande encore d'occuper tout l'espace. Ainsi plus l'espace est grand plus sa confiance en lui grandit. Parfois on lui demande même de sortir de la feuille, et là on voit vraiment les jeunes qui ont été extrêmement mis dans un moule car sortir de la feuille leur est très difficile.

La musique tient aussi une place très importante dans notre enseignement dès tout petit. Nous ne sommes pas une école de musique donc nous semons des graines que l'enfant intéressé pourra faire fructifier. On apprend d'abord à l'enfant à se servir correctement d'un instrument de musique et de faire en sorte que le son qui en sort soit joli et harmonieux. Il ne doit donc pas écraser l'instrument ou taper dessus de toutes ses forces. Il doit le toucher légèrement et emporter le son avec lui.

Ensuite, la méthode Marie Jaël-Montessori est excellente pour que l'enfant apprenne la musique avec tous ses sens et produise de jolis sons. Un travail sur les rythmes est extrêmement important car dans la vie aujourd'hui tout est rythmé et il est essentiel d'avoir un bon rythme dans tous les domaines de la vie.

Les enfants doués en art ne sont pas forcément les mêmes que ceux qui sont doués en mathématiques ou en français. Cela permet donc à certains élèves de briller par leurs qualités artistiques et de retrouver une certaine confiance en soi. Je raconterai plus tard l'histoire d'Ethan qui illustre tout à fait ce propos. Un jeune doué dans n'importe quelle discipline artistique peut vraiment attirer l'admiration de tous les autres. Sans compter que ces matières peuvent donner des points faciles et très utiles au baccalauréat et déboucher sur de très beaux métiers.

Des spectacles deux fois par an sont organisés et ceci me semble très important également. Ces spectacles développent des choses très importantes :

- Savoir être prêt le jour J
- Apprendre à faire les choses ensemble avec cette méthode Montessori qui est très individuelle, c'est essentiel
- Apprendre à donner du bonheur autour de soi en faisant un joli spectacle
- Apprendre à vivre les répétitions, à être patients, à savoir regarder les autres sans être soi-même acteurs,
- Apprendre à se produire devant un public : pour un enfant de 2 à 18 ans, c'est vraiment difficile de chanter tout seul au micro devant un public nombreux. Lorsque les enfants s'y entraînent depuis l'âge de 2 ans ainsi deux fois par an, je dois dire qu'ils sont à l'aise à l'oral devant n'importe quel public. C'est donc un entraînement extraordinaire pour la prise de parole en public et pour toute épreuve orale.
- Savoir aider les autres aussi. Lorsqu'un des camarades oublie d'intervenir aux bons moments, être prêt à lui indiquer discrètement.
- Développer considérablement sa concentration car pour tenir un spectacle pendant 1 heure avec un enchaînement de nombreuses chansons, les enfants doivent être bien concentrés.
- Développer sa patience car les répétitions sont souvent très longues.
- Combattre aussi la peur du ridicule, la peur de se montrer.

Tout est mis en œuvre pour développer cette créativité chez les enfants. En leur confiant aussi des missions pour lesquelles on ne leur donne pas la façon de les assumer. Les élèves doivent alors élaborer des stratégies, être suffisamment créatifs pour mettre en place les actes qui leur permettront de réaliser leurs objectifs.

J'ai envie de citer là un article qui est paru dans le magazine américain « Inc » et qui explique bien cette importance de la créativité :

Traduction de la fin de l'article dans le magazine Inc. The Future of work – http://www.inc.com/natalie-nixon/the-future-of-work.html

Selon l'entrepreneur et stratégiste Heather McGowan, mettre l'accent sur la sécurité plutôt que sur la créativité nous met en péril.

Je suis un grand partisan, de mettre la créativité au centre de la façon dont nous élaborons une stratégie. Quel est le rôle de la créativité dans les modèles que vous construisez ?

La créativité est essentielle à la création de nouvelles valeurs. Je suis un grand fan de Sir Ken Robinson, qui a montré les effets dévastateurs de l'éducation portée uniquement sur le cerveau gauche. Les administrateurs scolaires ont enlevé la musique et les arts des programmes scolaires pour se concentrer uniquement sur des sujets dont nous sommes certains, l'apprentissage que nous pouvons tester et prouver. Ironiquement, en réaction à cela, les scores PISA (Programme for International Student Assessment) aux États-Unis ont été en baisse chaque fois que nous ajoutons plus de tests standardisés dans les programmes. Avec la montée des robots comme un complément ou un remplaçant à l'accomplissement de tâches de travail, n'importe quelle tâche mentale ou physique qui sera routinière ou prévisible sera automatisée.

Si nous ne changeons pas radicalement, et que nous ne revenons pas vers l'inclusion d'activités créatives, nous éduquons les populations à rivaliser avec les robots. Plutôt que de les former au développement des compétences pour lesquelles les humains ont généralement obtenu de meilleurs résultats que les robots, tels que la reconnaissance des motifs. Je ne pense pas que ce soit une coïncidence que certains de nos entrepreneurs les plus innovants aujourd'hui, y compris les fondateurs de Wikipedia, Google et Amazon, ont tous été formés dans des écoles Montessori où les élèves apprennent à explorer, expérimenter et créer. Dans l'enseignement supérieur, notre premier grade conféré était la philosophie avec un accent explicitement mis sur la poursuite de la connaissance. Plus tard, en raison de notre besoin de construire l'enseignement obligatoire, le diplôme d'éducation est devenu la plus grande majeure. Aujourd'hui, ce sont le business. Les diplômes de business, en mettant l'accent sur « l'administration des affaires, » représente 20 % des licences et masters. On ne sait pas quelle valeur auront ces diplômes à long terme. L'accent mis sur la certitude plutôt que sur la créativité nous met en péril.

Leur apprendre à travailler tout seul

Je suis souvent surprise de constater que les élèves venant du système classique ne savent absolument pas travailler par eux-mêmes et c'est un véritable handicap.

Dans mon école, c'est une chose sur laquelle nous travaillons dès 2 ans. En effet toutes les activités mises en place à la disposition de l'enfant sont créées de façon à ce que l'enfant puisse complètement travailler tout seul. D'ailleurs on ne va jamais dire à un enfant comment il doit le faire. Bien sûr nous faisons des démonstrations en silence de la façon d'utiliser le travail mais ensuite il choisit son matériel et le fait jusqu'au bout, et se corrige en fonction de ses erreurs, le refait autant de fois qu'il le désire et une fois qu'il a atteint la compétence voulue, il peut passer au matériel suivant qui va être placé à la droite du précédent et de haut en bas afin qu'il sache quel est le matériel qu'il peut faire une fois le précédent acquis.

Ensuite nous mettons en place et pour toutes les matières ce que nous appelons les cartes de nomenclature qui leur permettent de tout apprendre par eux-mêmes dès l'instant où ils savent lire.

Ce matériel consiste en des cartes qui sont en paire à chaque fois : une carte comporte une image et le mot représentant cette image et l'autre comporte juste l'image sans le mot et le mot se trouve sur une étiquette indépendante. Donc l'enfant apprend tout seul. D'abord il pose ses cartes avec le mot sur le tapis ou sur la table. Puis il met en paire la carte sans le mot et ensuite pose l'étiquette du mot en dessous. Il relit bien tout cela puis cache les cartes qui comportent le mot. Il reprend l'ensemble des cartes sans le mot et les étiquettes des mots et refait tout seul la mise en paires de la carte sans le mot et de l'étiquette-mot qui correspond. Puis il se corrige avec la carte comportant l'image et le mot. Une fois que tout ce vocabulaire est intégré, il réalise par lui-même des petits livrets constitués de pages sur lesquels sont dessinés les objets ou formes ou toutes choses en question et soit il colorie la partie considérée et écrit le mot au-dessous, soit tout simplement il écrit le vocabulaire sous l'image et ainsi il se fait ses livrets en toutes les matières. Il dessine et décore ensuite la couverture de l'ensemble des cartes avec un titre puis agrafe ensemble toutes ces fiches réalisées par ses soins. Ainsi il réalise des livrets sur tous les sujets : la géographie, l'histoire, les sciences, la géométrie, les règles de grammaire, d'orthographe, etc.

Nous avons ainsi à sa disposition tout le matériel nécessaire pour que l'enfant apprenne par lui-même tout le vocabulaire, les règles de grammaire, d'orthographe, du vocabulaire nouveau, les conjugaisons, etc.

Pour l'orthographe par exemple, il met en paire le mot au singulier et celui au pluriel, les mots étant rangés par règles d'orthographe. En fonction de ces mises en paire, il en déduit la règle d'orthographe puis recopie sur son cahier la liste de mots en écrivant en rouge ce qui varie en fonction du singulier et du pluriel. Lorsqu'il est plus grand, il crée sa règle d'orthographe qu'il recopie dans ses mots.

Le système du plan de travail individualisé leur permet également d'apprendre à travailler seul. Dès l'âge de la première année du primaire, ils ont chacun leurs plans qu'ils gèrent par eux-mêmes avec le soutien de l'adulte bien sûr. C'est-à-dire qu'ils ont leur programme de l'année dans toutes matières découpées en semaine et qu'ils avancent à leur rythme et avec une grande autonomie.

Le matériel qu'ils ont à utiliser est clairement indiqué mais ce sont eux qui se déplacent pour le chercher, pour le remettre à sa place, etc. De plus le matériel, lorsque c'est nécessaire, comporte la règle à suivre et nous leur expliquons au début comment l'utiliser et ensuite l'enfant est totalement autonome. Nous lui demandons de venir nous réciter la règle lorsqu'il est prêt.

Pour l'apprentissage des conjugaisons, nous avons créé tout un matériel qui leur permet de les apprendre tout seul également. Ils ont des fiches à découper et à remettre dans l'ordre après mémorisation du pronom, du radical du verbe et de la terminaison qui correspond au pronom. Ensuite, ils recopient leur conjugaison dans leur cahier avec des codes de couleur.

De plus, nous essayons de travailler toutes les mémoires différentes : le visuel avec le matériel et le fait que l'enfant recopie dans son cahier, le kinesthésique avec le matériel qu'il touche et l'auditif car il récite les règles ou les terminaisons.

Nous les incitons également dès le plus jeune âge à réaliser des exposés tout seul. En classe de primaire, ils sont alors tout à fait capables de le faire, en créant le support écrit ; ils savent dégager les idées les plus importantes par rapport au sujet, trouvent des photos ou dessinent les choses importantes et ensuite le présentent à toute la classe avec beaucoup d'aisance.

Ceci se fait à partir de 6 ans et jusqu'à la fin de leur scolarité. Ce travail leur permet également d'acquérir une grande aisance à l'oral qui est indispensable pour leur avenir.

En collège et lycée, l'utilisation des plans de travail leur permet d'apprendre à gérer leur travail. À ce niveau, ils utilisent des manuels dans lesquels ils lisent les règles, les définitions, etc. avant de réaliser leurs exercices ce qui fait qu'ils apprennent vraiment à travailler seuls.

Certains professeurs mettent également leurs cours en ligne à disposition des élèves et ainsi l'élève apprend la leçon avant de venir en cours faire les exercices.

Pour les mathématiques, j'ai mis en place une manière de travailler qui les entraîne à réviser les contrôles de mathématiques correctement : ils ont des définitions à apprendre par cœur, ensuite ils ont une liste d'exercices à refaire à la maison (ils en ont la correction dans leurs cahiers) et lors du contrôle, ils auront les définitions à réciter et des exercices identiques à ceux donnés en révision avec des chiffres différents.

J'ai mis cela en place car je me rendais compte que bien souvent les élèves ne révisaient pas les contrôles de maths car ils disaient : « je sais faire ». Mais pour réviser correctement

Lire et écrire

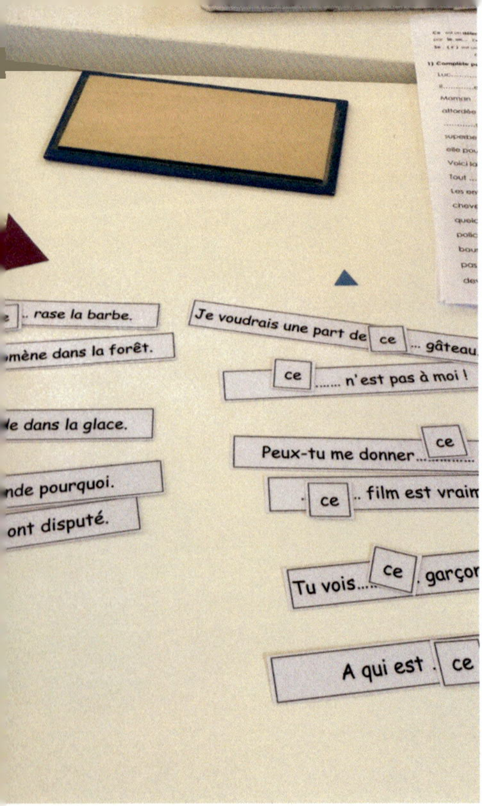
.. rase la barbe.
mène dans la forêt.
le dans la glace.
nde pourquoi.
ont disputé.
Je voudrais une part de ce ... gâteau
ce .... n'est pas à moi !
Peux-tu me donner... ce
ce .. film est vraim
Tu vois.... ce . garçon
A qui est . ce

LA NATURE DES MOTS
SYMBOLES GRAMMATICAUX MONTESSORI
Quelle est la nature des mots ?
Les prépositions
Le train roule sur les rails.
Léon mange une orange par jour.
Julien se cache derrière le buffet rouge.
Martine est assise sur le grand escalier.

en
mange
aime
vertes
pommes
les
il
beaucoup
Tom aime les pommes vertes, il en mange beaucoup.

les voitures
Les pronoms de la conjugaison
18
1) Entoure le pronom qui convient pour remplacer le mot en gras.
Les petits enfants écrivent une lettre au père Noël.
La forêt est grande.
Les avions décollent.
La vache broute l'herbe du pré.
Les chats et les chiens s'amusent ensemble.
Mon cousin est parti en vacances.
Marie et Juliette jouent à la poupée.
Le cheval galope dans le pré.
Les filles ont apporté des élastiques.
Papa et Maman vont au restaurant.
Ma sœur et ma cousine sont à la piscine.
Papa regarde la télévision.
Les oiseaux volent dans le ciel.
elle - il - elles - ils

Nombres et géométrie

un parallélogramme
la base
les angles
la surface
le trapèze
les côtés
le périmètre
les sommets
la base
les côtés
le périmètre
le trapèze
un parallélogramme

1 2 3 4 5 6 7 8 9 10 11 12 13 14 15 16 17 18

Découvrir le monde

tête
corps
sabots
pattes postérieures
cheval
encolure
pattes antérieures
oreilles
squelette
queue

HAPPY THANKSGIVING
First Year in the New World

North Dakota
Montana
Minnesota
Wisconsin
Michigan
New York
Pennsylvania
South Dakota
Wyoming
Nebraska
Iowa
Illinois
Indiana
Ohio
West Virginia
Virginia
Utah
Colorado
Kansas
Missouri
Kentucky
Tennesse
North Carolina
South Carolina
Oklahoma
Arkansas
Alabama
Georgia
Arizona
New Mexico
Texas
Missisipi
Louisiana
Florida

Développer son habileté et créer

Au plus près de la nature

Vivre et apprendre ensemble

MAP

TERRITORY
12
Denim

cette matière, il faut refaire les exercices et apprendre certaines définitions par cœur.

Je suis toujours heureuse de voir que nos élèves sont toujours prêts aux études supérieures qui leur demandent une grande autonomie et savent faire leurs fiches, apprendre leurs cours, etc. alors que ceux arrivant d'autres pédagogies ont toujours des difficultés à s'adapter à cette autonomie et perdent beaucoup de temps.

Le cercle

Dans une école Montessori digne de ce nom, tant dans les classes de maternelle que dans celles de primaire, vous trouverez toujours tracé au sol un joli cercle harmonieux. Pour tous ceux qui fréquentent le monde Montessori, le rôle de ce cercle est évident.

Mon fils de 25 ans, qui a fait toute sa scolarité dans mon école Montessori, m'a fait remarquer que je devais expliquer à tous combien le rôle du cercle dans une classe Montessori est essentiel.

Dans les classes d'une école Montessori, le travail de l'enfant est surtout individuel : chaque enfant choisit un plateau ou un matériel, va effectuer son travail tout seul, sur un tapis ou sur une table. Une fois qu'il a terminé son travail, il va replacer son matériel à sa place et repart ainsi vers une autre activité individuelle. Il existe cependant pendant la journée des regroupements des enfants dans la classe.

À différents moments de la journée, les enfants se réunissent sur le cercle. Ils s'assoient alors en tailleur sur la ligne marquant la circonférence du cercle. On est sur le cercle et non n'importe comment. De ce fait, ce moment s'inscrit aussi dans une forme harmonieuse.

Le professeur prend également place sur ce cercle dans la même position que les élèves. Une nouvelle fois, on voit là que le professeur ne domine pas l'enfant, il se met au même niveau et dans la même position. Il joue son rôle de guide car il montre ainsi la bonne tenue à avoir sur le cercle : le dos bien droit, les mains posées sur les genoux.

Le cercle a une forme harmonieuse (pas d'angle), les enfants sont tous au même niveau, il n'y a pas d'enfants devant, il n'y a pas d'enfants derrière, tout le monde regarde dans la même direction. Il n'y a pas de places fixes, chacun s'assied où il veut. Mais on doit se tenir bien sur le cercle, ne pas être allongé, accroupi…

En maternelle, le moment du « cercle » de la demi-journée est très important :

- le professeur prend une feuille de papier de couleur (tout le mois la couleur sera la même)
- On commence par la date : on apprend quel jour nous sommes, on en profite alors pour faire des jeux sur les sons pour les plus jeunes, et les plus âgés épellent chaque lettre qui forme le jour. On dit quel était le jour d'avant, quel jour nous serons le lendemain et on peut aussi chanter une petite comptine sur les jours de la semaine. Ensuite on donne la date précise : on en profite alors pour compter. Par exemple, si on est le 24, on demande à un enfant d'aller chercher deux barrettes de dizaines et 4 perles d'unités et on peut compter jusqu'à 24. Ensuite on parle du mois et enfin de l'année

Le professeur écrira cette date en haut de la feuille.

- Puis vient la météo en insistant bien sur le vocabulaire juste, par exemple : temps ensoleillé, nuageux… Ensuite un enfant dessine sur la feuille du jour le symbole officiel correspondant au temps du jour.
- Vient après le moment de « la nouvelle » : plusieurs enfants prennent la parole pour dire aux autres quelque chose qui est important pour eux. Cet exercice est très important : il apprend à demander la parole, à attendre son tour de parole, à écouter l'autre s'exprimer, à s'intéresser à ce que dit l'autre, à réfléchir à ce qu'il aimerait partager avec ses camarades. On peut aussi en profiter pour avoir une conversation sur une des nouvelles et cela apporte des informations aux enfants. Cette nouvelle est

écrite. Ainsi le petit enfant intègre que ce qui se dit s'écrit, que ces petits signes que sont les lettres permettent d'exprimer ce qui est dit.

Quand les enfants commencent à composer leurs mots, ils peuvent écrire eux-mêmes leur nouvelle.

Ce moment est essentiel car c'est l'apprentissage de la vie en société : apprendre à attendre son moment de parole, apprendre à écouter l'autre et ne faire qu'écouter (sans distraction comme jouer, regarder par la fenêtre), apprendre à s'intéresser à ce que l'autre dit, etc.

Cette feuille est accrochée à l'extérieur de la classe de façon à ce que les parents puissent la lire. Toutes les fiches d'un même mois sont accrochées et une fois le mois terminé, on les range.

Bien sûr chaque jour seulement quelques enfants donnent leurs nouvelles pour que ce temps du cercle ne dure pas trop longtemps.

- Après la nouvelle, le professeur fait une petite leçon soit une présentation de matériel, soit sur le thème en cours d'étude dans la classe.

Puis les enfants repartent en travail individuel.

Un deuxième cercle a lieu juste avant la recréation : c'est le moment du « snack ». Deux enfants qui auront choisi cette responsabilité pour la semaine auront préparé un petit encas avec des aliments apportés par des parents.

Cette préparation fait partie des exercices de vie pratique qui développent l'autonomie, la concentration, la motricité fine, le goût de l'harmonie car on demande que la présentation soit jolie. Les deux enfants proposent alors leur préparation aux autres enfants assis sur le cercle. On insiste alors sur la politesse : on dit « merci », « non merci », « s'il te plaît », etc. Jamais : « j'en veux pas », « ce n'est pas bon », etc. On se sert modérément. Ils attendent que tous soient servis pour commencer à manger en se souhaitant un bon appétit. On ne quitte pas le cercle tant que tout le monde n'a pas terminé.

- Le cercle du snack est encore un moyen d'apprendre la vie en société. Les enfants apprennent aussi à goûter des aliments qu'ils n'ont pas toujours l'habitude de manger. C'est parfois la découverte de mets d'autres cultures. Ils apprennent l'ouverture sur l'autre : des enfants d'autres pays peuvent manger différemment, avec des saveurs très différentes de celles auxquelles nous sommes habitués. On insiste aussi sur la qualité et l'équilibre des aliments présentés : pas de sucreries ni d'aliments gras. Cela permet de faire une leçon sur l'alimentation.

Un dernier moment « de cercle » a lieu à la fin de la demi-journée. Le professeur raconte une histoire ou fait chanter une chanson aux enfants. Vient le moment d'aller chercher son déjeuner. Le professeur peut appeler chaque enfant en nommant la première lettre du prénom par le son bien sûr. Il peut aussi faire le silence et demander aux enfants d'écouter attentivement les sons que les enfants entendent à l'extérieur : les oiseaux, le moteur d'une voiture, le vent, des voix, etc.

Ces moments sont très importants aussi dans une école bilingue comme notre école où l'enfant se trouve en immersion totale, car le fait que l'organisation de la demi-journée soit toujours la même permet à l'enfant d'avoir des points de repère. Il sait qu'au début de la demi-journée on parle de la date, de la météo, etc. S'il entend « Monday » il l'associe rapidement à « lundi » et ainsi il intègre très facilement du vocabulaire dans l'autre langue. Il peut aussi dire sa nouvelle en français et le professeur la traduit et la répète en anglais ainsi il peut aussi repérer les mots et dès le début comprendre que l'on dit la même chose mais dans une autre langue. C'est ainsi qu'il comprend très vite le concept d'une langue.

« Le cercle » permet aussi à l'enfant de comprendre qu'il fait partie d'un groupe. C'est d'autant plus important dans une classe Montessori où tout est très individuel. Il apprend à ne pas se moquer d'un plus petit qui parle moins bien que lui, qui peut déformer certains mots… à ne pas rire non plus de l'enfant étranger qui essaie de parler. C'est donc un nouvel enseignement : la tolérance.

En classe primaire, ce moment de cercle est très important aussi. C'est un moment convivial où on aborde de nombreux sujets ensemble :

- la date et tout ce qui se passe pendant les saisons,
- chacun dit aussi ce qu'il a à dire d'important pour lui,
- On peut y débattre des petits soucis rencontrés par cette collectivité : les moqueries des uns, les agressions des autres, la gestion des amitiés parfois difficiles à ces âges-là.
- On y prend aussi le snack avec les bonnes manières.
- On y fête les anniversaires.
- On y écoute l'exposé d'un camarade, ou le récit d'un livre par un autre ami ou par le professeur.
- C'est là aussi qu'on se présente lors de la visite d'un adulte.
- Certains cours collectifs ont lieu de cette façon, notamment notre cours de philosophie.
- C'est vraiment un espace où l'on se tient très bien, où on apprend à écouter, à attendre pour prendre la parole, à s'exprimer correctement, à vivre, etc.
- Les enfants de primaire aiment beaucoup ces moments de cercle où on aborde la vie en général. C'est souvent eux qui demandent que nous nous réunissions et le professeur ne doit alors être qu'un guide et suivre les débats demandés par les élèves. En collège et lycée, lors des regroupements pour la visite d'un ancien élève ou d'un adulte venant faire une conférence, il est aussi souvent très agréable de se mettre ainsi en cercle tous au même niveau, avec une bonne tenue physique et aussi un bon comportement. L'autre jour, j'ai reçu la visite d'un père spécialiste du management en entreprise qui me demandait ce que représentait cette ligne en forme de cercle sur le sol et lorsque je lui ai expliqué son utilité, il m'a raconté qu'il avait déjà mis en place ce cercle en réunions de management et qu'en effet, cela fonctionnait bien : c'est un espace de parole où tout peut se dire, où tout le monde est au même niveau. Certaines écoles Montessori utilisent une ellipse mais je n'y suis pas favorable. Le cercle pour moi est une forme très importante pour tout ce qu'il représente.

Écrire très jeune est important

Dans une école Montessori, les enfants apprennent à lire en plusieurs étapes :

- d'abord ce sont des jeux sur les sons afin que l'enfant prenne conscience qu'un mot est composé de sons
- puis une fois ceci acquis, on passe à l'apprentissage de la lettre qui correspond à ce son.

Cet apprentissage se fait par le toucher d'une lettre dite « rugueuse ». Chaque lettre se trouve tracée sous la forme de papier de verre collé sur une plaquette rectangulaire (bleue pour les voyelles et rose pour les consonnes).

Et l'enfant touche avec les doigts (placés comme s'il tenait un crayon) cette lettre tout en disant le son qui correspond. Ainsi le message est envoyé au cerveau qui retient le son et la forme de la lettre. Parfois même l'éducatrice lui propose de tracer la lettre les yeux fermés afin que la sensation soit totalement celle du toucher et non de la vue et du toucher. Il est très important de faire travailler un seul sens à la fois.

L'étape suivante consiste à mettre à disposition du jeune enfant (entre 3 et 5 ans) un plateau contenant du sable ou de la semoule. Avec ses doigts l'enfant retrace à nouveau la lettre plusieurs fois dans le sable ou dans la semoule. Ainsi s'imprime vraiment dans la tête de l'enfant la forme exacte de la lettre.

Plus tard, l'enfant utilise ce que nous appelons « un grand alphabet mobile ». Nous lui donnons des objets (voir chapitre sur la lecture) et l'enfant prend chaque lettre qui compose ce mot et les pose sur un tapis ou un tableau. Donc on dit qu'il compose, qu'il écrit avant de lire.

Toutes ces étapes m'ont toujours paru essentielles, vu tout ce que l'on sait du lien entre la main et le cerveau. J'ai d'ailleurs publié il y a quelque temps un article sur ce sujet :

« L'apprentissage du geste d'écriture semble jouer ici un rôle crucial. Contrairement à la région « ventrale » du cerveau qui nous sert à reconnaître les objets, la voie « dorsale » qui relie la vision au cortex moteur et commande nos gestes distingue précocement l'orientation des objets. Pensez à la saisie d'une casserole : elle sera

bien différente selon que le manche est orienté à droite ou à gauche. Le geste peut donc lever l'ambiguïté de l'orientation des lettres. Effectivement, l'expérience montre que de simples exercices de tracé des lettres avec le doigt améliorent considérablement l'apprentissage de la lecture. Le geste d'écriture a également d'autres vertus. Il oriente l'enfant dans l'espace, en lui faisant bien comprendre que la chaîne de lettres doit être lue de gauche à droite. La reconnaissance du geste joue également un rôle essentiel dans le déchiffrement de l'écriture manuscrite. Nous reconnaissons les caractères manuscrits, en partie, en reconstituant le geste qui les a engendrés. Une aire cérébrale distincte, dans la région précentrale gauche, code simultanément pour l'écriture et la lecture. Pour toutes ces raisons apprendre à écrire « dope » nos capacités de lecture.

La confusion des lettres en miroir, comme b et d, est une propriété normale du système visuel des jeunes enfants avant qu'ils n'apprennent à lire. Son désapprentissage demande des efforts. La pratique du geste d'écriture accélère l'apprentissage de la lecture.

Il est nécessaire d'associer les activités de lecture et d'écriture. En effet, apprendre à composer des mots et à les écrire facilite l'apprentissage de la lecture à plusieurs niveaux.

De plus, comme nous l'avons déjà souligné, diverses recherches démontrent que la lecture s'améliore lorsque l'enfant pratique l'exploration active des lettres par le toucher et apprend le geste d'écriture (le tracé même de la lettre). En ajoutant un code moteur au répertoire mental des lettres, ces activités facilitent la mémoire des correspondances graphèmes-phonèmes et réduisent les ressemblances entre des lettres comme b et d qui, sinon, risqueraient d'être confondues.

Pour toutes ces raisons, des activités d'écriture et de composition de mots, à la main ou à l'aide de lettres mobiles (que ce soit sous dictée orale ou à partir d'images), où l'enfant joue un rôle actif et créatif, devraient être pratiquées tous les jours, en association très étroite avec les activités de lecture. »

Une dernière chose essentielle : si vous voulez que vos enfants écrivent, écrivez devant eux avec un papier et un crayon.

En effet nous avons tendance aujourd'hui à trop écrire sur

nos ordinateurs, et nos enfants ne nous voient plus jamais écrire à la main. Comme très jeunes, ils sont totalement en « absorption » de ce que nous faisons, certains ne veulent plus écrire à la main. Ce qui crée de vrais problèmes. Je rencontre de plus en plus d'enfants d'âge des classes primaires qui ont de gros problèmes de graphisme et vont chez les ergothérapeutes pour une rééducation. S'ils avaient écrit dès leur plus jeune âge, ils seraient peut-être passés à côté de ce souci.

Les notes

« À quatorze ans, à seize ans, ils sont encore soumis au traitement mesquin des mauvaises notes avec lesquelles les professeurs pèsent leur travail ; c'est une méthode analogue à celle qui pèse les objets sans vie à l'aide mécanique de la balance. Le travail est « mesuré » comme une matière inanimée, et non « jugé » comme un produit de la vie. Et de ces notes dépend l'avenir de l'étudiant. Dans ces conditions, les études constituent un fardeau écrasant qui pèse sur la jeunesse alors qu'elles devraient représenter un privilège. (Maria Montessori, *De l'Enfant à l'Adolescent*)

Deux exemples de note mal attribuée illustrent ce propos.

Hugo est un élève français ayant suivi toute sa scolarité au Lycée International Montessori. Apprenant l'anglais comme deuxième langue depuis la maternelle, il a d'abord obtenu au cours de sa scolarité tous les certificats intermédiaires de l'Université de Cambridge et a passé quasiment simultanément l'année de ses 16 ans son baccalauréat S et le diplôme du Proficiency de l'université de Cambridge qui est le diplôme de plus haut niveau organisé par « Cambridge ESOL » (*English for Speakers of Other Languages*). Ce diplôme est reconnu mondialement et correspond au niveau *C2* ou *Maîtrise* défini par le Conseil de l'Europe. Il certifie un niveau d'anglais proche de celui d'une personne dont l'anglais est la langue maternelle.

Hugo a réussi brillamment son Proficiency avec B comme

appréciation ce qui correspond à une note entre 75 et 79 % de réussite. En parallèle, Hugo a réussi son bac S avec mention assez bien mais n'a obtenu que 11 à son épreuve d'anglais... Il était certain d'avoir très bien réussi cette épreuve, c'est pourquoi il est allé consulter sa copie accompagné d'un professeur accrédité par Cambridge ESOL. Il est apparu que toutes les fautes soulignées en rouge par le correcteur correspondaient non à des erreurs mais bien à l'utilisation par Hugo d'anglais littéraire allant largement au-delà de l'anglais étudié dans les programmes français.

Hugo a raté la mention bien à son baccalauréat à cause de cette note d'anglais et une nouvelle correction de cette copie a été refusée par la direction du Centre des Examens. Afin d'éviter ce type de problème de notation, à Cambridge Esol, les copies sont toujours visées par deux correcteurs.

Lorsque Raphaël a passé son baccalauréat S, il a obtenu la note de 5 en mathématiques (coef 7). Persuadé d'avoir produit une meilleure copie et conforté dans cette idée par son professeur de mathématiques à l'examen de son brouillon, il a demandé au Centre des Examens qu'on lui envoie sa copie. Il s'est alors avéré que l'examinateur avait omis de corriger une feuille double comportant un certain nombre d'exercices. Raphaël a donc renvoyé sa copie afin qu'elle soit renotée. La note finale a été 10/20 ce qui faisait passer sa moyenne générale de 10/20 à 11,9/20. L'ensemble de ces démarches a duré 4 ou 5 mois et entre-temps Raphaël avait été refusé dans les écoles d'ingénieurs auxquelles il avait postulé car sa note de mathématiques était trop faible et sa moyenne générale insuffisante.

Marie-Estelle Pech l'expliquait dans *Le Figaro* du 17 juin 2011 :

« L'harmonisation reste nécessaire : une étude a montré que, sans elle, les notes d'une dissertation pouvaient varier jusqu'à 11 points d'un correcteur à l'autre.

En 2007, le chercheur Bruno Suchaud a ainsi soumis trois copies d'élèves passant l'épreuve de sciences économiques et sociales à la correction d'une trentaine de professeurs. Il existait, pour chaque dissertation, des variations très fortes d'un correcteur à l'autre pouvant aller jusqu'à onze points même si la variation est plus proche de deux ou trois points en moyenne.

Ces exemples, parmi beaucoup d'autres, montrent que l'état d'esprit, la fatigue, les événements de la vie privée, le niveau d'instruction du correcteur, ainsi que beaucoup d'autres paramètres peuvent influer de façon négative et injuste sur la destinée d'un élève.

Il en va évidemment de même pendant toute la scolarité sur l'attribution des notes par les professeurs et c'est trop souvent la moyenne de ces notes qui décide de la future orientation des élèves.

Les élèves sont tous différents les uns des autres et la même note de 10/20 en expression écrite peut être une note très moyenne pour un enfant ayant de grandes facilités et une note excellente pour un enfant dyslexique.

Les notes ne doivent donc pas être un élément de jugement du niveau d'un enfant - et, par conséquent, de son orientation - et encore moins un moyen de situer le niveau d'un élève par rapport à un autre. Bien que toujours réclamées en France par les familles pour évaluation du travail de leur enfant et bien que réclamées aussi par certains enfants dans un esprit de compétition, les notes ont été supprimées dans de nombreux pays car trop subjectives, aléatoires, et mal adaptées à la réelle évaluation des capacités d'un élève.

Par exemple, les diplômes des Young Learners de Cambridge comportent uniquement un certain nombre d'écussons en évaluation du candidat (il n'y a ni réussite, ni échec, mais un niveau qui permet de passer à l'étape suivante).

« …En Finlande, la pratique de l'évaluation semble donc guidée par le souci de ne pénaliser personne et de toujours laisser sa chance à l'élève en valorisant plutôt ce qui est su que ce qui n'est pas su. « Ce qui est important, c'est que les élèves aient le sentiment d'être bons dans quelque chose. » (M. Hannu Naumanen, principal du collège Pielisjoki). Guidée par ce principe, l'évaluation des élèves perd son caractère compétitif et angoissant et peut devenir au contraire pour eux un moyen stimulant et motivant de se situer dans

une progression souple et adaptée à leur rythme… » (« L'éducation en Finlande : les secrets d'une étonnante réussite. Chaque élève est important », article de Paul Robert, Principal du collège Nelson Mandela de Clarensac (Gard)

J'ai toujours insisté auprès des professeurs dans mon école afin que les notes d'évaluation du travail ne soient jamais inférieures à 5/20 (en dessous de 5, la note est remplacée par la mention : non noté) et qu'elles soient toujours accompagnées par des appréciations positives basées sur la vérité, adaptées à la personnalité et aux capacités de chaque élève, afin que celui ou celle-ci ne soit jamais en situation d'échec.

Maintenant, je demande aux professeurs de ne plus écrire les notes sur les copies des élèves mais d'uniquement les enregistrer sur le site dédié à cela. En effet, j'avais remarqué que les élèves, dès qu'ils reçoivent leurs copies, comparent les notes et bien souvent se révèlent de grandes injustices. Et en plus les élèves ne regardent pas l'appréciation du professeur qui est beaucoup plus importante que la note. Un 10 sur 20 avec l'appréciation : « Bravo ! tu as bien progressé » et l'appréciation : « Tes notes baissent, il faut te ressaisir » n'a pas du tout la même valeur. Donc avec ce système, les élèves lisent les appréciations et vont sur le site regarder leur propre note et non celle du voisin. Ce qui est amusant, c'est que les élèves bien formatés par le système travaillent pour les notes et non pour le plaisir de se dépasser, demandent que les notes sur les copies soient rétablies.

Je pense qu'il ne faut pas céder car il est vraiment nécessaire de préparer les élèves à travailler pour eux-mêmes et surtout pas pour le seul résultat.

L'ÉCOLE DOIT ÊTRE UN LIEU DE VIE

L'école ne doit pas être un lieu où l'on ne fait qu'apprendre. En effet, pour que les jeunes s'y sentent bien, il faut qu'il s'y passe plein de choses. De plus, il est très important de rythmer l'année scolaire des élèves en célébrant tout ce qui arrive dans l'année au fur et à mesure. Les enfants aujourd'hui, avec tout ce qui les entoure, sont trop déconnectés de la vraie vie, de la nature. On peut manger des fraises n'importe quand, on donne vie à des êtres totalement surnaturels, on fait parler les animaux et la famille n'est plus un repère stable.

Donc à l'école, et à tous les âges, il est nécessaire de marquer tous les temps forts de l'année. Célébrer toutes les fêtes comme il se doit : à Halloween, se déguiser, réaliser des pièces hantées pour les plus petits à Noël décorer l'école et les salles de classe, installer un sapin de Noël et des guirlandes lumineuses partout dans et en dehors de l'école pour la St Valentin, organiser une distribution de roses pour ceux qu'on aime, manger des galettes pour l'Épiphanie, à Mardi Gras, manger des crêpes et se déguiser, à Pâques, distribuer des chocolats ou les cacher et faire une chasse aux œufs, célébrer la venue du printemps… Tout cela est très important car bien souvent dans les familles, ce n'est plus célébré et les enfants ont besoin de repères forts comme ceux-ci. Donc l'école doit les leur fournir.

Ce sont aussi des moments où les élèves de tous âges peuvent se mélanger. Ainsi nous reconstituons une certaine vie de famille avec les grands, les petits, les adultes de plusieurs générations et on vit tout cela ensemble.

Les anniversaires doivent être aussi célébrés : qu'un jour par an l'enfant soit la vedette de la journée. En maternelle et en primaire, dans nos classes, nous avons toute une cérémonie Montessorienne : on demande aux parents ou à l'enfant dont c'est l'anniversaire de nous apporter des photos légendées des moments importants de la vie de l'enfant, tout le monde s'assied sur le cercle et celui dont c'est l'anniversaire sur une chaise avec le globe dans la main. Au centre du cercle, est déposé un grand soleil. Le professeur commence à raconter la vie de l'enfant dont c'est l'anniversaire et ce dernier commence à marcher autour du soleil. Le professeur doit raconter cette histoire comme une aventure de vie extraordinaire. À chaque fois, qu'une année est terminée, l'enfant se retrouve devant sa place, le professeur explique que la terre a fait une année autour du soleil et les enfants tapent dans les mains autant de fois que l'enfant a d'années. À la fin de cette histoire, les enfants chantent « le joyeux anniversaire », les bougies sont allumées sur le gâteau et l'enfant souffle ses bougies puis on partage le gâteau et les boissons. Parfois des parents préparent des sachets de bonbons pour chacun. La frise des photos de la vie de l'enfant est accrochée aux murs ainsi chacun peut l'admirer.

Bien sûr, chez les plus âgés, c'est plus difficile mais il est tout de même toujours possible d'offrir un gâteau avec des bougies, et de célébrer chaque anniversaire ou d'en regrouper certains, même si j'aime beaucoup le fait que l'enfant dont c'est l'anniversaire soit le héros de la journée.

Il est très important aussi d'y organiser des événements tels que des petits-déjeuners, des goûters, tous ces moments chaleureux et hors scolaires qui permettent à chacun de se voir autrement. Et tout ceci doit toujours être organisé d'une façon harmonieuse, c'est-à-dire avec de belles nappes, de belles assiettes, des gobelets assortis, un bouquet de fleurs…

Organiser aussi des fêtes pour toute l'école comme des kermesses, des spectacles, etc. et que tout ceci soit préparé par les élèves afin qu'ils apprennent à donner et à participer à la vie collective.

Organiser des journées à thème : par exemple, un jour tous les élèves d'une même classe viennent en costume, un autre jour, en pyjama, un autre jour en tenue de plage. Ou encore une journée, on décide que tous les élèves d'une même classe apportent du fromage…On découvre souvent des élèves dans de telles occasions : un qui a tendance à se faire oublier en cours devient très dynamique pour organiser une belle table, préparer un repas.

L'école doit aussi être un lieu où les enfants puissent passer du temps en dehors des heures de classe, à condition de bien s'y comporter. Mais je trouve très dommage que dans la majorité des établissements, les élèves doivent s'en aller dès que les cours se terminent. Dans mon école, les élèves peuvent rester le temps qu'ils le désirent, ils peuvent y faire leurs devoirs, y discuter entre copains, s'y retrouver pour un exposé ou pour réviser un examen.

Aujourd'hui, bien souvent, les jeunes rentrent dans des maisons vides et sombres. L'école peut donc être un lieu où il y a des adultes à qui parler, d'autres élèves avec qui passer un moment, des salles de classe où on puisse s'installer pour travailler, un lieu où les élèves se sentent bien.

D'ailleurs dans mon école, les enfants ne veulent jamais partir même ceux qui y sont depuis 8 heures du matin et jusqu'à 18h30 ; ils n'ont pas envie de rentrer quand leurs parents viennent les chercher. Et bien souvent j'y ai rencontré des lycéens le dimanche qui venaient préparer des épreuves du baccalauréat.

Les enfants doivent être heureux à l'école

C'est la première chose que je dis quand je reçois des parents avec leurs enfants pour une inscription : il faut que leur enfant soit heureux de venir à l'école. C'est la condition pour avoir envie d'y être et d'y travailler.

Donc tout doit être mis en place pour que les jeunes soient heureux dans leur établissement scolaire : cela commence par un environnement préparé pour eux, puis par des adultes toujours bienveillants et à l'écoute.

Ensuite, la vie scolaire doit être variée : du travail en classe, des sorties, des fêtes, des films, et une vie dans l'école en dehors du contexte scolaire.

Il est nécessaire aussi d'être très vigilant pour lutter contre les moqueries de tout genre, contre la violence verbale et physique, être très strict sur ces points. Chacun doit se retrouver à l'école dans un monde serein où il peut se poser tranquillement.

Les punitions sont à supprimer complètement. J'entendais une personne dans une conférence : « Si une punition fonctionnait, une seule suffirait ! » et en général ce sont toujours les mêmes qui sont punis. Qu'apporte la punition, à part de la colère, de la rancœur, un sentiment d'injustice, en fait rien de bon.

Pas de punitions, pas de 0, pas de colle. Évidemment cela rend le travail du professeur bien plus difficile car il doit trouver les moyens en sa possession pour obtenir le calme dans sa classe, pour intéresser les élèves, pour faire en sorte qu'ils fassent leur travail, etc. Toute la relation entre l'élève et le professeur est donc à revoir. Il n'y a plus une relation de crainte envers l'adulte qui peut punir, il y a une relation de collaboration entre deux personnes qui vont dans le même sens.

L'attitude des adultes est aussi un facteur très important pour que les élèves soient heureux d'aller à l'école. Il est indispensable que les jeunes aient envie de venir voir ces adultes qu'ils côtoient très régulièrement pendant une année voire plus. Ces adultes doivent être des partenaires, des personnes sur qui l'élève peut compter, avoir confiance en lui pour le mener vers la réussite et l'accompagner sur un petit bout de chemin.

En revanche, ces adultes ne doivent pas se mettre au même niveau que l'enfant. Ils doivent garder leur place d'adulte sur lequel l'enfant peut s'appuyer.

Et la direction de l'école doit aussi avoir ce comportement. Combien d'élèves m'écrivent des sms et à n'importe quelle heure ? Je leur réponds toujours, je suis toujours là pour eux.

Si on choisit de se lancer dans une carrière d'enseignement, il faut vraiment être disponible pour les jeunes.

Pour se sentir bien, le jeune de tout âge doit avoir une entière confiance en l'adulte qui est avec eux en classe. Dès le plus jeune âge, il doit pouvoir se confier à cet adulte, savoir que l'adulte répondra toujours à son besoin d'apprendre et de communiquer. Quand les enfants sont petits, un des principaux rôle de l'enseignement est de développer le langage de l'enfant et pour ce faire, l'enfant doit avoir envie de parler à son enseignant et donc avoir une confiance totale en lui.

De même l'adulte doit être un guide et donc connaître parfaitement l'élève qu'il a en face de lui. Nous devons trouver le chemin qui va nous aider à bien comprendre le jeune et pour cela aussi, il est nécessaire que le jeune ait une grande confiance en l'adulte. Si on connaît ses centres d'intérêt, de 2 à 18 ans, il sera plus facile de jouer sur l'émotionnel et d'aller justement vers les centres d'intérêt et pour cela, encore une fois, la communication en toute confiance est nécessaire.

Les adultes de l'établissement scolaire sont aussi là pour leur donner des limites. Des limites très précises mais des limites qu'il ne faut pas transgresser.

Les jeunes doivent pouvoir compter sur les adultes pour leur dire qu'ils sont allés trop loin, qu'ils doivent arrêter immédiatement telle ou telle attitude. Ainsi ils savent que nous sommes des murs sur lesquels ils peuvent s'appuyer, de vrais guides.

Il m'est même arrivé à ma grande tristesse de devoir exclure des jeunes que j'aimais beaucoup. En effet, ils étaient allés trop loin dans leur irrespect par rapport aux autres ou par rapport à leurs professeurs et donc j'ai pensé que c'était de ma responsabilité de ne pas les garder pour qu'ils comprennent où étaient les limites acceptables. Et cela pour leur avenir… Qu'ils comprennent que l'on ne peut pas faire n'importe quoi, ni dire n'importe quoi ! Une telle décision, je ne la prends qu'après avoir prévenu de nombreuses fois l'élève, après avoir eu de nombreux entretiens pendant lesquels nous avons essayé de trouver des solutions mais quand rien ne change, je suis obligée d'exclure l'élève, dans le cas par exemple où il perturbe l'ensemble de la classe et rend le travail de tout le monde très difficile.

Pour moi, une des choses les plus importantes à respecter est le travail des autres et celui du professeur.

Cela, on leur apprend tout petit également. Ils travaillent sur un tapis qui est leur espace de travail, et sur ce tapis, ils sont libres dans leur activité, mais les autres n'ont pas le droit de venir faire leur propre activité, ni de marcher sur le tapis, ni de leur prendre le matériel.

C'est la même chose, lorsqu'un jeune enfant choisit un plateau de matériel, les autres n'ont pas le droit de venir le lui prendre ou toucher à ses affaires.

Lorsqu'ils grandissent, cela continue dans le même esprit.

On ne dérange pas un enfant qui travaille, on ne touche pas à son matériel, etc. Il n'y a qu'un matériel de chaque sorte, justement pour que les autres apprennent à respecter le travail de l'autre et à attendre son tour.

Souvent malheureusement, les jeunes de tous âges traversent des moments difficiles dans leur famille. Ils sont confrontés de plus en plus au divorce, chômage, maladie, etc. et il est essentiel qu'à l'école ils retrouvent un havre de paix où on écoute leurs chagrins et leurs soucis s'ils le souhaitent.

Un adolescent qu'on écoute, à qui on s'intéresse vraiment, que l'on va même voir dans une de ses passions, aura un tout autre regard sur l'adulte et il sera alors beaucoup plus facile d'arriver à bien travailler ensemble.

Chez un adolescent, il y a tant de choses à connaître : ses passions, ses musiques préférées, son sport, ses films préférés, ses jeux, etc. et quand on arrive à entrer dans son monde, il est alors beaucoup plus accessible.

Tant que les professeurs garderont une distance avec leurs élèves, sans s'intéresser vraiment à qui ils sont, d'où ils viennent et où ils cherchent à aller, il ne se passera rien de bon.

Les professeurs doivent être toujours de bonne humeur. Il est indispensable de « laisser nos problèmes à la porte de la classe ». Les enfants sont de véritables éponges et ils absorbent aussi notre façon d'être. Par exemple, une année, j'avais dans ma classe un petit garçon de 8 ans qui était très sensible et lorsque j'étais un peu contrariée, il venait me voir et me disait : « Sylvie, je n'aime pas quand tu es triste ! », alors que je n'avais rien dit du tout. Il existe bien sûr des moments où il est difficile de cacher sa colère ou son chagrin mais dans ce cas, il faut le dire aux élèves. Ils peuvent tout comprendre et le pire est le « non-dit » car très vite ils culpabilisent.

Dans un établissement scolaire, on doit vivre un peu comme dans une famille avec beaucoup de joies, de rires, des disputes entre les grands et les petits, puis des réconciliations. Le rire doit tenir une place très importante dans la vie de l'école. Faire d'une école un endroit joyeux où professeurs et élèves rient ensemble.

Souvent les élèves de ma classe me racontent des blagues pour me faire rire et personnellement, je leur fais des blagues pour développer leur sens de l'humour.

Le sens de l'humour est très important. Les professeurs et les dirigeants ne doivent surtout pas se prendre au sérieux. Certaines fois des élèves m'ont même parlé assez mal, se sont mis en colère après moi. Je l'accepte. Bien sûr je leur explique que cela ne se fait pas, mais j'accepte les colères, les coups de gueule, je ne leur en veux jamais. Je préfère qu'ils osent me dire ce qu'ils ressentent même si ce n'est pas très agréable à entendre.

De même que je demande toujours aux élèves de dire ce qui ne leur plaît pas, s'ils ont l'impression qu'on a fait quelque chose d'injuste, etc.

Je vous partage ce que Daniel Pennac pense du rôle du professeur :

« Je lui dirais que les enfants et les adolescents ont avant tout besoin d'adultes sérieux et bienveillants, pas de jeunots démagogues ou de jeunes cuistres dédaigneux. Des adultes qui savent encore ce qu'être adolescent veut dire, des adultes patients, attentifs, méthodiques, honnêtes et fermes dans leur enseignement. Je lui dirais de s'attaquer d'entrée de jeu à la peur de certains élèves : peur de ne pas comprendre, peur de ne pas répondre juste, peur d'avoir une mauvaise note, peur de passer pour un crétin… Voilà l'ennemi principal ! La peur de l'élève gangrène tout. Elle engendre la honte, qui produit le retrait sur soi ou la violence sur l'autre – sur le bon élève ou sur le professeur, par exemple. »

Le professeur fait partie de l'environnement préparé de l'école. Il doit avoir en tête qu'il est un modèle pour l'élève. Un soin particulier doit donc être apporté à notre tenue vestimentaire, à notre comportement, au vocabulaire que l'on emploie, au respect que l'on a pour les élèves, pour la classe, pour le travail, pour les collègues, etc. Dans une école Montessori, les élèves ne sont pas autorisés à être assis sur les tables, le professeur ne doit donc pas le faire. On n'accepte pas que les élèves soient en retard en cours donc le professeur ne doit pas l'être. Combien de fois, j'ai vu des professeurs arrivés en retard en cours parce qu'ils discutaient dans la salle des professeurs avec leurs collègues ou alors parce qu'ils faisaient leurs photocopies juste au début du cours. Et ces mêmes professeurs mettaient les élèves à la porte quand ils arrivaient en retard. Comment peut-on faire cela ? Dans les classes maternelles et primaires (et même après), nous insistons beaucoup sur la politesse des élèves dans tous les exercices que nous nommons « les exercices de grâce et de courtoisie ». Et l'on sait très bien qu'un jeune enfant nous dira : « bonjour », « merci », « s'il te plaît », si on le dit nous. Nous devons être un exemple ! Si nous souhaitons que les enfants parlent à voix basse, nous devons chuchoter, nous devons faire preuve d'un grand calme pour que les enfants le soient aussi.

Il est important aussi que les élèves appellent leurs professeurs par leur prénom et les tutoient. En effet, le titre « Monsieur, Madame, Maîtresse » et le vouvoiement, marquent une distance entre le professeur et l'élève. Certains pensent que c'est du respect, pas moi. La distance et la peur sont des choses qui nuisent à une relation de confiance entre l'élève et le professeur. Et cette relation de confiance est indispensable à un bon climat.

Les professeurs doivent aussi toujours avoir un regard positif sur chaque élève. On devrait appliquer des règles du management à l'enseignement et les enseignants devraient recevoir une formation dans ce sens. Plutôt que critiquer négativement, voir toujours les points positifs de chacun et les mettre en valeur. Chaque être a en lui quelque chose de positif, des atouts aussi et le rôle de l'adulte est de les découvrir et de les valoriser le plus possible. Et cela à tout âge car il est plus rapide de détruire que de construire. Dès 6 ans, certains enfants sont abîmés par les critiques négatives, par les réflexions désagréables et par les signes parfois non verbaux (un soupir, les yeux levés au ciel, etc.) et notre rôle est de reconstruire une belle image de l'enfant pour lui-même. Pour cela, il est important de valoriser chaque réussite, chaque effort et de le valoriser au-delà de ce que nous ferions normalement. Souvent il faut faire remarquer à l'enfant : « regarde ce que tu réussis à faire, c'est formidable, tu vois que tu es très capable. » et cela en se basant sur des faits concrets. De plus si on instaure un bon climat de confiance entre l'élève et nous, on découvre en communiquant les points forts, les réussites de l'enfant et alors on peut les mettre en valeur et aider l'enfant à reprendre peu à peu confiance en lui-même et en ses capacités.

Le regard positif de l'adulte doit être aussi vis-à-vis de l'avenir de tous ces jeunes qui sont en pleine construction. Lorsque j'entends des professeurs dire : « ne choisis pas cette voie, elle est bouchée ». « oh la la ! tout ce chômage, je me demande comment vous trouverez du travail ! » ou encore pire : « je me demande ce que tu vas devenir », « tu n'es bon à rien, quel métier vas-tu pouvoir faire ? ». C'est horrible ! Un jour les parents d'une jeune fille sont venus l'inscrire dans mon école car elle était en phobie scolaire. C'était une élève intelligente avec de bons résultats mais très sensibles. Elle rêvait d'être « nez » et dans son établissement, en fin de 3e, on lui avait dit qu'elle ne pourrait jamais l'être car elle n'était pas suffisamment bonne en mathématiques et que pour faire ce métier, il fallait faire un bac S. Depuis ce jour-là, elle n'avait plus d'enthousiasme pour aller à l'école, était d'une grande tristesse, et n'avait plus envie de grandir. Comment est-il possible de détruire ainsi le rêve d'un jeune ? alors qu'on sait très bien qu'il y a toujours un moyen d'atteindre son but, il existe des passerelles entre les filières dans le supérieur, dans d'autres pays la sélection est beaucoup moins difficile… Et puis, elle avait peut-être le temps de changer d'avis par elle-même et non à cause des adultes négatifs et méchants.

Je redoute aussi les professeurs qui décident de l'orientation précoce des jeunes ou de leur redoublement, alors qu'on sait que, dans la majorité des pays, le redoublement n'existe pas. Je connais d'ailleurs très peu de redoublements qui aient eu un effet positif sur la scolarité d'un jeune. En général, il entraîne une perte de confiance en soi, un sentiment d'échec, parfois même d'injustice, et l'année du redoublement, comme le jeune a déjà vu le programme, il travaille encore moins et obtient donc des résultats pires. Alors qu'il suffit de mettre en place des cours de consolidation dans certaines matières et laisser l'élève avancer avec son groupe d'amis de son âge. Parfois la maturité aidant, l'élève s'implique plus, travaille davantage et retrouve un niveau correct.

Quant à l'orientation des élèves à l'âge de 14/15 ans décidée par des professeurs qui en général ne se sont pas donné la peine de connaître les goûts de l'élève, ni ce pour quoi il est fait, cela me révolte. Comment peut-on décider de l'avenir d'un jeune ainsi ? Juste parce qu'il n'a pas les résultats qu'on attend ? Alors on l'envoie en bac pro en choisissant pour lui une filière qui ne l'intéresse pas pour la majorité des cas. En général, nous récupérons ces élèves qui préfèrent continuer en filière générale en attendant d'avoir trouvé leur chemin. Et je ne compte pas le nombre de fois où ces mêmes élèves, mis dans un autre contexte, ont réussi un bac ES sans aucune difficulté et bien souvent avec mention.

Le pire, ce sont les établissements qui ainsi se débarrassent de certains élèves afin d'être certains d'avoir leur cent pour cent au bac et qui expliquent aux parents et à leur enfant qu'ils pourront très bien revenir à la filière générale en acceptant la filière pro. Les parents qui leur font confiance acceptent et se rendent compte ensuite qu'on les a trompés. Le retour en arrière est impossible…

De plus, il est souvent difficile de s'adapter à ces classes qui deviennent un peu « la poubelle » car on y met tous ceux dont on ne veut plus.

Alors que si ces sections étaient bien organisées et valorisées, cela pourrait être une très belle opportunité pour ceux qui le désirent. Si des passerelles entre ces sections et les sections générales étaient possibles, certains élèves y seraient bien plus heureux. En effet, quoi de pire que de se retrouver avec des mauvaises notes et des mauvaises appréciations pendant des années, de ramener des mauvais bulletins chaque trimestre, d'être dévalorisés en permanence. Je pense qu'il serait tout à fait possible, et j'en ai eu le projet, de créer des classes professionnelles dans de beaux métiers comme les métiers d'art par exemple, avec un bon niveau de culture générale, des langues, des cours pour la création et la gestion d'entreprise en même temps qu'une partie en stage en entreprise avec un salaire minimum. Une alternance mais qui commencerait plus tôt. Pourquoi dans certains pays, ce système fonctionne très bien et pas en France ? Parce que ces filières sont dévalorisées en raison du fait que ce ne sont pas les élèves qui choisissent d'y aller par choix d'un métier, mais les professeurs qui les y orientent en disant qu'ils ne sont bons qu'à ça. De ce fait, ces filières sont garnies de personnes qui n'ont rien à y faire, qui perturbent, qui n'ont aucune motivation pour y être, qui ne sont pas toujours fréquentables et donc font peur et nuisent à une scolarité sereine.

La vérité aussi est indispensable. Souvent des élèves arrivent dans notre établissement en cours de collège ou de lycée en venant du système traditionnel et ils ont développé une capacité aux mensonges qui m'impressionnent. Ils ne vont pas dire qu'ils n'ont pas fait un devoir, ils vont dire qu'ils l'ont perdu dans le train, qu'il a été mangé par le chien ou par le petit frère, qu'ils l'ont oublié, etc. toutes ces techniques mises en place pour éviter la sanction, la punition. La première chose que j'explique à ces élèves, c'est le besoin de vérité. On peut ne pas avoir fait un devoir, on peut avoir oublié un livre ; le jeune a le droit à l'erreur et surtout à l'honnêteté. Il est très grave de ce dire que le mensonge est mieux ressenti que la vérité. Même pour les élèves qui ne viennent pas à certains cours, je préfère la vérité car ainsi peut s'instaurer un dialogue entre l'adulte et le jeune et un dialogue fondée sur une base solide. Je me souviens d'un élève qui avait tendance à manquer certains cours en inventant n'importe quelle histoire. Je lui expliquais que je préférais la vérité car ainsi je savais où il était et je pouvais essayer de comprendre pourquoi il ne venait pas et nous pouvions alors en parler ensemble afin de trouver une solution. Un jour, il m'envoya un sms me disant : « Je suis parti nourrir les écureuils dans la forêt, je reviens ensuite ». J'en ai été ravie, il avait osé dire la vérité et depuis ce jour-là, une communication franche s'est installée entre nous.

Pour moi, des solutions peuvent être trouvées dès que la communication franche s'instaure entre les élèves et les adultes. Il existe toujours une raison pour laquelle le jeune ne vient pas en cours, ne fait pas ses devoirs et c'est en communiquant très honnêtement qu'on peut trouver cette raison et y trouver des solutions. Bien sûr parfois c'est plus difficile et la seule chose possible, est de faire appel aux parents pour qu'ils nous aident.

Aussi parfois, le jeune a un tel passif, il a tant perdu confiance en l'adulte, qu'il faut du temps et encore par oral on n'y arrive pas mais dans ce cas, le sms ou le mail peut fonctionner. Et on peut faire passer beaucoup de messages ainsi. Des messages d'amour aussi, leur dire qu'ils comptent pour nous, qu'on ne veut pas les voir rater leur vie, qu'on veut donc trouver des solutions ensemble pour améliorer les choses, etc. Et dans la plupart des cas cela fonctionne car ils ne sont pas habitués à ce qu'on s'intéresse vraiment à eux. Là je parle de jeunes qui nous arrivent en cours de lycée ou de collège après être restés longtemps dans le système traditionnel. Car avec des enfants Montessoriens depuis le jeune âge, tout est différent. Dans les classes de maternelle et primaire, cette relation de confiance et de dialogue s'installe très vite et très naturellement et demeure lorsque le jeune grandit. J'ai plusieurs élèves qui ont commencé l'école dès tout petit et qui sont aujourd'hui comme des amis, on se demande des services mutuels, on se rend visite, on échange nos avis sur un film, un professeur, etc. D'ailleurs la plupart des élèves qui ont passé longtemps dans notre établissement ont une excellente relation avec les professeurs et moi.

Ce sont même certains de ces anciens élèves qui m'ont le plus aidé dans les moments difficiles de la faillite. Certains sont venus m'aider à ranger, à remplir des bennes de vieilles choses à jeter, d'autres sont venus enseigner au début, d'autres m'envoyaient des messages de soutien me demandant de continuer. Par exemple, comme celui-ci reçut d'un élève qui n'a pourtant pas passé beaucoup d'années dans mon école car il est reparti dans son pays : « *sois sûr que tu as fait un travail extraordinaire avec tes enfants et un millier d'autres!! C'est une richesse que toi seule possèdes! Sois forte Sylvie: Tu es de loin la personne la plus attentionnée et passionnée que j'ai eu la chance de rencontrer! Tu es pour moi et sûrement pour plusieurs autres une source d'inspiration, une force, un phare!* »

Nous devons être des personnes passionnées par ce qu'elles font. C'est la raison pour laquelle il est indispensable de choisir ce métier par passion, de choisir d'enseigner une matière plus en particulier parce qu'elle nous passionne. Lors des recrutements, c'est ce que je recherche en premier: ce sont des personnes passionnées par ce qu'elles font. C'est la raison pour laquelle je pense aussi que c'est une aberration de demander aux professeurs des écoles d'enseigner toutes les matières: comment peut-on être compétent en mathématiques, musique, français, art, sport, anglais, histoire, géographie, sciences...

Il est pour moi essentiel de faire appel à des intervenants pour les matières comme la musique, l'art, le sport, l'anglais, et même parfois l'histoire ou les sciences par exemple. Quelqu'un qui enseigne la musique, doit vraiment être passionné, y avoir passé du temps, être très compétent, connaître plein de choses sur le sujet et avoir envie de transmettre son amour pour cet art. Pour toutes les matières c'est la même chose. Lorsqu'on montre un grand enthousiasme pour ce que l'on enseigne, cet enthousiasme est facilement partagé par les élèves. Ainsi j'ai eu un professeur d'histoire passionné par sa matière et je peux dire que tous les élèves adoraient l'histoire et adoraient aller à ses cours. Si on est passionné, forcément cette passion se ressent et le jeune élève l'absorbe.

Je me suis toujours posé des questions sur « l'école à la maison ». En effet, si je n'avais pas eu la chance de créer cette école, est-ce que j'aurais fait l'école à la maison ? En fait, avec l'expérience, je pense que l'école est un lieu de rencontres extrêmement importantes dans la vie d'un enfant. Ces rencontres, ce sont les camarades avec qui peuvent se créer des liens d'amitié très forts et essentiels, mais aussi les adultes donc les professeurs. La rencontre avec certains professeurs peut vraiment marquer une vie, une destinée. Combien d'élèves passionnés par la façon d'enseigner une matière, vont choisir de partir étudier dans le supérieur dans cette matière ? Combien d'élèves ai-je vu se diriger vers des études de Sciences-Po parce que leur professeur avait suivi ces études-là ? Des professeurs de français ou de philosophie peuvent aussi déclencher des passions vers l'étude de la littérature ou de la philosophie et les élèves choisissent de s'inscrire à la Sorbonne par exemple pour se diriger vers une carrière littéraire.

Il me semble essentiel aussi que les professeurs travaillent ensemble, qu'ils aient des projets communs, qu'ils organisent des sorties ensemble, des voyages, qu'ils communiquent.

En maternelle et en primaire, on fait en sorte de toujours relier ce que l'on enseigne à la vie de l'enfant. Par exemple, si on montre un exercice de verser à un petit, on tiendra à sa disposition un plateau avec des verres et une carafe d'eau. Plus grands si l'enfant travaille sur les mesures par exemple, on lui demandera de mesurer : la salle de classe, son livre, etc. toujours avec des illustrations concrètes aux notions enseignées.

Pour les plus âgés, en mettant un lien entre les matières et en ayant des applications concrètes, les élèves seraient plus intéressés car ils comprendraient mieux le pourquoi des choses. Je me souviens d'un très beau projet qu'avaient mené des professeurs pour des élèves de 5e : les professeurs de français, de sport et d'histoire-géographie, avaient organisé un voyage au Mont Saint-Michel. Les travaux personnels encadrés, qui sont une épreuve anticipée du baccalauréat en Première, sont pour cette raison passionnants. Les élèves se mettent en groupe, choisissent un sujet et une problématique qu'ils vont illustrer sous l'angle de deux matières différentes. Ils en feront un dossier écrit et une présentation orale à un jury. Pour réaliser un dossier intéressant, il est nécessaire de sortir du lycée, d'aller réaliser des interviews donc de rencontrer des gens, de visiter des sites, de chercher des informations partout où cela est possible. De cette manière ils illustrent d'une manière concrète une problématique souvent assez abstraite.

J'aimerais étendre ces travaux à toutes les classes depuis le début du collège. Souvent les élèves se demandent pourquoi on leur fait étudier tel ou tel sujet et là ils comprennent mieux et donc y trouvent un intérêt. D'ailleurs en général, cette épreuve intéresse beaucoup les élèves.

J'aime aussi l'idée d'un thème général sur tout l'établissement et sur toute l'année. C'est très amusant de voir comment les uns et les autres approchent ce thème et c'est d'une grande richesse pour chacun. Cela permet aussi d'avoir un projet commun sur tout l'établissement et qu'ainsi les plus petits et les plus grands se côtoient et aillent ensemble dans une même direction ; parfois, ce sont les petits qui peuvent apporter aux plus grands. Encore une fois, dans ce genre d'activités, on découvre certains élèves moins scolaires mais très doués pour faire des recherches, pour la prestation orale, pour faire un document écrit original, etc.

Et cela, « l'école à la maison » ne le permet pas. Elle protège l'enfant des effets négatifs de l'École traditionnelle mais elle laisse l'enfant dans le circuit trop fermé de sa famille et parfois de quelques enfants vivant la même scolarité.

On a déjà tendance en tant que parents à proposer à nos enfants, lors du choix des études secondaires, des métiers que l'on pratique ou que l'on connaît, ce qui crée un choix vraiment restreint. Heureusement qu'ils rencontrent d'autres personnes qui leur ouvrent des horizons.

C'est aussi pour ces raisons que je trouve important d'ouvrir l'école à l'extérieur : de faire venir des parents d'élèves qui parlent de leur métier dès le primaire, de faire venir des intervenants sur des sujets variés, de faire venir les anciens élèves aussi.

Les visites des anciens sont pour cette raison et pour bien d'autres très importants. Les élèves présents dans l'établissement ont besoin de savoir vers où ils vont, ce que l'avenir leur réserve, quelles portes s'ouvrent à eux, etc.

Les anciens élèves ont vécu la même scolarité qu'eux et leur expliquent tous ses bienfaits, ce qu'ils vont pouvoir en faire, quels atouts ils ont développés par rapport aux élèves des autres écoles.

Ils se rendent compte aussi de ce qu'on devient au niveau personnel avec ce type d'éducation. Ils vont davantage écouter un jeune qui a presque leur âge et qui a vécu sensiblement la même chose.

De plus, ainsi ils font partie d'un réseau et cette appartenance est très importante. Il y a les petits, les plus grands, eux et les anciens qui sont dans le monde adulte aujourd'hui et qui réussissent pour la majorité extrêmement bien. C'est aussi très rassurant de voir des plus âgés qui ont tous choisi un chemin bien particulier, qui leur convenait, qui les rend heureux et qui leur permet d'avoir une jolie vie.

Souvent la peur de grandir et d'entrer dans le monde adulte existe. C'est rassurant de constater qu'en fait, dans ce monde beaucoup de gens s'y épanouissent.

Il est important aussi qu'ils sachent que la porte de l'école est toujours ouverte. L'école n'est pas fermée pour eux le jour où ils ont leur baccalauréat. Ils peuvent revenir, demander de l'aide, revoir leurs professeurs, et sont heureux de le faire.

Le coaching et le tutorat me semblent importants à mettre en place pour certains élèves. En effet, certains ont davantage besoin d'un contact privilégié avec un professeur qu'ils apprécient. C'est donc important de répondre à cette demande. Le professeur propose de devenir le tuteur de l'élève et s'engage à lui consacrer du temps régulièrement pour faire un point aussi bien au niveau personnel que scolaire. Ce professeur sert de relais entre l'ensemble des professeurs et l'élève en question. Nous l'avons souvent instauré et cela a toujours été très positif. Le jeune sent qu'il est important pour quelqu'un, qu'il est écouté et en même temps qu'il est suivi car il s'agit pas de trouver des solutions pour améliorer, l'un l'attitude, un autre la qualité du travail… Souvent le jeune a perdu la communication avec ses parents et cela lui permet d'avoir un autre adulte référent dans sa vie.

J'aime bien cette interview de Boris Cyrulnik sur le e-mag de l'Éducation *Vousnousils*. Les enseignants ont-ils un rôle à jouer dans cette « sécurisation » de l'enfant ?

« *Oui, mais ils ne se pensent pas dans ce rôle-là. Nous avons en France de bons enseignants, motivés, bien formés et désireux de bien faire leur métier. Mais peu ont conscience de l'impact affectif qu'ils ont sur les enfants. Certains instituteurs, professeurs de collège et de lycée, vont rassurer et réconforter les enfants par leur façon d'être, leur manière de parler, leur attention à reprendre autrement une explication mal comprise… Généralement, ils ne s'en rendent pas compte. Un encouragement, une appréciation de leur part qui serait perçu comme des banalités par des adultes, auront chez un gamin en recherche de sécurisation une valeur inestimable. Ce sera un événement émotionnel fort qui participera à structurer sa personnalité. D'ailleurs, lorsqu'on évoque avec des étudiants leurs motivations à suivre telle ou telle filière du Supérieur, il y a presque toujours le souvenir d'un enseignant en particulier.*

Enseigner, éduquer, faire de l'assistanat social… estimez-vous qu'on demande trop aux enseignants ? Absolument ! Les enseignants sont formés et payés pour instruirz ; or on leur demande de plus en plus d'éduquer. Non seulement ce n'est pas leur rôle, mais c'est aussi très compliqué, car le nombre d'enfants agressifs a beaucoup augmenté. Les problèmes anxieux de ces gamins ne naissent pas à l'école, mais c'est là qu'ils s'y expriment.

À mon époque, nous faisions beaucoup de bêtises, mais nous admirions nos profs et cela ne posait aucun problème entre nous. Bien sûr, une très large majorité d'élèves continue d'avoir de l'estime pour leurs enseignants, mais ce sont les élèves les plus rebelles qui impriment l'ambiance d'une classe. En 2015, les élèves qui apprécient les enseignants sont une majorité… silencieuse. »

Le bilinguisme

Lorsque j'ai créé mon école il y a plus de vingt ans, un de mes principaux objectifs était d'offrir à mes propres enfants une deuxième langue, en l'occurrence l'anglais, comme leur langue maternelle.

Pour moi l'école doit apporter à l'enfant tout ce qui lui permettra de réussir le mieux possible dans sa vie d'adulte. Comment est-il possible aujourd'hui de vivre sans parler l'anglais ? Dans pratiquement toutes les professions et même souvent dans la vie quotidienne, parler et lire l'anglais sont devenus quasi indispensables : les notices explicatives sont souvent en anglais, les informations scientifiques, de nombreux documents, Internet...

Par ailleurs, il est devenu aujourd'hui courant de voyager à l'étranger où le fait de parler l'anglais facilite tant les choses et permet de faire de si belles rencontres.

Il est aussi très important d'être prêt à aller vivre dans un pays étranger si les circonstances l'exigent. Lorsqu'on parle anglais, tout est beaucoup plus facile. Quand mes enfants ont commencé à entrer dans les études supérieures puis dans la vie active, j'ai pu constater encore davantage à quel point leur bonne maîtrise de l'anglais leur facilitait les choses.

J'ai donc fait, en 1988-1989, beaucoup de recherches sur l'apprentissage des langues. En reprenant la théorie des périodes sensibles de Maria Montessori, il m'a alors semblé essentiel d'introduire une deuxième langue au moment de la période sensible du langage, c'est-à-dire avant 7 ans et le plus tôt possible.

En effet, jusqu'à cet âge-là, l'enfant est passionné par tout ce qui touche au langage et possède la capacité d'intégrer tout ce qui correspond à du vocabulaire sans faire le moindre effort. De plus il n'a aucune inhibition et peut répéter n'importe quoi sans peur des moqueries.

C'est aussi un moment où ses sens sont en plein développement et où sa plasticité cérébrale est en plein essor. Son ouïe est tellement aiguisée qu'il perçoit parfaitement la musique de l'autre langue. Ceci lui permet donc de parler une deuxième langue avec un accent totalement parfait.

Si l'on veut que l'enfant parle la deuxième langue comme une langue maternelle, il est essentiel qu'il pense totalement dans cette langue sans jamais effectuer de traduction. Pour arriver à cela, l'enfant doit être mis en immersion totale. Son professeur doit enseigner dans sa langue maternelle. Il ne doit en aucun cas faire de traduction même si l'enfant affiche son incompréhension. Il ne doit parler que sa langue.

C'est exactement la même chose dans les familles dont

les parents ont deux langues maternelles différentes. Il est essentiel que chaque parent parle une langue et une seule, toujours la même.

Il est également essentiel que le professeur ait sa propre classe car le défaut de mettre un enseignant d'anglais et un de français dans la même classe laisse à l'enfant le choix de la facilité en allant vers l'un ou vers l'autre selon sa langue maternelle, ce qui réduit considérablement l'immersion en langue étrangère.

Lorsque l'enfant se retrouve dans une classe pendant une demi-journée avec un professeur qui ne parle que l'anglais, il n'a pas le choix, il doit s'adresser à cet enseignant, essayer de se faire comprendre et de comprendre ce qui lui est dit. C'est ainsi qu'il commence à prononcer ses premiers mots.

Mon souci était cependant de ne pas mettre les enfants en trop grande difficulté. L'environnement d'une classe Montessori est alors une aide considérable. En effet, l'enfant retrouvant dans chaque classe le même matériel, il peut continuer ses activités et n'est absolument pas perdu. Il prend le matériel sur l'étagère et peut s'occuper même s'il ne comprend pas. De plus, comme il connaît dans sa langue le nom du matériel qu'il manipule, il fait vite le lien avec le mot en anglais.

C'est exactement la même chose pour les enfants de parents changeant souvent de pays. Les écoles Montessori avec leur matériel très spécifique aident beaucoup ces enfants à s'adapter.

Pour moi, l'important n'est pas uniquement l'apprentissage de la langue. La transmission de la culture relative à cette langue est aussi primordiale. En effet, si l'on veut s'adapter et bien comprendre les autres, la connaissance du vocabulaire est importante mais ne suffit pas. Il faut être apte à comprendre comment l'autre pense, quelles sont ses habitudes de vie, quelles sont ses traditions, quelle est sa culture, etc.

Pour cela il faut absolument que les professeurs enseignent leur langue maternelle et transmettent toute leur culture en même temps que leur langue. Il faut donc que chaque professeur ait son propre espace. Ainsi le décor, l'organisation, la façon de gérer, tout permettra à l'enfant de s'imprégner de cette autre culture (les frises de lettres illustrées sont en anglais, les légendes des posters sont en anglais, les livres de la bibliothèque sont en anglais, le matériel de lecture, de mathématiques, de géographie, de sciences et d'histoire est écrit en anglais, etc.).

Très vite l'enfant prendra conscience que, si d'autres gens vivent différemment, ce n'est pas pour cela qu'ils sont inférieurs ou supérieurs. Il développera ainsi une grande tolérance. De plus, lorsque cet enfant, même devenu adulte, sera en relation avec des personnes parlant cette langue, il saura beaucoup mieux adapter son attitude et comprendre les réactions de l'autre. Cette faculté d'adaptation acquise, il saura la mettre en œuvre dans toute situation nouvelle, et notamment dans une compréhension perspicace de son futur environnement étudiant, professionnel ou privé et de leurs exigences spécifiques.

Il est donc essentiel que les enfants suivent des demi-journées dans une langue et les autres demi-journées dans l'autre langue. Pour qu'ils se sentent bien dans un environnement dont ils ne comprennent pas la langue, il est important que le déroulement de chaque demi-journée soit le même. Si on commence par une activité collective concernant la date, la météo, la saison, etc., l'autre demi-journée doit se dérouler de la même façon.

Ainsi les enfants peuvent faire le lien direct entre les mêmes mots dans deux langues différentes.

L'enfant apprend à lire dans les deux langues en même temps en commençant par les lettres qui ont le même son. Une fois qu'il a compris le mécanisme de la lecture et qu'il a acquis un peu de vocabulaire, il peut apprendre dans les deux langues très facilement.

Certains parents pensent qu'apprendre à lire simultanément dans deux langues différentes nuit à l'apprentissage. Je peux affirmer le contraire : ma longue expérience m'a prouvé que cela ne pose aucun problème.

Il faut bien sûr être patient. On ne devient pas bilingue en quelques mois. Souvent les parents me demandent combien d'années cela va prendre. C'est une question à laquelle je ne peux pas répondre car, encore une fois, c'est très différent d'un enfant à l'autre. Souvent la 1re année, l'enfant commence à comprendre et sait dire les choses simples de la vie courante. La 2e année, il parle davantage et comprend pratiquement tout. Ensuite, la progression dépend de beaucoup de choses et en particulier de ce qui est fait à la maison : est-ce que les enfants regardent des films anglais ? Écoutent-ils des chansons en anglais ?...

Il est également important qu'ils étudient en classe anglaise sur des livres ou des fichiers provenant des pays anglophones (surtout pas de manuel français). Ainsi, encore une fois, il n'y a aucune traduction et l'enfant peut apprendre comme un vrai petit anglophone.

Il est ensuite très positif de les présenter aux examens de Cambridge. Il en existe de très intéressants pour les jeunes enfants : les Young Learners. Ces examens s'intègrent tout à fait dans la pédagogie Montessori car les enfants n'y sont présentés que lorsqu'ils sont prêts. Ils n'échouent donc jamais, obtenant un certain nombre d'écussons en fonction de leur performance.

Ces examens comprennent des épreuves d'écoute, de lecture, d'écrit et de conversation. Des examinateurs de Cambridge font passer aux enfants les épreuves dans les conditions réelles des examens de Cambridge. Ceci donne à ces épreuves un caractère très officiel.

Cela permet aux professeurs et aux parents de se rendre compte du niveau réel des enfants, ce qui est très motivant. De plus les enfants - et leurs parents - sont extrêmement fiers de se présenter très jeunes à de réels examens.

Cette façon d'apprendre une langue étrangère doit continuer au moins jusqu'à la fin des classes primaires. Elle se fait alors facilement, naturellement et sans effort. Depuis vingt ans que je la mets en œuvre dans mon école, j'ai eu des centaines de fois la preuve de son efficacité au vu de la réussite de la plupart de mes élèves aux examens de Cambridge et aux concours d'admission à l'Université.

Ma dernière fille Angélique n'a appris l'anglais qu'au

lycée International Montessori. Elle n'a jamais fait de séjour dans un seul pays étranger et n'a pas eu de baby-sitter anglophone. Je suis fière de pouvoir dire qu'elle a été admise sans problème à l'université prestigieuse de Warwick en Angleterre où elle a suivi pendant trois ans des études de management. Mon fils aîné a obtenu la note de 20 sur 20 en anglais au concours d'entrée d'une grande école de commerce. Très nombreux sont ceux de mes anciens élèves qui utilisent notamment l'anglais, mais aussi couramment l'espagnol et d'autres langues, dans leur vie quotidienne.

Les enfants qui ont bénéficié de cette méthode d'enseignement bilingue, et même multilingue, dès le premier âge en immersion totale, apparaissent beaucoup plus tolérants, beaucoup plus ouverts sur les autres cultures et sont avides d'apprendre d'autres langues et de découvrir de nouveaux pays.

Le fait d'avoir étudié plusieurs langues depuis leur plus jeune âge est très positif pour eux car ils sont alors tout à fait ouverts à ces apprentissages. La langue supplémentaire s'apprend encore plus facilement, le cerveau étant totalement habitué à faire ce travail.

« Ces câblages installés au moment de la construction du langage ont des répercussions sur tout l'avenir de l'enfant.

En effet, ce qui se passe du point de vue neurologique, c'est que certaines connexions entre les neurones (synapses) sont sollicitées au moment où la malléabilité corticale du cerveau bat son plein, connections qui, chez les enfants monolingues, ont été sclérosées à l'âge du langage avec pour résultat qu'une fenêtre cognitive s'est fermée à jamais (...) Les retombées sont particulièrement impressionnantes dans le domaine des mathématiques où les enfants issus de l'enseignement bilingue ont systématiquement des scores supérieurs à leurs camarades monolingues (Maria Kihlstedt, *Les avantages du bilinguisme précoce*)

Depuis les débuts de l'école, j'ai continué mes recherches sur les atouts du bilinguisme car souvent les parents m'ont demandé si apprendre une seconde langue alors que leur enfant ne maîtrise pas la première n'allait pas retarder l'apprentissage de la première. J'ai toujours été persuadée du contraire mais la réponse des scientifiques réconforte souvent bien davantage les parents que la mienne malgré mon expérience de près de 25 ans.

Voici la définition du bilinguisme de François Grosjean : « le bilinguisme est l'utilisation régulière de deux (ou plusieurs) langues (...). Bilinguisme n'équivaut pas à la maîtrise (équivalente ou non) de deux langues mais plutôt à l'utilisation de deux langues.

L'enfant est formidablement prédisposé à apprendre le langage oral. Déjà, fœtus dans le ventre de sa mère, il peut discriminer sur le plan auditif et établit une différence entre la voix de son père et celle de sa mère. Nouveau-né, il préférera le son de la voix humaine aux autres sons » (Condon & Sanders, *Neonate movement is synchronized with adultspeech: interactional participation and language acquisition*).

Il bénéficie également d'une prédisposition sociale : il est attiré par les visages, les mouvements, et a une capacité d'imitation très précoce. L'apprentissage de deux langues est un atout important et ce, à différents niveaux : linguistique, cognitif et culturel.

Selon des études menées dans les trente dernières années (Lambert & Tucker, 1972 ; Cummins 1997, 2000 ; Baker, 1988, 1996...), les avantages du bilinguisme sont nombreux. Par exemple, chez le bilingue on remarque une meilleure souplesse cognitive, une plus grande curiosité linguistique, une plus grande curiosité, une meilleure capacité à apprendre d'autres langues, une plus grande facilité à la formation de concepts, de meilleurs résultats scolaires par rapport aux enfants monolingues, une meilleure capacité à résoudre des problèmes communicatifs, une plus grande sensibilité aux besoins communicatifs des autres, de meilleurs résultats à l'écrit (rédaction et lecture), de meilleures capacités de traduction, un meilleur niveau d'adaptation/souplesse sociale, une prise en compte plus importante des différences culturelles.

Maria Kihlstedt, maître de conférences en psycholinguistique, a écrit : « *Le bilinguisme enfantin n'est pas l'addition de deux langues dans le cerveau de l'enfant. Il s'agit plutôt de la construction d'une capacité linguistique à deux volets. En effet, les structures du cerveau du jeune enfant sont tellement flexibles qu'il apprend aussi facilement deux ou trois langues qu'une seule et ce jusqu'à l'âge de 7 ans.* »

Que se passe-t-il alors à 7 ans? Selon les chercheurs Dalgalian et Petit, le processus neurologique se modifie, « l'âge du langage » est dépassé, « l'essor de la plasticité cérébrale » est terminé. Voilà aussi pourquoi les enfants qui baignent dans un environnement multilingue très tôt montrent souvent beaucoup plus de facilités à l'apprentissage de nouvelles langues dans leur vie future.

Maria Kihlstedt précise : « Ce qui se passe d'un point de vue neurologique, c'est que certaines connexions entre les neurones (des synapses) sont sollicitées au moment où la malléabilité corticale du cerveau bat son plein, des connexions qui chez des enfants monolingues, ont été sclérosées à l'âge du langage avec le résultat qu'une fenêtre cognitive s'est fermée à jamais. »

Il faut donner le goût des langues à ses enfants, encourager la curiosité par le jeu, les voyages sont un extraordinaire moyen d'utiliser les petites connaissances accumulées.

Malgré la mondialisation que nous vivons depuis le XIXe siècle, la France reste un pays où la culture du monolinguisme est très forte. L'histoire nous rappelle que le français a été fixé comme « langue officielle » dès François Ier (par l'ordonnance de Villiers-Côterets en 1539). C'est de cette volonté qu'est née l'Académie Française fondée en 1635 par le cardinal de Richelieu. Puis que l'utilisation des langues régionales a été méprisée par la Révolution française (car perçue comme un obstacle à l'unité de la République) avant d'être âprement combattue à la fin du XIXe siècle par l'école de Jules Ferry. À ce titre, le bilinguisme suscite encore trop souvent en France méfiance, crainte et étonnement.

La raison principale du monolinguisme en Europe est que « les langues nationales européennes ont été des enjeux historiques des affirmations identitaires, et n'ont laissé que peu d'espace aux groupes minoritaires multilingues ».

À l'échelle mondiale pourtant, le monolinguisme reste une exception comme le rappelle Barbara Abdelilah-Bauer : « la moitié, au moins, de la population mondiale est bilingue ou plurilingue. Sur quelque deux cent vingt-quatre États dans le monde vingt-neuf seulement sont monolingues. Malgré cette réalité, l'idée de l'effet négatif du bilinguisme précoce a hanté l'inconscient collectif pendant de longues années ».

La reconnaissance du bilinguisme ne date pas d'hier ; déjà Goethe, en son temps, disait : « Qui ne connaît pas de langues étrangères ne sait rien de la sienne ».

La Finlande a décroché en 2000 et 2003 la tête du classement PISA grâce à la bonne maîtrise de ses élèves en langues et en lecture, adopte un apprentissage précoce d'une seconde voire d'une troisième langue très tôt, consciente que leur langue n'est pas apprise par les étrangers.

L'enseignement s'y avère très efficace car il repose sur la méthode TPR, s'appuyant sur le fait que les jeunes enfants apprendront les langues étrangères par imitation et répétition de mots, de phrases et de structures, par exemple de petites phrases courtes données lors d'un jeu. Les premières phrases ainsi répétées deviennent des modèles syntaxiques pour les productions plus personnelles qui viendront par la suite. C'est en s'appuyant sur les cinq sens, alternant des activités courtes et variées et en encourageant l'entrain naturel de l'enfant pour apprendre en s'amusant, que les Finlandais ont obtenu de si bons résultats aux enquêtes PISA.

Les enfants multilingues n'ont pas une courbe d'apprentissage du langage aussi lisse qu'un enfant monolingue. Les parents doivent en être conscients, apprendre à patienter et à faire confiance à l'incroyable potentiel cognitif du très jeune enfant.

Lisez *Le défi des enfants bilingues* de Barbara Abdelilah-Bauer. Maria Montessori avait observé que l'enfant traversait la période sensible du développement sensoriel entre 0 et 6 ans. À cet âge, il est essentiel de placer l'enfant dans un environnement équipé d'un matériel conçu pour lui permettre de faire de nombreuses expériences sensorielles. Grâce à ce matériel, les sens de l'enfant vont s'affiner de manière très pointue et cela pour toujours, permettant à l'enfant d'explorer et de comprendre son environnement dans ses moindres détails.

De plus, c'est aussi entre 0 et 6 ans que l'enfant possède ce fameux « esprit absorbant » décrit également par Maria Montessori : ce que l'enfant absorbe à cet âge devient partie de lui-même et restera pour toujours en lui. C'est grâce à cet esprit absorbant qu'un enfant n'oublie jamais sa langue maternelle. Ainsi tout ce que l'enfant aura acquis durant cette période le sera pour toujours.

Après 6 ans, cette puissance d'absorber ce qui l'entoure va diminuer. Afin d'optimiser les facultés et la soif d'absorption du cerveau de l'enfant, il est essentiel qu'il expérimente les choses de manière active avec un matériel concret.

Je pense que développer le sens auditif est également primordial.

Que peut-on trouver de mieux pour affiner ce sens auditifque l'apprentissage de la musique qui devrait être proposé à l'école dans les toutes petites classes comme le langage, le calcul, le graphisme, etc. ?

Ce sens ainsi développé donnera à l'enfant le goût pour les jolis sons, pour l'harmonie, et tout ce qui est disharmonieux le choquera. Il n'aimera donc pas le vacarme, les cris, les musiques agressives…

Un enfant qui aura le sens auditif bien développé, à une période qui est également celle de l'apprentissage du langage, apprendra beaucoup plus facilement une deuxième voire une troisième langue. En effet, une langue, avant d'être des mots, est une musique. L'enfant au sens auditif bien développé percevra beaucoup plus finement la musique d'une autre langue et saura la reproduire très précisément.

Avec la musique, il aura développé aussi son sens du rythme. Chaque langue possède ses propres rythmes. L'enfant acquiert ainsi une nouvelle facilité pour l'apprentissage d'une autre langue que la sienne.

Le rythme est également essentiel dans notre vie. Tout notre corps est rythmé par le battement de notre cœur, la circulation de notre sang dans nos veines, les rythmes de notre métabolisme… Chaque être vivant possède ses propres rythmes et il est essentiel pour une vie harmonieuse d'être en phase avec les rythmes de son corps.

Dans sa propre langue, l'enfant sera également capable de mieux écouter les mots. Il étendra ainsi son vocabulaire, s'exprimera de façon de plus en plus riche et variée et s'intéressera encore plus aux mots nouveaux. Toujours curieux, à cet âge, de nouvelles connaissances, il aura ainsi la faculté d'explorer de nouveaux sujets. Tout cela fera de cet enfant un être cultivé, passionné de tout.

Lorsqu'il en sera au stade de l'apprentissage du son des lettres pour apprendre à lire, l'enfant qui aura l'ouïe bien développée percevra tout de suite la différence entre le son du « b » et celui du « d », etc. Il saura aussi beaucoup mieux entendre les différents sons qui composent un mot en les distinguant facilement les uns des autres. L'apprentissage de la lecture et de la composition des mots seront alors très faciles. Ainsi l'enfant sera dans la réussite et développera la confiance en soi.

Certains enfants souffrent de problèmes auditifs, d'autres sont dyslexiques, d'autres encore entendent mal pour des raisons variées (otites à répétition notamment). J'ai souvent remarqué la difficulté que connaissent ces enfants dans l'apprentissage de la lecture. Celui de la musique peut leur être d'une grande aide.

L'enfant qui aura son sens auditif bien développé percevra mieux les bruits de la nature : les chants différents des oiseaux, les cris des animaux, l'eau qui cascade sur les rochers, le bruissement du vent qui varie selon les feuilles de l'arbre, le son de la vague qui est différent quand la mer est calme ou quand elle est agitée… Encore une fois, cela permettra à l'enfant de prendre conscience du monde dans lequel il vit, d'en apprécier la beauté et de tout faire pour la préserver.

Par la musique, on apprend aussi à mieux connaître les autres cultures.

Les musiques africaines sont bien différentes de celles de l'Asie par exemple, les instruments utilisés sont différents, les sons, les rythmes...

La découverte d'autres styles musicaux, d'autres compositeurs, d'autres instruments, permet de mieux comprendre les différences et de développer la tolérance... Cela montre encore une fois à l'enfant la richesse du monde dans lequel il vit et favorise l'envie de mettre tout en œuvre pour respecter ce monde.

L'apprentissage des paroles de chansons d'autres pays permettra également l'acquisition de vocabulaires d'autres langues. Les chansons peuvent aussi rythmer notre vie pendant l'année : les chansons sur l'automne, puis les chants de Noël, puis celles de l'Épiphanie, etc. Partager et aussi écouter les chansons d'autres religions est très riche pour une meilleure connaissance de l'autre.

Le développement de l'ouïe par la musique est également essentiel dans la communication entre les êtres. Celui qui aura ce sens affiné percevra mieux dans la voix de l'autre toutes les intonations. Il saura détecter les non-dits et les émotions cachées (tristesse, anxiété, etc.) et pourra ainsi mieux adapter son attitude et son discours.

La connaissance des goûts musicaux de l'autre donne aussi un élément supplémentaire pour le comprendre. Classique, jazz, rock, rap, techno... Dans le registre classique, celui qui écoute beaucoup Mozart n'a pas le même caractère que celui qui n'apprécie que Wagner.

Des chercheurs ont aussi remarqué à quel point la musique peut être une aide dans la vie. Certaines musiques rendent plus gai celui qui est triste, celui qui est seul, etc. La musique aide à s'endormir (les berceuses), elle aide à se détendre (musique de relaxation), à se calmer (musique zen) et tout cela est très important pour qu'un enfant se sente bien. La musique est aussi, pour certains, une aide importante à la concentration. Elle fait partie de cet environnement sensoriel de l'enfant qui est primordial pour son bien-être émotionnel.

Il est très important que la musique soit enseignée par des spécialistes. Il ne nous viendrait pas à l'esprit de demander à un non-professionnel d'apprendre à lire à un enfant… Et bien pour la musique, c'est la même chose. Il est nécessaire, non seulement, de l'avoir étudiée de façon très poussée pour pouvoir l'enseigner le mieux possible à l'enfant, mais il faut de surcroît être passionné pour pouvoir transmettre l'amour de la musique sous toutes ses formes.

Je tiens à préciser ici que, à mon sens, comme pour l'apprentissage précoce d'une langue, celui du solfège n'est pas indispensable à l'apprentissage précoce de la musique. Comme pour cette langue, le besoin de solfège vient avec le désir d'écriture et de lecture.

Il est également très important, dans une école Montessori, que la musique soit enseignée dans le même esprit que le reste. Il faut faire intervenir le plus possible le toucher, permettre à chacun d'appréhender cette matière de manière individuelle, respecter le rythme de chacun, ne pas avoir d'idée préconçue sur ce que chacun peut faire en fonction de son âge, élaborer un matériel concret adapté à chacun, avoir le plus d'instruments possible de tout pays et de toutes sortes afin de répondre à cette soif d'apprendre de l'enfant. Et aussi apprendre le toucher de l'instrument. Ne jamais mettre l'enfant en échec et au contraire développer sa confiance en soi par rapport à la musique.

Pendant les leçons de musique, permettre à l'enfant de créer ses propres morceaux, de composer des mélodies, toujours lui permettre de mettre en application sur ses propres créations ce qu'il vient d'apprendre (les notes, la valeur des notes, les rythmes, etc.).

Dans la classe Montessori, nous disposons essentiellement des clochettes et des boîtes à sons. Il est absolument nécessaire de disposer d'une salle de musique et d'y ajouter beaucoup de matériel - instruments divers et variés, percussions, matériel pour l'apprentissage des notes en concret et en abstrait, etc. ceci afin de permettre à l'enfant de bien développer son sens de l'ouïe, tellement essentiel à son bien-être.

Ne pas oublier non plus que la musique peut procurer de merveilleux moments. Quoi de plus beau que de chanter tous ensemble ? d'offrir aux gens que l'on aime un joli concert ?

C'est la raison pour laquelle il est important d'organiser des concerts ou des spectacles musicaux dans une école et cela dès le plus jeune âge.

Dans une école Montessori qui privilégie des méthodes individuelles (chaque enfant est différent), ceci permet de développer le goût de faire les choses ensemble, de trouver une place pour chacun et de goûter au bonheur de partager un moment fort. Combien d'enfants dans mon école ont acquis confiance en eux-mêmes lorsqu'ils ont réussi à chanter ou à jouer d'un instrument devant tout un public ?

Je recommande à tous les parents la méthode Marie Jaëll Montessori qui permet aux enfants un apprentissage de la musique dans les meilleures conditions. Je conclurai d'ailleurs ce chapitre par une phrase tirée de son livre *Le Toucher* qui montre encore une fois combien il est essentiel de développer chez l'enfant très jeune le sens du toucher et celui de l'ouïe :

« La supériorité des grands artistes réside dans la capacité d'éprouver à côté de leurs sensations auditives merveilleuses, des sensations de toucher non moins merveilleuses... Si le grand artiste arrive à cette vérité de concordance des sensations auditives et des sensations tactiles, il faut nécessairement que cette concordance devienne la base de l'enseignement... »

Une récente étude atteste de l'extrême importance de la musique chez le bébé :

« L'ouïe est le sens le plus développé chez le fœtus, bercé par les battements rythmiques du cœur de sa mère. L'enfant qui grandit est naturellement disposé à la musique qui accompagne tous les domaines de son développement. L'éveil sonore développe l'écoute, la créativité, l'imaginaire, ou encore l'attention, tout autant que la motricité corporelle globale et fine, par la coordination des mouvements, l'apprentissage du corps ou la reconnaissance spatiale... La musique est un merveilleux outil pour le développement global de l'enfant. Les chercheurs ont découvert qu'elle a des effets incroyablement positifs sur le cerveau des tout-petits. Ils y développent de meilleures aptitudes à la communication, sourient davantage, sont plus faciles à calmer et moins en détresse lorsque les choses ne leur sont pas

familières ou favorables (David Gerry, Active music classes in infancy enhance musical communicative and sociale development).

À un âge où le cerveau est très plastique à la musique, celle-ci peut également influencer la manière de penser. La psychologue Frances Rauscher et le neuroscientifique Gordon Shaw ont réalisé de multiples études auprès de jeunes enfants : toutes suggèrent qu'une exposition précoce à la musique augmente les habiletés situées dans plusieurs aires incluant les mathématiques et le langage (Music training causes long term enhancement of preschool children's spatial-temportal reasoning). La musique est un tremplin pour la créativité et l'imagination aussi longtemps qu'elle demeure un moment de plaisir. »

~ L'ENSEIGNEMENT DES MATHÉMATIQUES

Depuis plus de 20 ans que j'explique comment les mathématiques sont enseignées dans les écoles Montessori, je suis toujours surprise et amusée par la réaction des parents d'élèves : « ah ! si on m'avait enseigné les fractions de cette façon, j'aurais compris tout de suite… » « Comme les soustractions semblent évidentes ainsi ! » « Avec tout ce matériel, les maths semblent tellement faciles et évidentes, etc. »

De la même façon, quand j'enseigne les mathématiques à de jeunes élèves arrivant d'autres écoles, ceux-ci me disent souvent : « je ne comprends rien aux maths, c'est trop difficile, je n'y arriverai jamais, etc. ». Toutes ces phrases négatives sont le résultat d'un enseignement très mal adapté aux modes d'apprentissage du jeune enfant. Après quelques mois dans ma classe, et après avoir étudié quelques concepts à l'aide du matériel concret Montessori, ces mêmes enfants commencent à considérer les concepts mathématiques comme un *jeu d'enfant* et les comprennent de plus en plus facilement. D'où vient cette recette miracle ?

Elle vient du fait que dans la pédagogie Montessori, tous les concepts mathématiques sont présentés avec un matériel concret adéquat que l'enfant peut manipuler. Contrairement à ce qui est fait dans les écoles à la pédagogie traditionnelle, jamais une notion n'est enseignée d'une façon abstraite basée sur des « trucs » que l'on vous demande d'appliquer de façon automatique sans les comprendre.

Dans la formation Montessori que j'ai suivie, la présidente de l'association Montessori d'Amérique du Nord, venue du Canada, m'expliquait qu'il fallait le plus souvent possible laisser l'enfant trouver le raisonnement par lui-même, qu'il comprenne tout seul comment arriver au résultat.

Grâce au matériel concret Montessori, l'enfant a toujours la notion de ce qu'il fait. Par exemple, dans les exercices sur la notion de l'unité, de la dizaine, de la centaine et du mille, le professeur présente au petit enfant un matériel que celui-ci prend dans ses mains. Il se rend alors compte qu'une unité c'est tout petit. Il a en revanche du mal à tenir le cube de mille dans sa petite main et comprend donc que mille c'est beaucoup, une quantité importante.

En ayant ainsi une notion concrète des quantités, l'enfant aura beaucoup moins tendance à écrire un résultat aberrant à un problème mathématique. Grâce aux manipulations des quantités, il sera choqué par une réponse incohérente.

On demande souvent aux enfants, dans les écoles classiques, de faire appel uniquement à la mémorisation. C'est le cas avec l'apprentissage par cœur des tables de multiplication. Cet apprentissage est certes fort utile, mais pourquoi ne pas apprendre d'abord aux enfants comment ces tables sont constituées ? De plus, apprendre de la sorte prend énormément de temps.

Dans une classe Montessori, on dispose d'un matériel fait de barrettes de perles de couleurs. Depuis la maternelle, l'enfant sait que la perle 1 est rouge, la barrette de 2 est verte, celle de 3 est rose, etc.. Ensuite on lui apprend qu'une multiplication, c'est l'addition de la même quantité un certain nombre de fois.

Donc lorsque l'enfant fait 4 fois le nombre 3, il prend 4 fois la barrette rose de 3 et il compte en mettant l'accent sur chaque multiple de 3. Lorsqu'il fait 6 fois le nombre 8, il prend et met ensemble 6 fois la barrette marron de 8 et il compte en insistant bien sur tous les multiples de 8. Ainsi si un jour l'enfant a un trou de mémoire, il saura retrouver le résultat de 6 fois 8 et comptera de 8 en 8, 6 fois. L'enfant qui aura uniquement appris par cœur les tables sans comprendre comment elles sont élaborées sera pénalisé en cas de problème de mémorisation du par exemple au stress lors d'un examen.

Dans la classe Montessori, sachant que nous sommes tous différents et avons donc chacun nos propres modes d'apprentissage, l'enfant a à sa disposition plusieurs matériels différents relatifs à chaque concept. Pour cette notion de multiplication, il existe donc les barrettes de perles, mais aussi le tableau de la multiplication, la boîte de timbres, le boulier, la planche à clous, etc. Ces autres matériels lui permettent de constater pareillement que, pour faire les tables de multiplication, on met autant de fois la même quantité qu'il nous est demandé.

La manipulation est primordiale. Pensez toujours aux cinq sens. Tout s'apprend de manière efficace grâce aux sens.

L'enfant qui aura, par exemple, fait les gestes de retirer des perles lorsqu'il fera une soustraction, cet enfant aura pleinement conscience que, lorsque l'on fait une soustraction, on enlève quelque chose avec pour résultat une quantité inférieure à la quantité de départ.

Le sens visuel est également essentiel. Lorsque l'enfant voit le matériel Montessori des fractions, il constate immédiatement que dans un demi ou peut mettre deux quarts. Il ne l'oubliera pas, alors qu'abstraitement tout n'est qu'une question de « truc » et de « mémoire ». N'entendons-nous pas souvent la phrase : « je ne *vois* pas ce que tu veux dire… » ? N'avons-nous pas, en effet, tous besoin de *voir* pour comprendre ?

En géométrie, l'enfant qui aura manipulé les bâtons de géométrie et construit par lui-même avec ses mains des carrés, des rectangles, des angles aigus, obtus, etc., cet enfant se souviendra parfaitement que, pour faire des carrés, il a pris des bâtons qui sont tous de la même couleur et donc égaux alors que pour faire un rectangle, il a utilisé des bâtons différents égaux deux à deux.

Quand il aura travaillé, à trois ans, avec le cabinet géométrique et que, visuellement, il aura mis les bonnes formes dans les bons encastrements, cet enfant sera familier avec les formes géométriques, leurs noms, etc. et aura surmonté beaucoup de difficultés par rapport à celui qui doit tout apprendre abstraitement en une leçon.

Dans les écoles Montessori, on n'enseigne jamais des « trucs », des règles à mémoriser sans chercher à les comprendre, comme il est fait dans les écoles classiques.

Par exemple pour la soustraction, il est dit à l'enfant : « tu mets un petit « un » en haut et un petit « un » en bas » et où on dit ensuite à l'enfant comment il doit considérer ces petits « un » dans le calcul de l'opération sans pouvoir lui expliquer la logique de ces petits « un », logique qui de toute façon est inexistante.

Jamais ni un enfant ni un adulte n'a pu m'expliquer pourquoi ils faisaient ainsi.

Dans la classe Montessori, on explique vraiment concrètement ce que l'on fait. Lorsque par exemple on veut soustraire une quantité et qu'il n'y a pas la quantité suffisante en unité, dizaine ou centaine pour le faire, on procède à des échanges.

Ceci est une aide considérable pour comprendre ensuite la soustraction par exemple dans les notions d'heures où le système du « petit un en haut et petit un en bas » ne fonctionne plus du tout.

De même, lorsque l'on aborde les notions de mesures, tout est vu concrètement et relié à la vie de l'enfant. On lui fait réaliser son propre livret dans lequel il prend les mesures des tables, des étagères, de son livre, du couloir, de l'école, etc.

Il constate de cette façon qu'un centimètre c'est petit et que les centimètres servent à mesurer de petits objets et que les mètres sont beaucoup plus grands et servent à mesurer les salles de classe, etc. Il en va de même pour les mesures de poids avec la balance que l'on met dans la classe pour que les enfants se pèsent ainsi que celle avec laquelle ils peuvent peser de petits objets. On les emmène aussi au rayon fruits et légumes des magasins faire des mesures. Ils comprennent ainsi les différentes notions de poids.

Il est très important de toujours relier tous les concepts à la vie de l'enfant afin qu'il comprenne bien qu'il utilise ces concepts dans sa vie de tous les jours. Par exemple, pour les mathématiques, lorsqu'il doit apprendre à écrire les chiffres en lettres, il sera très intéressé par un chéquier fictif édité à son nom où on lui demandera de rédiger ses propres chèques. Il comprendra de cette façon l'intérêt d'apprendre à écrire les chiffres en lettres…

De même, dans nos classes, on insiste toujours sur le vocabulaire. N'oublions pas que nous étudions de nombreuses notions mathématiques avec des enfants très jeunes (entre trois et six ans) qui sont en pleine période sensible du langage. Mais même pour les plus grands, les mots sont essentiels.

On parle de « somme » pour le résultat de l'addition, de « différence » pour celui de la soustraction, de « produit » pour la multiplication et de « quotient » ou de « partage » pour la division. Ainsi lorsque dans un problème l'enfant lira la question : « chercher la différence… », son cerveau verra tout de suite le mot « soustraction », etc.

Il est également essentiel d'étudier les mathématiques de manière individuelle. En effet, à l'intérieur de cette matière, l'enfant traverse ses propres périodes sensibles au cours desquelles il va être plus passionné par certaines acquisitions que par d'autres. Par conséquent, il retiendra pendant ces périodes certains concepts plus facilement et durablement que d'autres. J'ai vu personnellement des enfants particulièrement intéressés pendant plusieurs semaines par la division. Ils pouvaient en faire et en refaire pendant des jours entiers. Un beau jour la passion pour la division s'arrêtait net et ils passaient à autre chose.

Le professeur doit garder en tête ce que l'élève doit acquérir pendant son année mais l'ordre des acquisitions importe peu. Les maths sont encore une fois une matière à enseigner en respectant le rythme et l'évolution de chacun.

L'enfant a besoin de comprendre, de raisonner. Par exemple, on lui dit de calculer la circonférence d'un cercle en multipliant le diamètre de ce cercle par le nombre « pi » sans jamais lui expliquer ce qu'est ce nombre et à quoi il correspond. L'enfant doit juste apprendre cela par cœur ainsi que le fait que pi est égal à 3,14 Mais pourquoi ? Dans une école Montessori, il saura ce qu'est le nombre « pi » et pourquoi il est égal à « 3,14 ».

Dans les écoles traditionnelles, les enfants doivent uniquement faire ce qu'on leur dit sans se poser de questions, accepter car c'est un adulte qui le dit, et surtout ne pas tenter de trop comprendre en interrogeant le professeur pendant les leçons car cela dérange le déroulement du cours. Comment voulez-vous que les mathématiques soient alors un plaisir pour eux ? Comment pourraient-ils ensuite devenir des adultes qui réfléchissent, qui raisonnent, des adultes qui n'acceptent pas tout comme une fatalité et qui gardent la faculté d'accepter ou de refuser avec discernement et de prendre des initiatives ?

Un enfant qui aura appréhendé les concepts abstraits d'une manière sensorielle, par lui-même, qui aura compris *le pourquoi du comment* par le biais de multiples manipulations, cet enfant sera actif dans sa vie adulte, il saura réfléchir, créer, construire, et fera cela bien sûr avec son cerveau mais aussi avec tous ses sens éveillés.

Pour un enfant précoce, la contrainte d'apprendre sans comprendre est d'autant plus insupportable. Il veut trouver les solutions par lui-même. C'est ainsi que souvent les enfants précoces se retrouvent en échec total en mathématiques car elles sont enseignées d'une façon telle que tout leur semble incompréhensible. Souvent ils compliquent encore davantage les choses et n'y arrivent pas. La répétition sans fin des notions en classe primaire leur cause de surcroît un immense ennui.

Une des caractéristiques de l'enfant doué en mathématiques est qu'il comprend tout par lui-même et le retient pour toujours. Il faut donc absolument lui permettre d'avancer à son rythme dans les programmes et le laisser étudier selon son propre raisonnement. Ainsi, au Lycée International Montessori, plusieurs enfants se retrouvaient avec quatre voire cinq ans d'avance en mathématiques sans problème.

On reproche souvent à ces enfants doués, lorsqu'ils sont dans les grandes classes, d'arriver aux résultats sans passer par toutes les étapes intermédiaires. C'est vrai mais on peut palier ceci en leur expliquant que les professeurs, pour certaines épreuves, attendent un raisonnement, une rédaction de ce raisonnement, et que le résultat n'est pas l'essentiel. Ils le comprennent petit à petit bien que cela n'aille pas dans le sens de leur vivacité d'esprit. Il est surtout important, lorsqu'ils sont jeunes, de les laisser s'amuser, avancer, progresser, jouer avec les mathématiques…

Pour l'enfant dyscalculique, en revanche, apprendre les mathématiques d'une manière abstraite comme cela est fait dans les écoles traditionnelles est une source de grande souffrance. Il est impossible à ces enfants d'apprendre les maths de cette façon, ce qui les met en situation d'échec.

En revanche, la manipulation du matériel Montessori leur permet de progresser, de comprendre un certain nombre de notions et même s'ils ne seront jamais des génies des mathématiques, ils ne seront pas en échec et pourront avancer dans les programmes à leur rythme ce qui est essentiel pour ce genre d'enfant.

Ce sont en effet des enfants qui ont en général une très grande volonté et qui récoltent malheureusement rarement le fruit de tout leur travail. Il faut donc absolument les aider en mettant tout en œuvre pour leur permettre une certaine réussite.

Pour l'enfant dyslexique, la vie n'est pas facile, tout déchiffrage de texte est une angoisse et toutes les matières du français le mettent en grande difficulté. Il est donc très important de trouver des matières dans lesquelles il puisse réussir. Les maths peuvent être la solution mais à condition de ne pas le laisser seul devant son livre, face à des consignes, des énoncés de problèmes qui sont de nouveaux déchiffrages source de difficultés. Ne mélangeons pas tout. L'important est qu'il comprenne les concepts mathématiques, qu'il réussisse à faire des opérations, qu'il trouve le bon raisonnement, qu'il sache tracer des droites perpendiculaires, etc.

Il est donc très important que le professeur lui lise les consignes et les énoncés pour que cet enfant ne se préoccupe alors uniquement que du raisonnement dans lequel il est en général très capable. Il peut de cette façon réussir très bien en mathématiques. Et quel bonheur pour lui d'avoir des succès ! Cela pourra même l'aider dans d'autres matières car il reprendra ainsi un peu confiance en lui, en ses capacités ! Ceci est essentiel pour l'enfant dyslexique car il a trop tendance à croire qu'il n'est pas intelligent, ce qui est absolument faux.

Le développement des sens

Je pense que tous les enfants devraient avoir depuis le plus jeune âge du matériel à l'école pour développer ses sens. Et jusqu'à un âge avancé.

La période de la vie qui va de 2 ans ½ à 6 ans est une période de croissance physique rapide, en même temps qu'une période de formation des fonctions psychiques et sensorielles. À cet âge, l'enfant développe ses sens.

Nous pouvons donc aider le développement des sens, précisément à cet âge, en graduant et en adaptant les stimulants ; de la même façon qu'il faut aider à la formation du langage avant qu'il soit complètement développé.

L'éducation des sens permet de détecter et éventuellement corriger des défauts qui passent encore aujourd'hui inaperçus dans les écoles « traditionnelles » du moins jusqu'à la période pendant laquelle ces défauts se manifestent avec évidence et sont alors quasiment impossibles à corriger ; il en résulte une inadaptabilité au milieu (surdité, myopie, etc.).

L'éducation sensorielle est difficile chez l'adulte, comme le devient l'éducation de la main pour le pianiste. Il est donc indispensable de commencer l'éducation des sens dans la période de formation, si nous voulons, par la suite, perfectionner ces sens.

L'éducation des sens permet également à l'enfant d'être

un meilleur observateur de son milieu. Les hommes de notre civilisation sont des observateurs du milieu, parce qu'il leur faut en utiliser au maximum toutes ses richesses. Toutes les découvertes qui ont transformé notre monde se sont développées grâce à l'observation du milieu.

De la même façon, l'art se base sur l'observation de la réalité. Il faut donc préparer les nouvelles générations à cette aptitude. Grâce aux observations, nous avons vu naître la découverte des rayons, des ondes, etc.

L'éducation sensorielle doit donc être commencée avec méthode dès le plus jeune âge, et continuer pendant la période de l'instruction qui permettra à l'individu de se mouvoir dans son milieu.

Autrement, nous isolons l'homme du milieu : quand nous croyons compléter l'éducation par la culture intellectuelle, nous faisons des penseurs qui vivent hors du monde.

L'éducation sensorielle est également nécessaire, comme base de l'éducation esthétique et de l'éducation morale. En multipliant les sensations, et en développant la capacité à apprécier les plus infimes différences entre les stimulants, on affine la sensibilité. La beauté réside dans l'harmonie, non dans les contrastes, et l'harmonie est affinité ; il faut donc une finesse sensorielle pour la percevoir.

Les harmonies esthétiques de la nature et de l'art échappent à ceux dont les sens sont peu développés. Le monde en est réduit et âpre. Il existe dans notre milieu quantité de sources de joies esthétiques devant lesquelles ils passent sans les voir, comme des animaux, cherchant la jouissance dans les sensations fortes, parce que ce sont les seules qui leur sont accessibles.

L'habitude du vice naît souvent dans les jouissances grossières ; en effet, les forts stimulants n'aiguisent pas la sensibilité, mais au contraire, ils atténuent les pouvoirs de perception des sens en créant une accoutumance qui provoque un besoin de stimulation toujours plus violente.

Les sens sont des organes de « préhension » des images du monde extérieur, nécessaires à l'intelligence, comme la main est l'organe de préhension des choses matérielles nécessaires au corps. Mais les sens et la main peuvent s'affiner au-delà de leur simple rôle.

L'éducation qui élève l'intelligence doit élever toujours davantage ces deux moyens, capables de se perfectionner indéfiniment.

Le matériel sensoriel Montessori est constitué par une série d'objets groupés selon des qualités déterminées telles que la couleur, la forme, la dimension, le son, le degré de rugosité, le poids, la température, etc.

Ainsi par exemple, un groupe de clochettes qui reproduisent les tons musicaux, un ensemble de plaquettes de différentes couleurs, un ensemble de solides ayant la même forme dans des dimensions graduées ; d'autres objets qui se différencient entre eux par la forme géométrique ; d'autres encore de poids différents et de même grandeur, etc..

Chacun de ces ensembles comporte la même qualité, mais à un degré différent : il s'agit donc d'une graduation, dans laquelle la différence d'objet à objet varie régulièrement et, quand c'est possible, mathématiquement.

Si vous préparez du matériel sensoriel à la maison, il faut toujours qu'il varie par une seule qualité. Si vous voulez, par exemple, préparer des objets qui servent à faire distinguer les couleurs, il faut les fabriquer dans la même substance – forme et dimension – et ne les différencier que par la couleur.

Si vous voulez préparer des objets dont le but est de faire observer les tons de la gamme musicale, il faut que ces objets soient parfaitement semblables en apparence, comme, par exemple, les clochettes dont nous nous servons dans nos classes Montessori : elles ont la même forme et la même dimension, et se posent toutes sur un socle identique ; mais, en les frappant avec un petit marteau, elles donnent des sons différents ; c'est l'unique différence perceptible aux sens.

D'un point de vue psychologique, on a remarqué que, pour mieux révéler la qualité particulière, il faut, autant que possible, isoler les sens : une impression tactile est plus claire s'il s'agit d'un objet qui n'est pas conducteur de la chaleur, c'est-à-dire qui n'apporte pas en même temps des impressions de température ; et l'impression sera d'autant plus perceptible si le sujet se trouve dans un endroit obscur et silencieux où il ne peut percevoir ni impulsion visuelle ni auditive susceptibles de troubler ses impressions tactiles.

Il faut ensuite que le matériel proposé à l'enfant comporte toujours le contrôle de l'erreur. Ce contrôle de l'erreur amène l'enfant à accompagner ses exercices d'un raisonnement ; son sens critique et son attention sont toujours plus tendus vers l'exactitude, avec un affinement qui lui permet de distinguer les différences les plus infimes ; la conscience de l'enfant est ainsi préparée à contrôler ses erreurs, même quand ce ne sont plus que des erreurs matérielles.

Le matériel doit toujours être esthétique - il faut que les objets proposés aux enfants soient attrayants. Il faut soigner la couleur, le brillant, l'harmonie des formes, et ceci pas seulement dans le matériel sensoriel mais dans tout ce qui entoure l'enfant.

Ce matériel doit entraîner l'auto-activité de l'enfant. L'intérêt de l'enfant doit toujours être maintenu, tant par la qualité continue des objets que dans les possibilités d'activités qu'ils lui offrent.

Encore une fois, ce matériel sensoriel ne se trouve que dans la classe de maternelle dispensant la pédagogie Montessori. Et ceci prouve encore une fois l'importance de scolariser vos enfants dans les écoles utilisant ce matériel.

L'enfant grandissant, il faut continuer, par la création de matériel adéquat, à développer tous les sens de l'enfant.

J'ai constaté que ces enfants qui ont considérablement manipulé le matériel sensoriel Montessori développent ce que l'on pourrait appeler « un sixième sens » ou « une intuition très développée ». En effet, il me semble que lorsqu'ils sont face à une situation ou à une personne, tous leurs sens sont en éveil et donc ils comprennent mieux toutes les situations nouvelles. Ils vont beaucoup plus loin que de voir, ou d'entendre, ils ressentent fortement et comprennent avec beaucoup plus de facilité. Ils s'adaptent beaucoup mieux à un nouveau pays, à un nouveau métier ou de nouvelles études, car ils perçoivent tout plus finement. De plus, ce matériel leur a permis d'aiguiser leurs sens au plus fin.

Plus tard, on peut continuer ce travail des sens par des sorties notamment dans des musées de tableaux où on leur fera observer les détails les plus fins ou les nuances de couleur. Toujours les inciter à observer ce qui les entoure et à tous les âges.

On a vu que le toucher peut-être développé sans fin par le travail de la main et l'auditif par la musique. Ce développement sensoriel devrait faire partie de tous les programmes scolaires.

Maria Montessori avait également remarqué que l'enfant très jeune absorbait tout par ses sens. C'est la raison pour laquelle nous commençons l'étude de la grammaire en fin de maternelle dès que l'enfant lit ses premiers mots. Mais cette étude de la grammaire se fait totalement sensoriellement. On lui explique par exemple que le verbe, c'est l'action donc qu'il est symbolisé par une sphère rouge car le verbe est ce qui fait « bouger » le nom comme la sphère roule. En revanche le nom est une pyramide noire car il ne bouge pas, il est bien fixe.

Et ainsi chaque nature est représentée par un symbole visuel et est expliquée par des jeux pour que l'enfant intègre cette notion avec tout son corps, tous ses sens.

Et ainsi toute la grammaire est enseignée à partir de symboles, de couleurs, et souvent de mouvements puisque l'enfant découpe les mots.

En mathématiques également, tout est enseigné très tôt car on souhaite que l'enfant absorbe les notions avec tous ses sens. Par exemple lorsqu'on additionne deux nombres, cela fait un nombre plus grand et on souhaite qu'il touche tout cela. Lorsqu'on présente l'unité, la dizaine, la centaine et le mille, on les lui fait toucher de manière qu'il ressente qu'une unité, c'est tout petit dans la main de l'enfant alors qu'un cube de mille prend beaucoup de place.

Et ainsi tout est enseigné avec les gestes, le toucher et le visuel. Ainsi tous ces messages sont envoyés directement des mains et des yeux vers le cerveau et s'impriment donc beaucoup mieux et pour longtemps.

La culture

Les cours sur la connaissance du monde qui les entoure devraient être plus importants et commencer très jeune.

Maria Montessori expliquait qu'il était nécessaire de faire observer la nature dès la naissance par des images d'arbres, de fleurs, de plantes accrochées sur les murs toujours visibles facilement par le bébé ou par des mobiles de fleurs, de papillons, d'oiseaux accrochés au-dessus de l'enfant.

Puis lorsqu'il grandit, il est important de faire observer le monde qui l'entoure et d'en donner tout le vocabulaire juste. Dès qu'il peut marcher, lui demander de nous aider à s'occuper du jardin est très important et lui faire tout découvrir : la lune, les étoiles, les noms des arbres, des fleurs, des animaux, etc.

Mieux un être connaît le monde qui l'entoure, plus il s'y sent bien et moins il a de peurs. On rejette ou on est agressif souvent par rapport à ce que l'on ne connaît pas. Donc si on veut développer la confiance en soi de l'enfant, il est absolument indispensable de lui donner la meilleure connaissance possible du monde qui l'entoure.

Pour cela bien sûr, nous avons beaucoup de matériels concrets à notre disposition et nous en créons beaucoup aussi. Pour les plus petits, nous les laissons observer la nature, des images sur les continents (les habitats, les peuples, les monuments, les animaux, la végétation) afin qu'ils se fassent une idée de la façon dont on vit ailleurs. Nous constituons également des boîtes avec des objets symboliques des différents pays, et nous les laissons également à la disposition des enfants afin qu'ils puissent les observer tranquillement.

Nous créons aussi beaucoup de cartes par thèmes afin que l'enfant puisse travailler avec individuellement et lorsqu'ils le souhaitent. Tous les thèmes sont abordés : les fleurs, les arbres, les monuments, les légumes, les animaux, les végétaux, les instruments de musique, les métiers, les outils, etc. Ce matériel est sans fin et a pour but d'enseigner du vocabulaire mais surtout de permettre à l'enfant de se faire une bonne connaissance du monde. Nous créons aussi du matériel sur l'art: les tableaux, les sculptures, les musiciens, etc., sur l'histoire aussi, etc.

Ainsi l'enfant en ayant tout cela à sa libre disposition, peut avoir une très bonne vision du monde qui l'entoure. On répond à sa curiosité et on lui donne une très bonne connaissance de tout ce qui l'entoure.

L'enfant peut se faire ainsi sa propre idée du monde, comprendre beaucoup de choses par lui-même, acquérir une bonne confiance en lui, et une grande tolérance. Il comprend que les hommes sont finalement tous les mêmes, qu'ils ressentent les mêmes émotions, qu'ils aiment écouter de la musique, danser, que les enfants aiment jouer, que les parents regardent leurs enfants avec bienveillance, etc. et ceci que l'on vive dans un building ou dans une case, que l'on soit entouré d'immeubles ou de montagnes sauvages, que l'on vive dans un désert ou dans la forêt amazonienne, etc. etc. Il apprend sur les différentes cultures, les habitudes alimentaires, les religions, etc. Et il est primordial de mettre à disposition des enfants toutes ces choses le plus tôt possible et au moins jusqu'à la fin du primaire.

Plus tard, en collège et en lycée, il serait nécessaire de continuer ainsi ce bain de cultures mais de la bonne façon afin que le jeune soit passionné par tout, qu'il ait envie d'en connaître encore plus, qu'il sache où trouver ses sources pour se renseigner. Nous le faisons à partir de projets choisis par les élèves, d'exposés, etc. Des sujets que l'élève choisit et présente comme il le souhaite. Ils peuvent les faire seuls ou à plusieurs et encore une fois, j'ai remarqué comme cette épreuve des travaux personnels encadrés développait la curiosité des lycéens sur les sujets. Ils devraient y en avoir bien plus.

Avec ce genre de matières, je pense qu'on éviterait beaucoup les problèmes chez les jeunes qui se demandent où ils sont et qui ne s'intéressent à rien. Si tout petit on avait développé cette curiosité qu'ils ont naturellement en eux, cela continuerait sans fin. C'est ainsi que parmi mes enfants, l'un âgé de 28 ans ayant largement terminé ses études, s'inscrit maintenant en licence de philosophie, une autre s'inscrit en licence d'art et d'histoire, et une autre continue à préparer des examens de chinois. Et ainsi on se rend aussi compte comme la vie est riche et belle.

De plus, en apprenant très jeunes aux enfants à mieux comprendre les autres avec leurs différences culturelles, on éviterait beaucoup de racisme et d'intolérance des uns envers les autres.

Le fait également d'apprendre les langues et les pays où ces langues sont parlées ouvre beaucoup l'esprit de l'enfant sur les autres et sur une meilleure compréhension de l'autre.

Évoluer aussi, dès le plus jeune âge, dans une école où de nombreuses cultures sont représentées, rend également beaucoup plus ouvert sur les autres. Au déjeuner, chacun mange des plats différents en fonction de sa culture, pour les anniversaires, les goûters sont souvent différents…

Le fait aussi de célébrer toutes les fêtes des pays représentés dans l'école ouvre encore l'esprit sur l'autre et sur ses coutumes. Le but final de tout cela est de créer un monde peuplé d'êtres plus tolérants et donc un monde de paix.

Avoir une bonne connaissance culturelle permet de prendre ses décisions de manière autonome. On a alors des points de repère, des éléments de comparaisons, des connaissances de situations similaires qui aident à bien réfléchir et à ne pas « être un mouton qui suit le troupeau ».

Le sport

Bien sûr, le sport est extrêmement important pour nos jeunes de 0 à 18 ans et même ensuite.

Le développement de la motricité commence très tôt. Un bébé Montessori est installé sur un matelas par terre dès sa naissance afin qu'il soit totalement libre de ses mouvements. On lui met très vite des jouets accrochés au-dessus de sa tête ou posés par terre autour de lui afin qu'il ait envie d'aller les attraper et se déplace par lui-même. Les adultes font très attention de ne pas trop lui rapprocher les choses afin qu'il fasse les efforts pour aller les chercher. Très vite aussi, une barre est accrochée à une certaine hauteur qui lui permette de se lever par lui-même. Tout un programme est mis en place pour développer sa motricité.

Plus tard, en maternelle, nous faisons de nombreux exercices pour le bon développement de leur motricité et de leur équilibre. Des exercices sur la ligne au sol surtout.

Je pense qu'ensuite, comme pour toutes les matières, il est essentiel de faire appel à un spécialiste. Le plus important encore une fois, c'est qu'il tienne compte des différences de développement moteur de chacun car on remarque toujours comme deux enfants du même âge peuvent avoir une motricité très différente. Il ne faut pas non plus qu'il fasse de comparaison, ni de concours entre les élèves. Et cela à tous les âges.

Il est certain que le côté physique de l'enfant est très important car on est bien dans sa tête si on est bien dans son corps.

C'est la raison pour laquelle je pense aussi que les récréations sont très utiles car pendant ces moments de jeux ensemble, l'enfant développe considérablement sa motricité et de manière autonome.

Il est aussi important que le programme de sports fasse découvrir beaucoup d'activités diverses aux enfants afin qu'ils puissent trouver celles qui leur conviennent le mieux. On connaît tout ce que peuvent développer les activités sportives.

La philosophie

Cette matière devrait être enseignée dès le début du primaire et ainsi pendant toute la scolarité et surtout pas juste en terminale comme épreuve du baccalauréat.

Le jeune enfant est vraiment capable de réflexions très profondes avec une fine analyse sur le monde et les gens. Évidemment, comme toujours, il faut le faire d'une manière qui soit à la portée des enfants c'est-à-dire en partant sur des faits concrets.

Le professeur de philosophie commence par leur lire des histoires qui illustrent des grands thèmes philosophiques, puis part dans des échanges de réflexions entre les enfants et lui. C'est incroyable ce qui arrive à ressortir de ces débats. De plus les enfants aiment énormément cette matière. Il est essentiel de faire réfléchir les enfants à cet âge où il n'y a pas encore ou très peu d'inhibitions et où l'enfant est pur et naturel.

Ils aiment tellement que l'autre jour un petit garçon âgé de 8 ans avait terminé son travail de français et de mathématiques. Il me demande ce qu'il pourrait faire, je lui réponds qu'il choisisse parmi le matériel de sciences ou de géographie à sa disposition dans la classe. Il cherche et soudain revient vers moi et me dit : « je voudrais faire du matériel de philosophie ! ». J'ai été bien dépourvue et j'ai compris qu'il fallait très vite que j'en crée.

Des enfants ainsi habitués à analyser des situations, des émotions, des réactions très petits et qui continueraient ainsi pendant toute la durée de leur scolarité, seraient beaucoup plus réfléchis et passeraient à côté de nombreuses crises existentielles. De plus aujourd'hui, il existe des livres très bien faits sur cette matière.

La confiance en soi

La valeur la plus importante à développer chez ces jeunes est la confiance en soi. Quelqu'un qui a confiance en lui-même et en ses capacités passera à travers tout.

En maternelle, pour développer la confiance en soi, nous disposons de tous les exercices de vie pratique qui consistent à apprendre tout ce qui est nécessaire pour que l'enfant soit totalement autonome et n'ait besoin de personne. En effet, un enfant qui sait qu'il peut tout faire par lui-même développera forcément une confiance en ses capacités.

Nous disposons aussi des exercices de grâce et de courtoisie qui entraînent l'enfant sur toutes les notions de politesse et de bonne tenue. Un enfant qui connaît toutes les règles du comportement en société aura également confiance en lui.

Tout le matériel de culture (sciences, histoire, géographie) qui donne à l'enfant une grande connaissance du monde dans lequel il évolue lui donne aussi une grande confiance en sa place d'enfant sur cette terre. Mieux on connaît les choses, plus on s'y sent bien.

Le mélange des âges développe aussi beaucoup la confiance en soi. En effet, pour les enfants plus âgés, c'est très rassurant de se rendre compte que l'on connaît plus de choses que les plus petits et qu'on est même capable de les leur expliquer.

Le contrôle de l'erreur compris dans tout le matériel permet aussi à l'enfant de se corriger tout seul, de trouver lui-même le raisonnement et les solutions et cela est aussi très bon pour le développement de la confiance en soi.

Le développement de la créativité permet également à l'enfant de se dire qu'il est capable de toujours trouver une solution aux problèmes qu'il rencontrera puisqu'il est capable de créer, d'imaginer d'autres possibilités.

Le rôle du professeur est fondamental. Un professeur bienveillant, encourageant, chaleureux, aidera l'enfant à développer une image positive de lui-même.

Plus grand, c'est la même chose : les éléments de l'environnement préparé sont là pour développer la confiance en soi des enfants. Qu'ils trouvent toujours de quoi répondre à leur soif d'apprendre, de quoi répondre à ces questions, qu'ils se rendent compte qu'ils sont capables de travailler tout seul est excellent pour la confiance en soi.

Respecter la personnalité de chacun permet aux enfants d'être fiers de ce qu'ils sont et de ne pas essayer de se fondre dans le groupe ou d'être comme on souhaite qu'ils soient. Le fait de pouvoir rester soi-même développe aussi la confiance en soi.

La façon dont sont enseignées les matières culturelles en expliquant que l'enfant est un chaînon important de cette chaîne et qu'il a un rôle à jouer sur beaucoup d'éléments de la chaîne, lui montre qu'il est important sur cette terre.

Plus tard encore, il est indispensable de continuer à tout

mettre en place pour développer cette confiance en lui chez l'enfant : des professeurs valorisant, toujours positifs sur le travail et sur l'attitude de l'enfant, aidant, qui essaient toujours de trouver le chemin qui mènera l'enfant à la réussite. Des professeurs aussi qui respectent la personnalité du jeune sans la juger et qui l'aident à trouver son chemin avec ses qualités et ses défauts. Des professeurs qui savent montrer au jeune tout ce qu'il fait de bien, comme son rôle sur la terre est important.

Les accompagner dans des actions humanitaires permet par exemple de manifester qu'ils peuvent être utiles aux autres, qu'ils ont un rôle à jouer pour les autres.

Souvent, aller dans les classes des plus petits, pour les faire lire, leur faire une dictée, un exposé, les accompagner dans leurs apprentissages, développe aussi un sentiment d'utilité qui est important pour la confiance en soi.

La valorisation des talents de chacun par l'école est indispensable. Ne surtout pas admirer uniquement celui qui est bon en mathématiques ou en français, certains élèves peuvent briller par leurs dons en musique, en sports, en art, en bricolage… Chaque être a forcément un talent, il nous suffit à nous adultes d'aider l'enfant à le trouver et surtout ensuite à le mettre en valeur.

Leur montrer tous les succès qu'ils rencontrent, souligner le moindre progrès.

Et surtout ne pas être négatifs, ne pas avoir de propos humiliants, de gestes de lassitude ou de dévalorisation. Ne pas barrer une copie avec un grand trait rouge en diagonale, de pas écrire de mots ou de phrases blessantes en rouge sur la copie et même sur le bulletin. Je suis effarée de lire parfois des commentaires sur les bulletins des élèves même des plus petits. Il faut faire très attention à ce qu'on écrit, les mots sont lus et relus et restent en mémoire longtemps.

Les observations des bulletins doivent être écrites avec le plus grand soin, en pesant bien ses mots, et sans jamais blesser ou dévaloriser.

La qualité d'un bon professeur, c'est cela : être un guide, donner l'impulsion, être présent pour soutenir dans les parties plus difficiles, ne jamais rabaisser, ne jamais critiquer à mauvais escient, ne jamais dénigrer, ne jamais insulter… provoquer l'amour de l'étude par un maximum de bienveillance et d'empathie, mais aussi par un certain effacement car on ne saisit jamais vraiment la pleine mesure des choses et des événements.

Le sens de la responsabilité

L'école doit aussi développer chez les enfants et encore une fois dès le plus jeune âge le sens de la responsabilité. Un être responsable de ses actes prendra beaucoup mieux sa vie en mains, et en assumera les réussites et les échecs. Il ne subira pas la vie comme tant de gens le font aujourd'hui mais en sera un acteur. Ce sens se développe aussi tout petit. En classe de maternelle, déjà, les enfants sont responsables de leur travail dans le sens où lorsqu'ils choisissent une activité, ils doivent la faire correctement jusqu'au bout, puis la ranger au bon endroit afin que le suivant la trouve dans un bon état pour la réussir.

De plus, ces très jeunes enfants sont responsables de l'ordre, de la propreté de leur classe. On leur enseigne la façon de faire le ménage, de toujours bien ranger chaque chose à sa place, de réaliser de jolis bouquets, d'arroser les plantes.

À partir du primaire, ils ont aussi des responsabilités à assumer chaque jour. Ils ont un choix mais lorsqu'ils ont choisi, ils doivent absolument les faire. Elles sont très nombreuses allant de ranger les chaussures dans le couloir, jusqu'à s'occuper des animaux et jouer avec des enfants à handicap. Lorsqu'il y a des animaux, ils s'en occupent entièrement, ils les nourrissent mais nettoient aussi les habitats. Pour les plantes, c'est la même chose. L'utilisation du plan de travail les rend totalement responsables. Responsables du choix de l'activité qu'ils doivent ensuite réaliser jusqu'au bout mais aussi responsable de leur façon de travailler. Une fois, dans ma classe, un élève ne faisait que des mathématiques chaque jour, si bien qu'au bout de quelques mois, il avait terminé tous les objectifs du programme de l'année en cours. Mais il lui restait tout le programme de français à faire. Je lui ai expliqué que maintenant, il devait assumer ses choix et ne faire que du français toute la journée jusqu'à ce qu'il en soit au même niveau que les mathématiques. Il était responsable de ses choix. Ils préparent leur cartable pour le week-end et emportent les livres et cahiers dont ils ont besoin, et ceci dès 6 ans.

Lors des événements particuliers, ce sont les élèves qui préparent les tables, décorent la classe.

Nous ne faisons jamais les choses à leur place. C'est très difficile pour les adultes qui interviennent dans les classes. Par exemple, pour le « snack » de la demi-journée, ce sont les enfants qui préparent le plateau, qui servent leurs camarades, puis qui rangent et souvent, les adultes ne peuvent pas s'empêcher de proposer leur aide.

Plus grand, c'est la même chose, je souhaite qu'ils soient responsables de leurs actes. Plutôt que de mentir lorsqu'ils ont oublié un devoir, j'insiste pour qu'ils disent la vérité, nous ne les punissons jamais, mais ils doivent assumer.

Je les suis dans tous les projets qu'ils peuvent avoir dans l'école du moment qu'ils les réalisent du début à la fin. De l'organisation d'un événement à l'école, un anniversaire à une vente de gâteaux au profit d'une action humanitaire, jusqu'à l'organisation totale du dîner de nos fêtes de début et de fin d'année, y compris le rangement. Ils décident où installer les tables, les barbecues, le paiement des parents d'élèves. Même si j'imagine les choses autrement, je ne le dis pas, je les suis.

Lors des journées portes ouvertes pour l'accueil de nouveaux élèves, ils sont présents et organisent les rendez-vous avec les parents pour leur expliquer la pédagogie, la vie à l'école, les élèves, les professeurs, etc. et ils sont souvent bien plus convaincants que moi.

Lorsque des élèves potentiels se trouvent à l'étranger, j'organise des conversations Skype que ce sont les élèves qui assument aussi bien avec les parents qu'avec les enfants. Mais je remarque que ceci n'est réalisable qu'avec les jeunes qui ont été scolarisés dans mon établissement depuis le plus jeune âge, les autres n'ont absolument pas développé ce sens de la responsabilité et sont souvent bien irresponsables au contraire.

Même chez les plus jeunes, j'ai souvent vu des enfants qui n'assumaient absolument pas leurs actes, ils n'étaient responsables de rien et souvent les parents les soutenaient dans cette façon d'être. Mais si on commet des erreurs, ce qui est tout à fait normal lorsqu'on est enfant, et qu'on ne les assume pas, comment pourrons-nous modifier notre attitude pour ne pas refaire les mêmes erreurs ? C'est vraiment une attitude qui doit commencer tout petit.

Alors que lorsque j'observe des enfants de 7 ans qui s'occupent de tout comme de vrais petits adultes, je suis rassurée sur le fait qu'ils sauront assumer leur vie. Ils prennent les choses en mains, les organisent afin d'atteindre leurs objectifs et ceci tout seul. Bien sûr l'adulte doit être là comme un guide, comme un soutien mais ne jamais les diriger et leur dire ce qu'ils doivent faire. Ils doivent savoir qu'on est là en cas de besoin et bien souvent ils ne nous sollicitent même pas.

J'ai d'ailleurs observé avec beaucoup de satisfaction que lorsque les anciens élèves deviennent professeurs de notre école, ils sont beaucoup plus responsables que les autres professeurs, ils préparent leurs plans de travail, leurs cours, organisent tout et remarquablement bien.

De même j'ai remarqué que les enfants Montessoriens devenus adultes prenaient totalement leur vie en mains. Une de mes filles, à l'âge de 16 ans, a trouvé ses universités en Angleterre, a réalisé son dossier complètement, l'a envoyé dans les universités. Une fois acceptée, elle a fait son choix seule, elle s'est occupée de son logement, du paiement de l'ensemble, de son installation, etc., etc. Avec des jeunes comme cela, en tant que parents, on est tranquillisé.

Les examens

Les enfants devraient être présentés à des examens dès le plus jeune âge. Des examens justes bien sûr et des examens pour lesquels nous sommes persuadés qu'ils sont prêts et qu'ils vont réussir.

Ces examens doivent se passer avec des examinateurs bienveillants et qui sauront rassurer l'enfant. De plus il faut choisir des examens pour lesquels la correction est juste et partiale.

Nous présentons nos élèves à partir de 5 ans 1/2 (s'ils sont prêts encore une fois) à des examens d'anglais de Cambridge qui sont extrêmement bien faits. L'enfant gagne toujours quelque chose, il n'échoue pas. Il n'a pas de notes, il a des écussons sur un diplôme. Les examinateurs sont très gentils et font tout pour les mettre en confiance et leur donner toutes les chances de réussir.

En revanche ce sont de vrais examens avec des personnes que les enfants ne connaissent pas, avec des règles très rigides et un grand respect de tout.

Une fois que les enfants ont passé chaque année ce genre d'examen, ils stressent de moins en moins. De plus, il est vraiment indispensable de les préparer avec le plus grand sérieux afin qu'ils n'aient pas de mauvaises surprises.

Plus tard, en ce qui concerne les examens officiels de l'Éducation National, c'est la même chose, notre devoir d'école est d'extrêmement bien les préparer, de les mettre en situation le plus de fois possible afin qu'ils se présentent le plus détendus possible et bien prêts.

Non seulement il s'agit d'assurer une réussite en termes de notes, mais aussi d'installer un climat de confiance auprès des élèves et leur montrer qu'une bonne préparation est la meilleure clé pour la réussite.

À l'École, nous construisons notre tactique autour de trois piliers :

- Des entraînements. De nombreux exercices à l'écrit et surtout, des sessions d'oraux blancs avec des grands spécialistes extérieurs à l'école (rédacteurs d'annales du baccalauréat, professeurs d'autres établissements, etc.) Pour les épreuves anticipées de français, par exemple, tous les objets d'étude sont donc évalués en conditions d'examen. À l'issue de chaque passage oral, les élèves reçoivent des conseils personnalisés leur permettant de s'améliorer, le tout étant retranscrit sur une fiche pédagogique envoyée aux parents. Cette opportunité unique est l'occasion, pour tous les profils, de préparer l'épreuve plus efficacement, en sachant à quoi se confronter.

- Des semaines de révisions intensives. Il est essentiel dans des périodes d'échéances de rassurer en structurant les apprentissages. Plutôt que de laisser les élèves chez eux comme le font la plupart des établissements, nous avons décidé de les garder jusqu'au bout en mettant en place un programme spécifique : pour les épreuves de français encore une fois : atelier de lecture avec un professionnel, séances axées sur la culture générale et l'entretien, questions-réponses sur les acquis fondamentaux, rédaction d'introduction... etc. Cette organisation, loin d'être contraignante, a maintenu les élèves dans un rythme de travail soutenu loin de la solitude de leur chambre.
- Un travail d'équipe. Réussir une épreuve repose sur de nombreux facteurs, la qualité de l'enseignement, bien entendu, la qualité de l'investissement et du travail, mais aussi l'atmosphère et l'énergie qui entoure l'élève. Cette démarche ne peut se faire sans la participation de chacun. Nous mettons donc en place un soutien absolu de la part de l'École, avec des mails pour aiguiller les parents dans leur aide, des messages personnalisés destinés aux élèves, des encouragements constants, des exercices de respiration et de gestion du trac. Plutôt qu'ajouter du stress, il est essentiel de placer nos adolescents dans une bulle de bien-être.

Nous sommes également toujours prêts à modifier les emplois du temps au regard des besoins de chacun à partir des vacances de Printemps. Celui qui aura besoin de plus de mathématiques par exemple, pourra recevoir des cours supplémentaires à la place d'une autre matière qu'il maîtrise mieux, etc.

De même les professeurs consacrent du temps à des conseils individuels en fonction des besoins de chacun et incitent les élèves à leur envoyer des entraînements d'examens qu'ils corrigent toujours avec beaucoup de sérieux.

Comme je le disais aussi, l'établissement reste ouvert en périodes de révisions d'examens afin que les élèves puissent s'y retrouver pour travailler ensemble. Souvent un travail d'équipe porte souvent ses fruits. Et même si certains se sentent moins pollués par les téléphones, les réseaux sociaux, les visites des copains, ils peuvent s'isoler dans une salle qui représente plus un lieu de travail que chez eux.

L'ÉMOTIONNEL

L'émotionnel est quelque chose d'extrêmement important et on n'y fait pas assez attention.

Maintenant tous les enfants sont précoces et ont donc un excellent QI mais on n'oublie le QE. Je pense qu'avec l'environnement dans lequel les enfants vivent aujourd'hui, leurs intelligences sont extrêmement développées et qu'il est relativement facile d'avoir un QI d'enfants précoces. En revanche pour le quotient émotionnel ce n'est pas la même chose.

Et n'est-ce pas ce qu'il y a de plus important aujourd'hui pour être bien dans sa vie ? C'est la raison pour laquelle il est nécessaire dès tout petit de faire vivre le bébé dans un climat de bienveillance, de sécurité et d'amour.

On sait maintenant que le tout début de vie est très important pour que l'enfant développe une sensation que le monde dans lequel il entre est un monde sans stress, dans lequel il va pouvoir évoluer à son rythme, avec l'amour des siens, et en toute sécurité.

C'est une des raisons principales pour lesquelles j'ai créé une école pour mes enfants, je voulais absolument être certaine que la classe, les professeurs, l'environnement et les camarades soient bienveillants, chaleureux, compréhensifs et aimants pour mes enfants. Il fallait absolument qu'ils développent une confiance en la vie, en les autres, en les adultes.

J'insiste donc énormément dans mon école pour que dans toutes les classes de tous niveaux les élèves se retrouvent dans ce climat sécurisant qui leur permettent de se construire peu à peu mais sans mauvais sentiment et sans stress.

De plus, pour que le travail soit un véritable plaisir, tout le matériel mis à leur disposition, doit être propre, joli et on ne doit jamais leur présenter un matériel pour lequel il ne soit pas prêt, on ne met jamais l'enfant en échec. Pour répondre à leurs besoins d'une manière agréable, on cherche à connaître leurs centres d'intérêt et on va toujours créer du matériel qui va vers leurs goûts. Si un enfant aime les voitures, on lui apprendra les couleurs avec des voitures, on lui apprendra à compter avec des voitures, etc. en l'ouvrant peu à peu sur d'autres choses. On va commencer par apprendre le son des lettres de mots qui lui sont chers, par exemple la première lettre de son prénom. On ne les force jamais à dormir pour la sieste, ni à manger au déjeuner.

En primaire, c'est la même chose. Dans la classe doit régner un climat très sécurisant : sans cri, sans parole désagréable, sans violence. Si des conflits se créent entre les enfants, on en parle immédiatement et on cherche des solutions. Si des enfants ne parviennent pas à gérer leur violence verbale et physique, au bout d'un certain temps, on est obligés de s'en séparer. On ne tolère pas non plus les moqueries. Les enseignants sont là aussi pour écouter leurs soucis, s'ils le désirent bien sûr et pour les consoler si besoin.

J'ai eu dans ma classe, une petite fille qui a perdu sa maman en quelques mois d'un cancer, j'ai accompagné la maman le mieux possible dans sa maladie et j'ai tout mis en place, en liaison avec le papa, pour que la petite se remette peu à peu et pour l'aider à vivre ce moment très difficile. Nous pouvons de ce fait accepter de certains des choses qu'on n'accepterait pas d'autres mais nous l'expliquons toujours et les enfants peuvent tout comprendre.

Les enseignants se remettent en permanence en question pour que l'enfant réussisse à apprendre. Ils sont extrêmement encourageants et essaient toutes les solutions. Ils ne disent jamais que c'est de la faute de l'enfant. Ils respectent leur rythme et leur façon d'apprendre. Ils ne leur font jamais de pièges dans un contrôle ou autre. Je leur explique toujours qu'ils sont tous très intelligents et que s'ils ne comprennent pas bien les choses, c'est de la faute de l'enseignant qui n'a pas su bien leur expliquer et que par conséquent, ils peuvent nous demander mille fois de réexpliquer.

Le climat de la classe doit totalement permettre aux enfants d'évoluer dans un environnement très bienveillant. On y ajoute aussi de la musique douce, des odeurs, les couleurs des murs sont étudiées.

Je n'hésite pas à leur faire part de mes sentiments à leur égard, notamment je leur dis souvent que je les aime profondément. Je pense qu'il est vraiment important à tous les âges de leur faire part de notre amour pour eux et de leur montrer cet amour par notre bienveillance, notre patience et notre gentillesse à leur égard.

Dans les classes plus grandes c'est la même chose, les enseignants devraient dire plus souvent aux jeunes qu'ils les aiment beaucoup.

Lorsque je dis cela à un collégien ou à un lycéen qui n'a pas toujours été dans mon école, il est très surpris au départ, il n'a jamais dû entendre cela de la part d'un dirigeant ou d'un professeur d'école puis il est heureux. Certains professeurs devraient d'ailleurs se poser cette question : est-ce que j'aime mes élèves ? Je pense que certains, s'ils sont sincères, répondraient que non et donc devraient changer de métier.

En effet, il est vraiment fondamental d'aimer les élèves. Sans amour, on ne peut rien donner de bon. De plus, les enfants le sentent et c'est terrible pour eux.

On se rend bien compte quand on entend des jeunes, ils disent, je n'aime pas cette matière mais en fait c'est qu'ils n'aiment pas le professeur. L'année suivante, s'ils aiment leur professeur, ils se mettent à aimer à nouveau la matière en question.

Les élèves de tous les âges et encore plus à partir de 11/12 ans travaillent énormément à l'affectif. Ils peuvent donner énormément à un professeur qui les aime et qui est bienveillant. A contrario, ils peuvent totalement rendre la vie impossible à un professeur qui ne les aime pas. Je suis toujours amusée au conseil de classe d'entendre les professeurs parler des élèves. Pour un même élève, ils n'ont absolument pas la même opinion… comme si cet être devenait un autre en fonction de l'adulte qu'il a en face. Et comme par hasard, les professeurs qui n'aiment pas les élèves, en ont toujours une opinion tellement mauvaise, et peuvent écrire sur eux des observations épouvantables et tellement blessantes. Et comme par hasard, leurs cours sont très bruyants, ils n'arrivent pas à se faire respecter et disent que c'est bien sûr de la faute des élèves. De plus dans notre établissement où les punitions sont interdites, leur travail devient terrible.

Avant d'envisager une carrière dans l'enseignement, les adultes devraient vraiment se poser les bonnes questions. Pour quelles raisons choisissent-ils ce métier ? Par amour pour les jeunes ? pour transmettre leur passion ? Parce qu'ils ont envie d'être le partenaire des jeunes pour un petit bout de chemin ? ou pour les vacances ? les horaires pas trop chargés ? ou pour avoir de l'autorité sur quelqu'un ?

Je le remarque tous les jours et depuis 25 ans, les professeurs qui aiment leurs élèves, qui sont passionnés par la matière qu'ils enseignent, développent une relation fabuleuse avec leurs élèves. Il s'établit une complicité extraordinaire. J'ai vu des élèves arriver en détestant une matière et se mettre à l'adorer avec un autre professeur. J'ai entendu des anciens élèves parler avec émotion d'un de leur professeur même beaucoup d'années plus tard. Je pense qu'un professeur qui donne beaucoup, reçoit énormément de ces élèves.

Il est aussi très important de ne pas juger les élèves, ni leurs familles. Chacun arrive avec son bagage et doit faire avec et ce n'est pas à nous, enseignants, de vouloir changer des parents, des enfants, etc. On peut les aider à donner le meilleur d'eux-mêmes, à retrouver de bons sentiments vis-à-vis de soi-même mais surtout pas vouloir transformer une famille. Comment peut-on se le permettre d'ailleurs ?

Il est justement très important d'essayer de bien connaître la famille de l'enfant et de bien connaître l'enfant sans jugement aucun, car ainsi on peut mieux le comprendre, adopter une attitude adaptée et l'aider à se sentir bien et à bien apprendre.

Certains jeunes vivent des situations très difficiles à la maison, et à ce moment-là on sait très bien qu'ils sont incapables d'apprendre. Leur tête est trop occupée par autre chose. L'école a alors un autre rôle à jouer. Un rôle de réconfort, cela doit devenir un lieu où on peut vivre sereinement et essayer de se reconstruire peu à peu.

J'ai le souvenir d'une petite fille qui a perdu son papa à l'âge de l'apprentissage de la lecture. Et elle n'y arrivait absolument pas. J'expliquais alors à sa maman et à son professeur, qu'il ne fallait surtout pas s'acharner sur l'apprentissage, cela viendrait quand elle serait prête. C'était une petite fille très intelligente donc elle saurait bien lire au moment voulu. Comment pouvait-elle se concentrer, avoir envie d'apprendre, alors qu'elle était en train de perdre un être qu'elle aimait par-dessus tout ? Nous avons donc attendu et un jour elle a dit : « quand je rentre dans la classe, il faut que je laisse Papa à la porte ». Et à partir de ce jour-là, elle s'est mise à apprendre à lire.

Et aujourd'hui elle est en classe préparatoire en lettres !

Il est donc essentiel d'aller plus loin que dans notre rôle de transmission de savoirs. La transmission ne se fera pas si l'enfant n'est pas prêt. Alors souvent je rencontre des parents que les enseignants ont envoyés voir des psychologues. Je suis impressionnée du nombre d'enfants qui vont voir un psychologue régulièrement. Sans doute, ces personnes font un excellent travail mais si l'école remplissait mieux son rôle de compréhension, d'écoute, d'amour et d'accompagnement, les enfants n'auraient pas besoin du psychologue. Les enfants à partir de 2/3 ans passent souvent 8 heures et plus avec les enseignants donc c'est une évidence que nous avons une influence énorme sur l'enfant. Si on fait évoluer l'enfant dans un milieu hostile, froid, anonyme pendant 8 heures par jour, je comprends qu'un jour, il ait besoin d'une aide extérieure. Mais pour moi, à ce moment-là, on répare un peu mais on ne guérit pas.

Combien de jeunes en phobie scolaire ai-je rencontré et qui me racontent que tout a commencé avec une maîtresse de maternelle qui était désagréable, l'avait humilié, l'obligeait, criait, etc. ? ou des parents qui me disent, ça a commencé en CE1, alors en CE2, la maîtresse était compréhensive alors ça a été mais en CM1 c'était pire. Je suis totalement ébahie.

De plus avec les très jeunes enfants, on a une influence totale. Il croit tout ce qu'on dit. Souvent je travaille sur ce point avec mes élèves en leur expliquant qu'il ne faut surtout pas croire tout ce que je dis, et je prends des exemples, je leur dis : « si je dis que tu es bête, tu vas me croire ? » et souvent malheureusement : « ils disent oui ». Quelle horreur ! Souvent aussi, ils deviennent à l'image qu'on a d'eux. Un professeur qui voit un élève comme quelqu'un qui a peu de moyen, qui est paresseux (et j'ai déjà entendu cela) et bien l'enfant ne fait plus rien, rêve, etc. S'il change de classe et qu'on le complimente sur son courage, sur ses bons résultats, il devient travailleur et fait tout pour réussir. Et cela, je le rencontre tellement souvent.

Souvent aussi on ne se met pas à la place des enfants. Lorsque j'ai créé cette école, à chaque fois qu'il fallait mettre en place quelque chose, je me posais la question : « est-ce que moi, adulte, j'accepterai qu'on m'oblige, par exemple, à aller aux toilettes à heure fixe et avec tous mes collègues ? » La réponse est bien sûr : « non ».

Donc les enfants peuvent aller aux toilettes quand ils le désirent.

« Est-ce que pour entrer dans mon bureau j'aimerais qu'une sirène retentisse ? non » Donc il n'y aura pas de sonnette… « Est-ce que j'aimerais qu'on m'impose de passer des journées entières assise à côté d'une personne que je n'aime pas alors que j'ai des très bons amis à côté desquels j'aurais beaucoup de plaisir ? » Non bien sûr, donc on n'impose pas les places tant que cela ne dérange pas soi-même et les autres. Est-ce que j'aimerais que chaque jour on me dise : « tu vas commencer par tel travail et quand je l'aurais décidé tu prendras cet autre-là ? » Encore une fois non, donc les enfants choisissent avec quoi ils veulent travailler.

Pour faire ce métier d'enseignant, je pense qu'il faut aimer les enfants mais aussi les adultes car même les parents se sentent parfois tellement jugés. On leur parle tellement mal et souvent devant tous les autres parents. C'est déjà très difficile pour eux d'avoir un enfant qui ne fonctionne pas comme l'école désire qu'il fonctionne, cela génère tellement de tristesse, d'inquiétude, de culpabilité, qu'en plus si l'enseignant les humilie, c'est terrible ! Les parents méritent le plus grand respect car eux aussi ont une histoire par rapport à l'école et on ne la connaît pas et on ne peut pas se permettre de les juger, eux aussi, vivent peut-être des moments difficiles et la majorité des parents veulent le meilleur pour leurs enfants. De plus les parents peuvent énormément nous aider, ils sont fondamentaux dans la réussite et le bonheur de leur enfant.

J'ai déjà dit combien une mère qui aime son enfant peut lui donner confiance en lui et l'aider à réussir coûte que coûte. Et dans le cas contraire, une mère qui ne croit pas en son enfant, créera un tel sentiment d'insécurité chez lui, qu'il sera totalement incapable de croire en lui et de développer une quelconque confiance en ses capacités.

Le regard que porte le père sur son enfant est aussi primordial. L'accompagnement qu'il fait, la compréhension qu'il démontre, etc.

J'ai rencontré des papas remarquables, qui savaient communiquer avec leurs enfants, qui les rassuraient en permanence en leur expliquant que pour eux aussi cela n'avait pas toujours été facile et qui faisait tout pour aider leur enfant.

Certains même pour des élèves de 1re, s'investissent énormément et les résultats sont toujours au rendez-vous plus ou moins rapidement mais ils arrivent.

Souvent pour des plus âgés, j'insiste sur le fait qu'il ne faut pas lier l'école et la maison. Ce qui se passe à l'école, les résultats scolaires, l'attitude du jeune face au travail, face aux professeurs, etc. c'est une chose, la vie de leur enfant à la maison, en est une autre. Car bien souvent tout est imbriqué et la vie devient infernale tant pour les parents que pour les enfants. En revanche, j'ai rencontré notamment une fois des parents extraordinaires et pourtant leur fils était très difficile et nous menait la vie dure. Ils nous soutenaient, s'occupaient de lui, le grondaient quand il avait un mauvais comportement, lui proposaient toujours leur aide pour des révisions ou pour des examens, mais en revanche, une fois qu'ils étaient dans la voiture ou chez eux, l'école n'interférait plus dans leurs relations ce qui fait qu'elles étaient excellentes. Souvent aussi, pour les plus jeunes, les devoirs deviennent des conflits terribles à la maison. Dans ce cas, je préfère que les devoirs ne soient pas faits.

En ce qui concerne les devoirs, je suis toujours surprise de ces conflits. J'avais cinq enfants et nous faisions souvent les devoirs ou révisions les leçons ensemble. J'avais mis en place une routine, nous faisions cela le dimanche matin autour de la table de la salle à manger et j'avoue que c'était toujours un bon moment. Pour les leçons, nous les révisions ensemble et là aussi, partager ce que mes enfants apprenaient, étaient vraiment merveilleux. De plus, par rapport à l'histoire par exemple, cela nous permettait d'aller faire des sorties sur le sujet, d'acheter des livres, de regarder des DVD et toute la famille s'intéressait au sujet. Je pense que les conflits pour les devoirs à la maison chez les jeunes enfants, viennent des parents qui ne mettent pas en place des routines. Il faut imposer un horaire et que ce soit toujours le même, s'asseoir avec eux et ne faire que cela (pas de téléphone portable ou d'ordinateur) et surtout faire preuve d'une grande patience et de beaucoup d'encouragements.

Cela doit se passer dans une totale sérénité et une ambiance très sympathique.

Les relations avec les parents d'élèves doivent donc être très cordiales. Ce sont aussi nos partenaires. Nous nous occupons de l'enfant ensemble. La famille et l'école sur le même chemin.

En revanche, si les parents sont hostiles, désagréables et manquent de confiance en nous, il faut surtout arrêter la scolarité de l'enfant dans notre établissement. Car il n'y a rien de pire pour un enfant de sentir que ses parents ne font plus confiance à l'école et aux enseignants. Il aime ses parents, il aime ses enseignants et il se retrouve au milieu totalement perdu.

De même que nous, école, ne devons pas nous permettre de mal parler aux parents, la réciproque est totalement vraie. Certains parents français ont tendance, lorsqu'ils choisissent une pédagogie différente et une école payante, à croire que tout est permis et qu'on leur doit tout et nous le font énormément sentir. Il est tout à fait vrai que nous devons donner toujours le meilleur de nous-même pour leur enfant mais nous sommes aussi des êtres humains avec des limites et nous ne pouvons pas faire de miracles. Lorsque les enfants sont plus âgés et en échec scolaire depuis de nombreuses années, il faut du temps pour faire évoluer la situation, et certains pensent que nous allons tout changer en un mois. Et bien non ! De plus certains dès que leur enfant va un peu mieux, nous le retirent pour le remettre dans le système qui lui avait fait du mal !

D'ailleurs le côté émotionnel est aussi valable pour les professeurs et cela, je le dis souvent aux collégiens et lycéens. Je leur rappelle régulièrement que nous sommes des êtres humains avec des émotions, des sentiments et des limites et que donc, ils ne doivent pas eux non plus se permettre de mal nous traiter. Certains élèves, mal dans leur peau certes, se permettent parfois de nous jeter des mots méchants, de nous humilier, et à ce moment-là je leur explique qu'ils nous font souffrir. Et dans la majeure partie des cas, ils réfléchissent rapidement et s'excusent sincèrement. Il est très important d'oser parler de nos émotions également, qu'ils se rendent compte que nous sommes tous les mêmes y compris leurs parents.

Alors des relations extraordinaires peuvent s'établir entre les enseignants et les élèves. De vraies relations d'amitié sincère qui durent très longtemps. C'est ainsi que l'an dernier, je suis allée rendre visite à un de mes anciens élèves canadiens qui est aujourd'hui papa de deux jeunes enfants. Nous nous écrivons régulièrement.

Un autre m'aide aujourd'hui à rechercher des communes pour créer de nouvelles écoles alors que c'était un élève particulièrement difficile et qui avait été incompris de nombreux établissements.

Un autre que des professeurs m'ont même obligée à renvoyer de mon école, est devenu un de ceux qui m'a le plus aidé dans les moments difficiles par ses mots et ses actes de soutien.

Et des exemples comme celui-ci, j'en ai par centaines.

Lorsqu'on choisit ce métier, il faut aimer les jeunes et être prêts à leur donner énormément sans attendre quoi que ce soit en retour. Juste les aimer et mettre tout en œuvre pour leur permettre de se construire, de réussir leurs examens, et de développer leur confiance en eux-mêmes. Et surtout ne rien demander. À ce moment-là vous serez surpris comme vous recevrez tellement même au-delà de ce que vous pouvez imaginer.

C'est pour moi le plus beau métier du monde ! et un métier où on connaît des bonheurs extrêmes ! Lorsqu'on a aidé un tout petit enfant à apprendre à lire alors qu'il avait bien du mal et qu'on le voit 25 ans plus tard, devenir un homme qui a fait de bonnes études, qui se conduit bien dans la vie et qui a réussi à construire une vie professionnelle et personnelle qui lui convient totalement et qu'il sait donner du bonheur autour de lui, c'est tellement beau !

Lorsqu'on accueille des petits enfants tout abîmés et ne croyant plus en leurs capacités et des parents dans le grand désarroi et que quelques mois plus tard, on les voit tous avec le sourire et le bonheur de venir à l'école !

Lorsqu'on prend l'inscription d'une jeune fille en totale phobie scolaire, étant allée jusqu'à la tentative de suicide, et qu'on la croise dans les couleurs avec son beau sourire, entourée d'amis ! Et quelques mois plus tard, elle réussit à obtenir d'excellentes notes aux épreuves du baccalauréat, ce qui la met donc sur le chemin de la réussite !

Lorsqu'on en voit d'autres qu'on a connu tout petit à 2 ans 1/2 et qu'on les voit en terminale prêt à se lancer dans les études supérieures et qu'ils se tiennent bien droit, qu'ils savent travailler, qu'ils ont développé une belle confiance en eux même, qu'ils ont une attitude d'entraide pour leurs camarades, qu'ils sont leader de la classe mais avec discrétion et qu'ils font l'admiration de tous leurs camarades et qu'ils ont de jolies relations avec tous les adultes !

Je me dis que cette pédagogie que j'ai mise en place dans mon école, est vraiment la plus adaptée aux enfants de tous les âges, à leurs parents et aux enseignants !

Montessori partout et pour tous

Les piliers de la méthode Montessori

LES HISTOIRES D'ÉLÈVES

Dyslexique et daltonien

Les parents de Martin ont inscrit leur fils dans mon établissement en fin de 3e. Il avait suivi toute sa scolarité dans un lycée public très réputé de l'ouest parisien. Au prix d'énormes efforts et de grand stress, il était arrivé en 3e sans jamais redoubler. Martin est très dyslexique, donc étudier pour lui est un parcours du combattant. Ses parents l'ont toujours soutenu, cherchant ce qu'il y avait de mieux pour lui. Martin est un garçon totalement bilingue car sa mère est de langue maternelle anglaise.

En fin de 3e, son établissement scolaire lui annonce qu'il doit changer d'orientation, en raison de ses résultats trop moyens, qu'il ne sera jamais capable d'avoir son bac, et qu'il doit par conséquent chercher une autre voie. C'est un grand désespoir pour Martin et sa famille. Ils décident de se battre et de trouver d'autres solutions. Ils entendent parler de notre établissement.

Après un long entretien avec ses parents, nous acceptons Martin en classe de seconde générale. C'est un garçon gentil, volontaire, très charismatique, plein de talents. Nous avons très vite confiance en lui et en sa réussite.

Après une 2nde moyenne, on découvre lors des cours sur les cartes de géographie qu'il est en plus daltonien. Nouvelle difficulté, tout le monde cherche des solutions pour qu'il reconnaisse les couleurs à utiliser. Nous mettons au point des techniques spécialement conçues pour lui.

À la fin de son année de seconde, il décide de s'orienter

vers une 1re scientifique. Cela nous semble difficile, mais nous décidons de le suivre dans sa décision.

Pendant cette année, ses résultats en mathématiques, physique et sciences sont assez faibles. Par contre, il se concentre vers l'anglais et il réussit avec succès les examens d'IGCSE qu'il présente (littérature, langue, histoire). Il s'accroche aussi en vue des épreuves de français. Rédiger pour lui est vraiment difficile. On l'entraîne beaucoup pour cette épreuve : nombreuses séances d'épreuves de français oral blanc avec les meilleurs spécialistes, séances de lecture de texte avec un comédien. Ses parents l'aident aussi et lui font donner quelques cours supplémentaires afin d'être encore plus performant à l'épreuve orale.

En effet, sa dyslexie rend très difficile la lecture des textes à haute voix, pourtant c'est la première impression que l'examinateur du bac aura de lui. Mais Martin est un excellent acteur, donc s'il met le ton et s'il s'entraîne, cela peut lui être très favorable. Tout est fait pour lui donner confiance et lui prouver qu'il est capable.

Pendant ces deux années passées à l'école, Martin prend confiance en lui, tous les autres élèves admirent ses dons de comédien, de chanteur, de danseur, et également sa très grande volonté car jamais il ne baisse les bras devant la difficulté.

Il se sent tellement bien qu'il demande à témoigner au micro pour la vidéo de l'école.

En fin de 1re, ses résultats en sciences et physique restant assez bas, un rendez-vous est provoqué entre ses parents et la direction de l'école. Après en avoir préalablement parlé en conseil de classe avec l'ensemble des professeurs et Martin lui-même, nous leur proposons un changement de section : s'orienter plutôt vers l'option « économie et sociale » avec une spécialité « anglais » nous semble à tous plus judicieux avec davantage de chances d'obtenir le Baccalauréat.

En effet, l'anglais devient alors une matière à fort coefficient (3 à l'écrit, et 2 à l'oral) alors que dans la section scientifique, l'anglais ne se passe qu'à l'écrit avec un coefficient de 3. Martin, qui est assez moyen en mathématiques, en section scientifique, devient très fort en section économique et sociale car le niveau exigé est moins élevé, et la langue 2 se passe à l'oral alors que dans l'autre section elle se passe à l'écrit. Bien sûr il devra rédiger une rédaction en Philosophie, Économie et Histoire Géographie mais avec le tiers-temps supplémentaire obtenu à cause de sa dyslexie il devrait s'en sortir. Ce bac lui ouvre beaucoup de portes et le changement de section n'est pas un handicap pour ses études futures.

En fin de 1re, ses notes aux épreuves de Français écrites et orales sont tout à fait honorables (9 à l'écrit et 9 à l'oral).

Il a eu bien sûr le tiers-temps supplémentaire. Heureusement que sa confiance en lui est forte car il est déclaré par l'administration dans les épreuves comme « handicapé ». Mais il en plaisante avec ses camarades de classe qui le soutiennent toujours.

Son année de terminale se passe bien malgré les difficultés qu'il rencontre dans les matières à rédaction importante citées ci-dessus. Martin peut continuer ses activités annexes : il joue merveilleusement un des rôles principaux dans une pièce de Shakespeare, il continue à avoir une vie sociale importante et il ne perd pas sa confiance en lui, bien au contraire, tellement les autres l'admirent. Il témoigne d'une grande joie de vivre, de beaucoup de gentillesse et de reconnaissance envers tous.

Les professeurs et moi-même l'accompagnons dans ses apprentissages, sans jamais le casser ni le démoraliser, n'hésitant pas parfois à adapter la notation de ses devoirs afin que jamais il ne baisse les bras. L'accent est mis sur ses atouts : l'anglais, l'espagnol, les mathématiques, la natation. Il est heureux, convivial et est un élément essentiel de la classe.

Parallèlement, ses parents, qui ont grande confiance en lui, cherchent et essayent toutes les méthodes possibles pour l'aider par rapport à sa dyslexie.

Martin passe ses épreuves du bac avec toujours son temps supplémentaire qui lui est bien utile. Il est décontracté car il connaît ses points faibles mais surtout ses points forts. Il a confiance en lui, il sait qu'il est tout à fait capable de réussir.

Puis le stress augmente avec l'attente des résultats et

enfin arrive la merveilleuse nouvelle : Martin est reçu à son baccalauréat ES (économique et sociale) avec une mention assez bien ! Il a eu 19 en mathématiques et à l'oral d'anglais. Il est très heureux, les professeurs et moi-même partageons ce grand bonheur et ses parents sont ravis et fiers de lui. Il peut maintenant faire à peu près tout ce qu'il veut.

Voilà donc l'histoire d'un élève ayant des difficultés importantes qui était considéré comme incapable d'avoir un bac général par certains établissements. Grâce à la confiance en ses capacités manifestée par une direction d'école et ses professeurs, grâce à sa volonté d'y arriver, grâce aussi à des stratégies de réussite mises en place par l'établissement scolaire, cet élève a plus que réussi, sans vivre dans un stress effroyable et en continuant à mener une vie de jeune équilibré. Le soutien et la confiance de ses parents ont bien sûr été aussi primordiaux.

Martin est maintenant un exemple pour tous les petits enfants dyslexiques de l'école qui parfois sont tristes et révoltés devant cette injustice qu'ils vivent au quotidien. Pourquoi ont-ils tant de mal à apprendre là ou d'autres réussissent si facilement ?... Ils savent maintenant, et leurs parents aussi,

Aujourd'hui Martin a terminé ses études (4 ans) et travaille dans un pays étranger où il réussit très bien. Il nous donne très souvent de ses nouvelles.

Voici un message que Martin nous a écrit peu de temps après avoir eu son baccalauréat.

« *Un petit mot de Martin (bac ES – mention assez bien).*

Après plusieurs années dans un lycée au système élitiste, j'ai changé de parcours en optant pour l'alternative du Lycée International Montessori. Je me suis vu changer d'une statistique à un être humain avec des sentiments, des loisirs, et des difficultés que l'on m'aidait à surmonter. Les liens dans l'école, que ce soit entre élèves et professeurs, ou entre écoliers, comme ceux d'une famille, sont importants à mon équilibre. Un an après ma réussite aux examens, me revoilà à un de leurs inoubliables voyages scolaires, et encore une fois entraîné à partager des moments privilégiés.

Au Lycée International Montessori, j'ai appris à me connaître moi-même en tant qu'individu et non en tant qu'une probabilité sur papier de ne pas avoir son bac. Je remercie l'école : j'ai gagné en confiance en moi et en sourire. »

L'ENFANT DYSPRAXIQUE

Vous pourrez lire ci-dessous un magnifique commentaire que j'ai reçu de la part des parents d'un de mes petits élèves.

Je suis extrêmement touchée par ce qu'ils disent et très heureuse de pouvoir permettre à ce petit garçon de reprendre confiance en lui et d'être heureux d'aller à l'école.

Je dois dire également que pour moi, c'est tout à fait normal et que cela devrait se passer dans toutes les écoles de cette façon-là.

Par ailleurs, ce petit garçon, depuis qu'il a repris confiance en lui-même, fait d'énormes progrès et fournit un travail très important. Et chaque jour, il en fait davantage. Ce matin, au retour des vacances, il a travaillé énormément dans toutes les matières : il a fait de l'écriture, de la lecture à haute voix, une fiche de lecture avec des questions, une page de français, et plusieurs pages d'exercices de mathématiques… Et tout cela avec succès, concentration et une rare autonomie ! Et par-dessus tout avec une grande joie !

Je publie ce témoignage car je rencontre trop de parents totalement désespérés et inquiets car leur enfant va mal, perd confiance en lui et ne progresse pas comme il le faudrait. Je voudrais que ces parents se rendent compte que tout est possible et que tout dépend des professeurs avec lesquels l'enfant fait ses apprentissages ainsi que de l'attitude des parents qui ne doivent jamais perdre confiance en leur enfant.

Donc si un enfant va mal, surtout n'attendez pas, changez-le tout de suite d'école. Il ne faut pas laisser les choses s'aggraver car si ce n'est pas maintenant, plus tard, cela ressortira.

Je rencontre de plus en plus d'adolescents totalement perdus car à la maternelle ou dans les petites classes de l'élémentaire, ils se souviennent d'avoir été très malheureux. Et à l'adolescence, c'est bien difficile de se reconstruire.

« Bonjour à toutes et à tous, C'est avec un grand enthousiasme que nous tenions à vous raconter l'histoire de notre fils A. Comme pour toute histoire, elle commencera par « il était une fois » et se terminera par « Et ils furent heureux », le choix de ces mots doit vous interpeller, mais nous assurons qu'à la lecture de notre témoignage vous en comprendrez le sens. Il était une fois, un petit garçon né fin décembre 2007. « Tout allait pour le mieux dans le meilleur des mondes », jusqu'à sa 2e année de maternelle : A. a été diagnostiqué dyspraxique (trouble au niveau de la motricité fine et du graphisme, trouble visuo-spatial). Au fur et à mesure, A. se rendait compte de ses difficultés pour lire et écrire, cette situation l'insupportait par rapport à ses camarades, pourtant avide d'apprendre, il ne relâchait pas ses efforts que ce soit en classe ou avec les intervenants (orthophoniste, ergothérapeute, orthopiste). En CP, son estime et sa confiance en lui s'amoindrissaient de jour en jour, il se repliait sur lui même, ne souhaitant plus jouer avec les autres, il se trouvait nul, idiot et maladroit, il se mettait en échec en refusant de faire plutôt que de mal faire ! il m'indiquait que l'école ne l'intéressait plus, il me disait « que pour la maîtresse, il n'y avait que la lecture et l'écriture qu'il n'apprenait rien d'autre, et qu'il ne voulait plus aller à l'école ». Moi, sa maman qui lui avait indiqué depuis qu'il était petit que l'école était un lieu formidable, ou l'on pouvait apprendre diverses choses, découvrir, se faire des amis, échanger des idées, je compris que ces mots étaient devenus désuets. C'est alors, que j'ai adressé un sms mi-août à Mme d'Esclaibes, elle m'a de suite répondu (mi-août, là déjà ce fut un miracle !), 3 jours plus tard, j'ai rencontré Mme Dutrieux, Responsable des Primaires qui m'a reçue, elle m'a fait visiter l'école alors qu'elle devait partir en vacances, je me suis projetée des années en arrière et me suis dit « qu'est-ce que j'aurai aimé apprendre ici », je dois vous avouer que je suis repartie avec le cœur soulagé en me disant intimement A. va être bien ici ! Notre fils a fait sa rentrée scolaire, Mme D'Esclaibes et Mme Dutrieux nous ont indiqué qu'A. était traumatisé de son passé scolaire et qu'elles allaient travaillées de sorte à ce qu'il reprenne confiance en lui. Au bout d'un mois, A. nous demandait pendant le week-end quand est-ce qu'il retournait à l'école ? Désormais, le matin, il se lève, se lave

et s'habille à la vitesse grand V (grand exploit pour un enfant dyspraxique), nous précisant qu'il faut se dépêcher car il ne veut pas être en retard! Concernant les devoirs étant donné que ces derniers sont donnés 1 semaine à l'avance, il n'y a plus de stress, ni d'angoisse, tant pour lui que pour moi, au contraire, il est demandeur! C'est très émouvant de voir son enfant prendre plaisir de se rendre à l'école. L'École Athéna, c'est un Véritable Élixir de Bienfaits! Nous tenions à vous conter notre histoire afin d'émettre un message d'espoir aux parents dans une situation similaire à notre famille et leur rappeler que rien est perdu! Ce message est également destiné à Madame Sylvie d'Esclaibes pour marquer notre reconnaissance car nous vous assurons qu'il est rare de rencontrer une personne si passionnée, si dévouée envers les enfants, nous la remercierons jamais assez ainsi que Mme Dutrieux et tous les autres enseignants. Vive l'enfance! Vive l'École Athéna!

PS: Et ils furent heureux ! »

Un élève en échec qu'on voulait orienter

P. est un garçon rêveur, hypersensible et très intelligent, passionné par la musique et principalement par la batterie dont il a commencé à jouer vers l'âge de 11 ans. Il est venu à mon école à l'âge de 17 ans sur décision urgente de ses parents, en cours d'année scolaire, alors qu'il était en redoublement de classe de seconde dans un lycée réputé de l'Ouest parisien. Il était alors en rejet total de l'école, en très grande détresse psychologique et presque en phobie scolaire.

P. a passé deux ans et demi dans mon école pendant lesquelles je me suis beaucoup occupée de lui, ceci afin de lui redonner confiance en lui, confiance en l'adulte, en ses propres capacités, pour lui permettre de retrouver le goût de la vie et du travail qu'il avait complètement perdus et pour construire petit à petit son avenir avec le maximum de sérénité.

Au bout de ces deux années de scolarité dans mon école, en 2009, P. a réussi non seulement son baccalauréat ES avec mention « bien » mais aussi son diplôme « Advanced » de l'Université de Cambridge. P. vient de terminer une formation de musicien professionnel de jazz et musique contemporaine au CIM de Paris (École jazz et musiques actuelles). Il entame maintenant une licence de psychologie à l'Université de Nanterre dans le but de devenir musicothérapeute.

Témoignage de la Maman de P. :

« Notre fils était catalogué comme étant en échec scolaire lorsqu'il est venu au Lycée International Montessori à la fin de sa deuxième année de seconde. Après deux ans et demi à l'école Montessori, il a passé son bac avec la mention bien. Il avait trouvé sa place à cette école et a pu grandir et s'épanouir dans un environnement souple et positif. Sylvie d'Esclaibes a joué un rôle très important dans la réussite de P. et nous ne pourrions jamais la remercier assez. Elle a pris la peine de comprendre son fonctionnement, et, dans son approche avec lui, elle a vraiment pris en compte sa spécificité. La philosophie de Sylvie d'Eslaibes donne une place à l'individualité, aux différences de style et de rythme, et surtout aux forces de chaque enfant. C'est une approche qui donne de l'espoir et de la confiance en soi…

Témoignage de P. :

« En passant trois ans au Lycée International Montessori, j'ai appris à aimer la pédagogie Montessori et l'atmosphère chaleureuse de ce lieu. Au début, même s'il y avait un changement dramatique avec mon lycée précédent qui était, pour parler sincèrement, une usine, j'ai mis pas mal de temps à m'adapter au climat Montessori jusqu'à ma rencontre avec une certaine personne, sans qui aujourd'hui je ne serais pas où je suis.

Il sera pour moi assez difficile de raconter comment cette personne m'est venue en aide, car elle m'a aidé de tellement de façons que mes souvenirs avec elle me paraissent comme un tas de papier que je n'arrive pas à trier. Cette personne, je ne l'ai pas rencontrée en arrivant car ce n'est pas elle que j'avais eu en rendez-vous pour intégrer le Lycée International Montessori. D'ailleurs au début je ne savais même pas qui cette personne était, jusqu'au jour où excédé par les remarques du professeur de français sur ma façon de travailler je sortis de classe.

Je restais alors assis dans le couloir énervé de la situation, mais il y avait là plus qu'une simple remarque sur mon travail, c'était je pense la période où je commençais à comprendre ce qu'on voulait de moi, et qui était en fait très positif. Seulement, avec les mauvais souvenirs de système traditionnel, je n'arrivais pas à accepter un tel changement.

Me revoilà donc dans le couloir de l'école avec toutes ces pensées, et une personne se met à côté de moi et me dit : « je sais c'est chiant le français. ». Je la regarde et ne peux pas m'empêcher de rigoler. Je ne me souviens plus très bien ce que cette personne a bien pu me raconter mais je sais qu'à partir de ce jour-là aller à l'école n'a plus été pareil pour moi. En aimant Montessori j'ai appris à aimer le lycée, à aimer aller en cours. Je ne dirais pas que j'ai appris à aimer travailler, mais j'ai réussi à travailler pour me prouver et prouver à la directrice de cette école qu'elle avait raison de croire en moi.

On pourrait peut-être dire que le fait que je travaille mes cours pour elle est étrange, seulement il y a une raison à tout cela : au milieu de ma première, la Directrice du Lycée International Montessori avait appris à me connaître, car elle demandait beaucoup à me voir pour me suivre dans ma vie au lycée et même en dehors. Je la voyais aussi plus souvent car j'étais entre-temps devenu ami avec sa fille qui m'a par la suite aussi énormément aidé. Même si je commençais à m'intégrer, mes parents ne voyaient pas de grand changement au niveau des notes, ils étaient très inquiets pour moi et ne voulaient pas revivre les mêmes galères qu'avec le lycée traditionnel. Ils prirent donc rendez-vous avec la Directrice pédagogique, Sylvie d'Esclaibes, et l'encadrante avec qui j'avais le plus d'affinité. Je n'oublierai jamais cette réunion car Sylvie prit ma défense contre tous. Mes parents eux ne savaient plus quoi penser et les professeurs pensaient que j'avais des capacités, mais sans plus, et même moi je n'y croyais plus vraiment.

Sylvie d'Esclaibes a alors pris, devant mes parents, le pari fou que j'aurais mon bac sans problème. Je me souviendrais toujours du choc que j'ai eu à ce moment-là. Raison pour laquelle j'ai donc réussi à travailler mes cours, car je savais que si cette personne croyait en moi, il ne fallait pas que je la déçoive. À partir de ce moment-là, j'avais de plus en plus de discussions avec Sylvie d'Esclaibes, et j'ai de plus en plus compris qu'elle portait à elle seule l'amour Montessori et c'est elle qui a su le distribuer autour d'elle. Grâce à elle je n'avais plus peur de dire que parfois je n'avais pas envie d'aller en cours, ce qui a au final diminué mon absentéisme. Grâce à elle, j'ai compris que je n'avais pas besoin de prendre le même chemin que tout le monde pour réussir. J'ai aussi grâce à elle passé des années lycées que je n'oublierai jamais.

Je pense que je peux aujourd'hui dire, sans exagérer, que sans Sylvie d'Esclaibes, le Lycée International Montessori ne pourrait pas exister. Elle est à elle seule une institutrice et une pédagogue douée, une personne à l'écoute de toutes et de tous et même une conseillère d'orientation, car elle nous donne l'envie d'apprendre qui l'on est et ce qui nous convient. Je finirai en disant que certaines personnes ont leur travail et leur vie personnelle, mais le travail qu'a Sylvie est l'histoire de sa vie. »

L'importance de les laisser vivre leur passion

Lorsque j'ai reçu Antoine Bizet au Lycée International Montessori pour son éventuelle inscription en classe de première, j'ai tout de suite été frappée par l'originalité de ce garçon de 16 ans. En effet, ce qui lui importait le plus était de savoir s'il pourrait continuer à pratiquer le VTT à l'école en dehors de ses heures de cours.

Ce qui était une inquiétude pour lui était pour moi une évidence car je suis convaincue qu'il est très important qu'un jeune ait une passion et je suis persuadée qu'il faut tout mettre en place pour lui permettre de vivre cette passion en même temps que son parcours scolaire.

J'ai donc annoncé à Antoine qu'il pourrait aménager un parcours de VTT dans le fond du jardin de l'école et je considérai également qu'il pourrait être un exemple pour les plus jeunes en leur donnant une idée d'activité saine car je crois énormément à la force de l'exemple des plus grands pour les plus jeunes.

Évidemment, son entraînement intensif ainsi que les compétitions lui prenaient beaucoup de temps. Nous devions souvent lui soumettre les épreuves de bac blanc d'autres jours que les autres élèves car le samedi était la plupart du temps consacré à des compétitions importantes.

Antoine a réussi ses épreuves anticipées de 1re avec les notes de 14 à l'écrit et 14 à l'oral !

L'année de terminale s'est poursuivie de la même façon avec le terrassement de nouvelles bosses dans un champ contigu à l'extérieur de l'école. Il devint très populaire et même pour certains une vraie idole... Et il réussit néanmoins son bac S avec une bonne moyenne !

Nous continuons tous aujourd'hui à suivre assidûment ses exploits en compétition de VTT. Dans les différences et l'originalité d'Antoine résidait toute sa force et il était très important de le respecter tel qu'il était en s'abstenant scrupuleusement de tenter de le faire rentrer dans un moule.

Témoignage d'Antoine Bizet

« Bonjour, je suis Antoine Bizet et j'ai 18 ans. J'étais au lycée Montessori l'année dernière en Terminale S, et je n'aurais sûrement jamais eu mon bac S si ma grand-mère ne m'avait pas conseillé cette école dont elle avait entendu parler dans le journal.

Il s'agit plus d'une grande maison et d'une grande famille que d'un véritable lycée. En fait le système Montessori permet d'éviter tous les côtés négatifs des établissements scolaires, mis à part le travail bien sûr. Il s'adapte très bien aux élèves au profil particulier, et permet à beaucoup d'élèves en difficulté de retrouver un niveau correct grâce au soutien que leur donnent les professeurs, aussi bien au niveau du mental que du travail.

Pour ma part j'ai une passion (le VTT) qui me prend beaucoup de temps à cause des compétitions, et j'ai beaucoup d'animaux dans ma chambre ce qui m'empêchait de travailler correctement quand j'étais dans mon ancien lycée de Versailles.

Lorsque j'étais au Lycée International Montessori, je savais que je pouvais aller travailler le week-end ou le mercredi après-midi dans l'établissement, de plus les élèves s'entraident toujours alors que chez moi il m'arrivait souvent de bloquer sur quelque chose pendant un exercice, ce qui m'empêchait de finir mon travail.

J'ai également pu m'arranger avec les professeurs pour décaler mes bacs blancs les week-ends où j'allais en compétition, et ces aménagements m'ont permis de très bien réussir mon année, aussi bien au niveau scolaire que sportif ! C'est pourquoi je tiens à remercier Sylvie d'Esclaibes pour avoir fondé cette école, et à toute l'équipe enseignante de Montessori pour m'avoir suivi même dans les moments difficiles, ils m'ont ainsi permis de finir ma scolarité dans les meilleures conditions possibles. »

L'EXEMPLE DU BON ÉLÈVE DONT LES RÉSULTATS BAISSAIENT

« *Après une école primaire réussie avec succès, je suis arrivé dans mon ancien lycée de Versailles. Depuis mon entrée en 6° et jusqu'à Pâques de mon année de 5°, mes résultats scolaires étaient sur la pente descendante. Je n'avais plus envie d'aller à l'école, plus envie d'apprendre. Après s'être renseignés, mes parents ont décidé de m'emmener visiter une école dont la pédagogie était différente et qui devait me permettre de m'épanouir. Je n'avais à ce moment-là aucune envie d'y aller, aucune envie de quitter mes amis versaillais.*

Premier rendez-vous (un peu forcé) un mercredi après midi avec la directrice et fondatrice de cette école, Sylvie d'Esclaibes. Après le silence des premières minutes et au fur et à mesure que Sylvie me présentait son école et sa pédagogie, je commençais à m'ouvrir à la possibilité de changer d'établissement scolaire. Après une soirée de réflexion, je décidai, avec mes parents, de m'inscrire mais gardais en moi une certaine appréhension.

Une fois cette période passée, et avec le recul, je suis convaincu que ma rencontre avec Sylvie d'Esclaibes a été un des événements les plus bénéfiques de ma vie.

À chaque passage difficile, elle a su être présente et me donner toujours de bons conseils. À chaque fois où j'ai eu besoin de parler à quelqu'un, que ce soit pour mon orientation scolaire ou pour des choix tout autres, j'ai toujours eu la chance de pouvoir bénéficier de son expérience, de sa confiance et surtout de son écoute.

Connaissez-vous beaucoup de directeurs d'école qui sont prêts à vous accueillir chez eux le premier jour d'école parce que vous devez attendre votre bus pendant une heure? Connaissez-vous beaucoup de directeurs d'école qui sont toujours à votre écoute et qui à chaque moment de votre vie sont présents pour vous accompagner à travers toutes vos épreuves? Si aujourd'hui je suis certain d'une chose, c'est que sans ce premier rendez-vous, sans Sylvie, sans sa pédagogie et son école, je serais comme je l'étais en arrivant: en échec scolaire.

Grâce à Sylvie, j'ai obtenu deux baccalauréats: un premier baccalauréat S avec mention alors que tous mes professeurs rejetaient ma demande de passage en Première S. Grâce à elle, qui a mis à ma disposition les outils pour réussir et bien grandir, j'ai obtenu un second baccalauréat (ES) avec mention également.

Mais surtout grâce à Sylvie, j'ai grandi, j'ai repris confiance en moi et en mes capacités. Aujourd'hui en troisième année d'École de Commerce en alternance, je lui dois aujourd'hui en grande partie ma vie, mon équilibre et mon bien-être. »

Message des parents de cet élève:

« On n'est pas forcément heureux parce qu'on a onze ans! Et même si l'on est élève d'un collège réputé pour son excellence.

T. était en 5e, mais il devenait sombre. Après un très bon primaire, il déclinait « gentiment », sans faire de bruit, s'habituant à devenir moyen, voire médiocre. Nous avions beau réfléchir, nous ne trouvions pas la clef.

Et puis, juste avant les vacances de Pâques, la décision est prise en quelques minutes: il va quitter ce collège, et son père de proposer: "Pourquoi pas Montessori?", que nous connaissions de réputation par l'intermédiaire d'une enseignante du primaire qui défendait ardemment cette pédagogie.

Le propos n'était pas de "mettre notre fils dans le privé" mais de trouver un lieu où il s'épanouirait ; nous étions convaincus que les résultats scolaires sont plus le symptôme d'autre chose. Nous avons eu une entrevue sur-le-champ avec Sylvie qui se rend immédiatement disponible, les enfants du cours d'anglais qui accueillent T. tout aussi spontanément.

Le lendemain, T. nous donne son accord, sans commentaire (comme à son habitude!) Les commentaires, nous n'en avons d'ailleurs pas tellement besoin. Il est heureux, les notes redeviennent ce qu'elles auraient toujours dû être, sinon excellentes, en tout cas et en fonction des matières tout à fait honorables. Ensuite, il y eut des hauts (fréquents!) mais aussi des bas (gérés avec les enseignants, avec la direction) : bref, une vie d'adolescent.

Mais jamais, jamais, ni T., ni nous, n'avons remis en question la scolarité à l'école, sorte d'engagement mutuel de la part de la direction, des enseignants et de nous-mêmes à suivre une certaine voie. Et ce, malgré les questions du style: "Jusqu'en 3e c'est très bien, mais après, vous ne craignez pas?" ou encore "Pensez-vous qu'il saura se réadapter à un système moins ou plus?"

Et voilà, l'année dernière T. a eu, comme tous les élèves de l'école, son bac, un bac S « du premier coup »!

Et puis, il nous a déclaré malgré son inscription acceptée en école d'ingénieur: "Je préfère changer d'orientation"! Non, tout n'était pas si simple: nous lui demandons d'argumenter. Il avait mûri un autre projet: passer un bac ES pour envisager des études commerciales. Nouvelle réunion avec la direction qui soutient T. nous présente l'enseignement adapté qu'il recevra et ultime année à Montessori: constructive et heureuse elle aussi.

Une année de plus pour mûrir et la preuve que T. a réfléchi en toute liberté, indifférent à son tour aux questions: "Mais un bac ES après un bac S, est-ce bien nécessaire?" Nous verrons bien…

Ce que T. a appris avant tout à l'école – c'est mon interprétation personnelle – et parmi bien d'autres choses: c'est que les adultes sont des alliés avant d'être des censeurs et qu'ils sont là pour aider à prendre son avenir en main. Et notre souhait: qu'il garde le meilleur souvenir de ces précieuses années.

Redonner le goût de l'école

C. est arrivé à l'école après un parcours un peu chaotique dans différentes écoles de l'Ouest parisien. Pendant son année de première, il avait souvent souhaité stopper sa scolarité (il manquait beaucoup les cours et ne voulait plus revenir) mais j'ai toujours essayé de le comprendre, de ne surtout pas le punir pour son absentéisme et de le convaincre de continuer car c'est un garçon extrêmement intelligent, juste pas fait pour le système scolaire. Je suis certaine, et je le lui ai répété maintes et maintes fois, qu'une fois qu'il aurait passé l'épreuve de la réussite au baccalauréat, il réussirait très bien sa vie. C'est uniquement le côté très « scolaire » des épreuves du baccalauréat qui est difficile pour lui. C'est un garçon original, très cultivé, bourré de talents, capable d'organiser des soirées importantes en tant que Dj, preuve qu'il a de grandes capacités qu'il ne peut pas exploiter dans les classes de lycée mais qui lui permettront d'être très performant dans sa vie professionnelle. J'ai toujours tenté de mettre en valeur toutes ses qualités afin qu'il continue toujours à croire en lui et qu'il ne baisse pas les bras. Je suis donc heureuse de voir que, malgré l'échec au bac, il est prêt à continuer. J'ai réussi ainsi ma mission auprès de lui : qu'il puisse croire à nouveau en sa réussite et qu'il se batte jusqu'au bout.

Je tenais à te remercier aux noms des deux frères pour tout ce que tu as fait pour nous. Je tenais aussi à t'apporter un message de soutien pour ces moments difficiles que tu traverses toi et ta famille. L'école était à ton image, une école pleine de vie où chacun s'épanouissait à son rythme. Certes je finis l'année scolaire sur un échec aux examens mais je ressors plus fort de mon expérience au sein de ton école qui m'a redonné goût à l'école, et c'est ce qui est le plus important. Une page se tourne en quittant le Lycée International Montessori, ton école, celle qui nous a apporté à tous un nouvel espoir dans notre réussite scolaire ! Merci pour tout ce que tu as fait pour l'école et pour tes élèves, merci de ton implication ! Bonne fin de vacances, je t'embrasse.

Il faut toujours faire confiance aux enfants ou l'histoire de S.

Quand S. est arrivée au Lycée International Montessori elle avait 6 ans. Pendant sa première année de primaire, elle a appris ses lettres mais ne montrait pas beaucoup d'enthousiasme pour la lecture. Mais ses parents étaient satisfaits car elle était heureuse à l'école, venait chaque jour avec plaisir et avait beaucoup d'amis.

La deuxième année, elle continue à ne pas montrer beaucoup d'intérêt pour la lecture et essaie même d'éviter la séance de lecture quotidienne individuelle. Elle a des difficultés à déchiffrer les mots et commence à être vraiment en retard par rapport aux enfants de son âge. Les fiches de lecture de CE1 lui sont impossibles et donc elle adopte des stratégies pour éviter ce type d'exercices. Parallèlement, elle avance de façon satisfaisante en mathématiques et pour qu'elle ne prenne pas de retard dans les autres matières du français, Sylvie lui lit les consignes, lui fait faire beaucoup d'exercices avec le matériel de grammaire, d'orthographe et de conjugaison propres à la méthode Montessori. Avec cette approche individuelle des apprentissages, S. peut tout de même avancer même si le fait qu'elle n'arrive pas à lire commence à lui peser. Sa mère qui est très à l'écoute de sa fille et de ce que je lui dis, continue à lui faire confiance, ne lui met pas la pression et au contraire la rassure sur le fait qu'elle y arrivera. Moi aussi, voyant que S. est très intelligente, je l'encourage chaque jour sur ses capacités. Nous mettons en place des aides supplémentaires pour aider toujours S., persuadés qu'il y a un blocage qui se réglera si S. ne perd pas confiance en elle et continue à faire des efforts. Les mois passent, S. progresse lentement, commence à déchiffrer mais d'une manière très hachée et ne prend aucun plaisir à lire. Tout ce qui est lié à la lecture est un réel problème. Bien qu'elle ait un caractère très gai et très enjoué, il lui arrive d'avoir des moments de grande tristesse. Tout enfant se sentant en difficulté face à un apprentissage vit des moments de déprime et a besoin d'être énormément encouragé pour ne pas baisser les bras et se laisser tomber dans l'échec. Heureusement, elle sait que ses parents font totalement confiance à l'école et travaillent toujours en collaboration avec elle. Ce qui est très déstabilisant pour l'enfant, c'est lorsqu'il sent que ses parents mettent en doute les compétences de ses professeurs. Sur ses bulletins scolaires, je veille toujours à ne mettre aucun commentaire négatif quant au niveau de S. En effet, au Lycée International

Montessori, on demande aux professeurs d'être très vigilants sur ce qui est écrit chaque trimestre sur les bulletins scolaires. Des mots écrits peuvent avoir un effet très destructif et très perturbant sur les parents et donc sur l'enfant. Ce qui est écrit est souvent lu et relu et entraîne une grande souffrance. Et lorsque les parents commencent à douter des compétences de leur enfant, ce dernier le ressent inévitablement, et si ses parents ne croient plus en lui, comment peut-il garder sa confiance en lui-même et en ses capacités ? Le rôle de l'école est aussi de rassurer beaucoup les parents afin qu'ils ne perdent jamais cette confiance. D'ailleurs, dans la plupart des cas, les parents ont connu une situation similaire de difficultés dans leur enfance et cela réveille tant de choses désagréables chez eux qu'il est difficile de contrôler leurs émotions. Au Lycée International Montessori, je vois souvent arriver des parents très inquiets sur les compétences de leur enfant car dans d'autres écoles, les professeurs et la direction, devant la moindre difficulté d'apprentissage, remettent tout en question. L'enfant a tendance alors à se voir vite comme « le mauvais élève », « celui qui ne comprend rien »... Il faut alors tellement de temps pour permettre à l'enfant et à ses parents de « remonter la pente » et « d'y croire à nouveau ».

Avec S., heureusement tout cela n'est pas arrivé, car je suis toujours restée persuadée qu'elle y parviendrait et je n'ai cessé de chercher à comprendre pourquoi ce blocage était arrivé. J'ai continué à mettre tout en œuvre pour aider S. dans son apprentissage, je lui ai laissé le temps tout en la soutenant toujours. Aussi, lorsque sa mère commençait à exprimer le moindre doute, je ne faisais que la rassurer en lui montrant les grandes compétences de sa fille.

Car malgré tout, S. a continué à montrer une attitude travailleuse, concentrée, très organisée et appliquée. Et puis vers le milieu du CM1, le déclic s'est fait, elle s'est mise à lire très correctement, comprenant tout ce qu'elle lisait. Aujourd'hui en fin de CM2, elle est l'une des élèves qui lit le mieux, elle comprend, elle se souvient, et la plus belle chose : elle aime énormément lire et chaque soir « dévore » des livres avant de s'endormir. C'est même elle qui a conseillé des livres à ses camarades de classe sur le « blog des primaires ». Lors des moments de lecture collective ou individuelle à l'école, elle est toujours la première à vouloir y aller. Elle va rentrer en 6e sans avoir pris de retard dans aucune matière car tout avait été compensé par des méthodes différentes pour qu'elle acquière tout ce qui était au programme. Surtout, elle n'a jamais imaginé qu'elle était une mauvaise élève incompétente. Elle est toujours restée persuadée qu'elle était intelligente, qu'elle y arriverait, qu'on lui laissait le temps et que tout était toujours mis en place pour lui permettre de réussir. C'est une enfant avec une joie de vivre exceptionnelle, toujours à l'écoute des autres, et d'une grande sensibilité qui n'aurait pas supporté le moindre doute quant à ses compétences. Ses parents par leur attitude également toujours positive à l'égard de l'école et des professeurs, lui ont permis de dépasser un blocage et donc de réussir à franchir l'obstacle. Elle sait maintenant qu'elle pourra affronter les difficultés, toujours soutenue par sa famille et l'école et que rien ne sera impossible pour elle.

Comprendre la culture de l'enfant avec Jean-Philippe

Lorsqu'ils sont arrivés en France, les parents de Jean-Philippe, ont inscrit, leur deuxième fils Alex dans notre établissement et Jean-Philippe dans une école très renommée de la région parisienne. Lorsque Jean-Philippe est arrivé en France, il était âgé de 13 ans. Quitter son pays, ses copains, et se retrouver dans une école à la pédagogie très française fut un choc énorme pour lui. Il n'a donc pas bien réussi, et a commencé à se révolter contre tout ce qui représentait les études : d'abord les professeurs, puis les devoirs, les leçons et toute forme d'autorité. En effet, ce type de pédagogie tellement éloigné de ce qu'il avait connu au Canada rendait toute adaptation quasiment impossible. De plus, l'école ne se met pas à la place du jeune qui se trouve déraciné et dans un système si différent ; elle lui demande donc de s'adapter le plus rapidement possible. Il doit « rentrer dans le moule »... Mais Jean-Philippe, très sensible et avec une forte personnalité, ne voulait pas plier ; il souffrait et devenait de plus en plus révolté. Il était provocateur, ne travaillait plus et ne pensait qu'à une chose : rentrer dans son pays... La solution préconisée par cet établissement : le redoublement bien sûr ! Au Lycée International Montessori, on n'a jamais pensé qu'un redoublement apportait une solution constructive à une difficulté scolaire. Ses parents faisant confiance à l'excellente réputation de cet établissement de la région parisienne ont insisté et ont demandé à Jean-Philippe de faire un effort et d'essayer une deuxième année. Pour Jean-Philippe, c'était vraiment très difficile. Il commençait à ressentir de la haine pour tout ce système et ne travaillait plus. Mais, voyant que les choses se dégradaient de jour en jour, ses parents décident de nous demander de prendre Jean-Philippe dans notre établissement. j'hésitais à répondre favorablement car Jean-Philippe paraissait vraiment en pleine révolte. S'adapterait-il à ce mode de fonctionnement très différent de ce qu'il avait connu en France ? Mais j'ai fini par accepter car ses parents semblaient très préoccupés par la situation et tout se passait à merveille avec son petit frère. Dans le même temps, devant tous ces problèmes, le père de Jean-Philippe demandait à sa société son retour au Canada pour la fin de l'année scolaire.

Jean-Philippe commence alors sa scolarité chez nous. Il se révèle être un garçon charmant. Nous essayons au maximum de le respecter, de chercher à le comprendre et surtout de retrouver ses habitudes de Canadien. Peu à peu le dialogue s'instaure entre moi et lui. On parle de tous les sujets, du Canada, de sa vie, de sa façon d'avoir vécu ses années en France, de la scolarité... En fonction de tous ces renseignements qu'il me donnait, j'allais voir les différents professeurs, et leur demandais d'adapter leur comportement à ce jeune garçon venant d'autres horizons que le nôtre. Il est très gentil, apprécie beaucoup les relations qui s'instaurent entre nous et joue tout à fait le jeu de l'école : les plus grands aident les plus jeunes, sont un modèle pour eux, les professeurs et les élèves se tutoient mais toujours en gardant un respect mutuel, il y a une grande attention aux autres cultures. Ce point est important pour Jean-Philippe car au Lycée International Montessori, beaucoup de cultures se côtoient. Jean-Philippe, qui ne se sent plus étranger dans une école française, est heureux de venir chaque jour au Lycée International Montessori. Son évolution est rapide et se remarque chaque jour. Il ne travaille pas beaucoup mais fait ce qu'il faut, il participe beaucoup à la vie de l'école, demande à venir en classe de neige ; bref il se sent bien et la confiance revient. Ses parents sont ravis, ils ont eu très peur de perdre les très bonnes relations qu'ils avaient toujours eues avec leur fils, mais tout cela revient petit à petit. Lorsqu'un jeune est heureux à l'école, il est aussi beaucoup plus agréable chez lui. Les sujets de discorde disparaissent naturellement. Un lien d'amitié très fort se tisse entre lui et moi. Nous discutons ensemble à chaque récréation et tous ces échanges font énormément progresser la situation. Je suis toujours disponible pour des discussions avec les élèves lorsqu'ils le désirent. Inutile de demander un rendez-vous, je suis là pour eux. La classe de neige est un séjour extraordinaire pour lui. Il est vraiment très heureux. Puis vient le voyage en Grèce qu'il réalise aussi avec l'école. Ces voyages sont également des temps très forts dans la vie de Jean-Philippe : des souvenirs inoubliables pour tous. C'est un garçon tellement gentil et sensible qu'il sait redonner au centuple ce qu'il reçoit. Il arrive à faire des choses qu'il n'avait jamais faites auparavant. Sa maman, qui vient à ce voyage en Grèce avec l'école, ne reconnaît plus son fils. Il est ouvert, parle à tout le monde… Elle a retrouvé son fils. Il est tellement heureux et épanoui qu'il n'a plus du tout envie de retourner au Canada, il resterait bien davantage… Mais malheureusement, le retour de la famille pour le Canada est maintenant programmé. La fin de l'année approche, il prépare avec beaucoup d'application le spectacle de fin d'année où il joue un grand rôle composé de danses avec les enfants de maternelles, de théâtre, et de shows avec ses copains de classe. Le spectacle est magnifique en partie grâce à lui. À la fin, il fait un discours extraordinaire et tellement touchant sur tout ce que lui a apporté le Lycée International Montessori : tellement d'émotions en ressortent que tous sont très touchés. En résumé, il y a retrouvé la joie de vivre, le bonheur d'apprendre, la compréhension de tous, et n'a qu'une idée en tête : REVENIR ! Et il tient sa parole car six ans plus tard, le premier voyage qu'il organise : c'est en France qu'il le fait et à Bailly où il vient plusieurs jours nous rendre visite et nous parler de sa vie qu'il réussit très bien maintenant. Il a terminé ses études, a trouvé un métier et aujourd'hui il est devenu le premier élève-papa du Lycée International Montessori. Il a 23 ans, vient d'avoir un petit Ludovic et est devenu un être extrêmement responsable, autonome, sérieux, gardant sa grande sensibilité et il n'oublie jamais toutes les personnes qui l'ont aidées en France à reprendre confiance en sa vie. Régulièrement, nous communiquons ensemble soit par mail, soit par téléphone et il nous a promis que son premier voyage avec sa petite famille serait la France. Récemment au téléphone, il m'expliquait : « c'est grâce à ce coup de pouce que j'ai pu être ce que je suis aujourd'hui ». Au Lycée International Montessori, l'accent est toujours mis sur la compréhension de l'élève, de sa culture, de son mode de fonctionnement par tous les moyens possibles de communication (mails, SMS…). On lui demande de rester lui-même et c'est nous qui devons nous adapter à lui, surtout ne pas le changer, aller vers lui, et s'adapter à sa personnalité. On sait très bien que la majorité de ces enfants étrangers rentreront un jour dans leur pays ou partiront dans un autre, il faut donc absolument qu'ils restent eux-mêmes pour ne pas perdre leur identité propre. Un exemple comme celui de Jean-Philippe, on en rencontre tous les jours et il est vraiment rare que l'on échoue. Même dans des cas où des enfants ne parlent ni le français, ni l'anglais, il est toujours possible de faire son maximum pour aller vers eux et leur donner une place à l'école pour leur rendre la vie la plus heureuse possible. Nos élèves au Lycée International Montessori entrent dans un espace où ils ressentent un bien-être qui leur confère une force et une capacité d'adaptation pour leur avenir, dans les études supérieures et dans la vie sociale.

L'enfant timide

Lorsque les parents d'I. sont venus l'inscrire elle était dans une maternelle publique, avait 5 ans et était d'une rare timidité. Pendant toute son année de maternelle, elle n'avait jamais osé parler à sa maîtresse. Ses parents cherchaient une école avec de petits effectifs où leur fille serait protégée et pourrait s'épanouir tranquillement en aimant travailler.

Pendant tout l'entretien, I. écoutait mais ne participait pas. Elle était cependant très attentive à notre conversation. Le jour de la rentrée, lorsque chacun s'est présenté, elle n'a pas souhaité le faire, je n'ai pas insisté pas. Puis les jours ont passé, I. observait tout ce qui se passait et était très active lors du travail individuel. Elle avait une très grande soif d'apprendre. Elle gérait son temps et son travail avec une rare maturité. Elle travaillait, travaillait et progressait très rapidement. Régulièrement, je lui présentais un nouveau matériel et elle adhérait totalement.

Elle était dans la réussite totale. Plus les jours passaient et plus elle me sollicitait pour travailler avec elle. Le reste du temps, elle travaillait avec grande autonomie. Elle est toujours restée à l'extérieur des conflits de la classe tout en observant tout ce qui se passait. Elle avait un petit groupe d'amis avec qui elle communiquait beaucoup.

Je l'ai laissée venir à son rythme quand elle l'a souhaité et peu à peu s'est instaurée entre nous une grande complicité. Les relations avec ses parents ont toujours été excellentes. Ils me faisaient confiance. Pour eux, l'essentiel était que leur fille ait toujours envie d'aller à l'école et de travailler. Ils la suivaient à la maison, lui faisaient faire le peu de devoirs que je donnais et ainsi elle se trouvait toujours en situation de réussite.

Elle lit bien, elle écrit parfaitement, elle fait toujours ses dictées sans fautes, récite ses poésies avec aisance et prend confiance en elle. Je la félicite régulièrement sans trop en rajouter car elle se rend compte de ses progrès. Elle prend de plus en plus confiance en elle, elle mène sa vie à l'école sans être influençable. Elle est forte. Peu à peu, elle se met à participer à tout et n'est plus timide.

Ses parents me racontent que partout où elle va, elle prend la parole devant les adultes. Ils sont même obligés de l'inciter à se taire. Elle n'arrête plus de parler. Leurs amis ne la reconnaissent pas.

Elle termine son programme de CP très vite puis commence celui de CE1 sans jamais y être poussée ni par ses parents ni par moi. Elle a confiance en ses capacités, en l'être fort et solide qu'elle est. Elle est autonome et sait qu'elle peut tout faire. Elle est curieuse de tout et demande toujours d'apprendre de nouvelles notions. Ainsi, on a pu étudier ensemble les grands nombres, les quatre opérations, beaucoup de notions de conjugaison et de grammaire ; elle en redemande toujours.

Elle est heureuse de venir à l'école, s'épanouit de jour en jour, adore travailler, me dit que lorsqu'elle est en vacances ou en week-end, elle n'attend qu'une chose : revenir dans la classe. Pourtant elle fait un long trajet chaque jour pour aller et venir de l'école - parfois jusqu'à trois heures - et jamais elle ne s'en plaint.

On peut être un élève Montessori en quelques jours à n'importe quel âge

T. est arrivé au Lycée International Montessori pour la rentrée de septembre après une scolarité très mouvementée : deux redoublements, de nombreux changements d'établissements et enfin un échec au baccalauréat.

Après un mois de septembre au cours duquel il s'est adapté aux nouvelles méthodes de l'établissement et où il s'est rapproché de certains élèves de la classe de terminale, il a commencé à nous montrer sa véritable personnalité. Il s'est avéré être un garçon doué de grands talents d'imitateurs, très gentil et ayant un excellent contact avec les élèves des classes de primaire, ainsi qu'avec les adultes du corps professoral et de la direction.

T. était un garçon timide, ayant souffert de bégaiement et de surpoids dans son enfance et même son adolescence. Dans ses précédentes écoles, il était toujours prêt à se faire remarquer, à chahuter ne redoutant absolument plus les punitions diverses. Il est arrivé au Lycée International Montessori grâce à un autre élève qu'il connaissait et qui avait réussi son bac après uniquement six mois de scolarité chez nous, malgré bien des échecs ailleurs aussi.

T. portait une image très négative du monde de l'école, des professeurs et de ses dirigeants. Néanmoins, il a une très grande qualité, il est très ouvert et toujours prêt à trouver le positif en toute chose.

On entend souvent qu'un élève qui n'a pas été scolarisé dans une école Montessori depuis son plus jeune âge, ou au moins depuis plusieurs années, ne peut pas s'intégrer, ni s'adapter aux nouvelles méthodes mais T. nous a prouvé le contraire.

Au fil des mois, il est devenu un élément moteur de cette classe de terminale, avec un état d'esprit souvent beaucoup plus montessorien que certains élèves à l'école depuis longtemps. Il a accepté le rôle de responsable de la classe et a su l'assumer avec brio, c'est-à-dire en prenant les initiatives pour organiser les différentes activités du groupe, que ce soit les sorties ou les cours supplémentaires, en effectuant des interventions auprès de la direction pour organiser d'une manière plus optimale certaines leçons, en tenant vraiment bien sa place pendant les conseils de classe. En dehors des activités de la classe, T. était présent pour aider à la surveillance des autres classes quand il le fallait, s'est montré très attentif aux plus jeunes, les aidant au sein de leur classe dans certaines de ses heures libres, il n'hésitait pas à prendre en charge des élèves de collège plus jeunes et ayant besoin de parler avec un élève comme eux mais plus âgé. Il s'est montré un guide pour ces jeunes. Par rapport à lui-même, il a été très responsable, organisant ses temps libres pendant la journée de cours en assistant à des cours de maths, ou en faisant plus d'anglais s'il le jugeait nécessaire. Il a donc été un vrai « Montessorien » : autonome, organisateur de sa vie, responsable et faisant tout pour mener à bien son projet. Durant la classe de neige, ayant les qualifications nécessaires, il a également proposé de prendre en charge un groupe de jeunes skieurs à la place d'un moniteur de ski. Le soir, il donnait également de son temps pour assister aux animations avec les petits.

Lorsque les professeurs le voyaient agir, ils pensaient tous que T. était à l'école depuis plusieurs années. La méthode Montessori lui convenait totalement. Au fil des mois, il s'est énormément épanoui, commençant à prendre confiance dans ses capacités. Plus il prenait confiance, plus les résultats positifs suivaient, plus il recevait de compliments du corps enseignant et de la direction, plus il continuait à prendre confiance en lui et plus il mettait en valeur toutes ses qualités humaines. Sa famille et ses amis le voyaient changer positivement et plus il le sentait, plus ses qualités humaines ressortaient.

Sa mère, avec laquelle il vit, m'a d'ailleurs envoyé des messages de remerciements, disant tout son bonheur de voir son fils aussi transformé et épanoui. Toutes ces qualités étaient en T., il avait juste besoin de se sentir bien, de savoir qu'il était apprécié pour les faire jaillir. À l'approche du bac, encore une fois, il a fait preuve d'un esprit très montessorien : il a reconnu ses faiblesses et nous avons tout mis en œuvre pour les combler ; il a géré son temps et ses révisions par lui-même en venant travailler à l'école tous les week-ends, il a compris la grande disponibilité et la générosité des professeurs du Lycée International Montessori, et tout en ayant un grand respect pour eux, il a su les solliciter afin d'optimiser ses révisions et le résultat final. Il a réussi son bac S avec une moyenne tout à fait satisfaisante et un 18 en Sciences de la Vie et de la Terre, ce qui s'avérait très important pour lui vu qu'il se dirige maintenant vers des études de podologue.

Avant les résultats du bac, sa mère témoignait encore de sa joie de l'avoir inscrit dans notre établissement, car elle savait maintenant qu'il avait pris confiance en lui et qu'il réussirait son avenir. Elle est d'autant plus heureuse que T. a maintenant hâte de reprendre les cours, il saura maintenant s'adapter partout et montrer le meilleur de lui-même quel que soit l'endroit où il sera car il a confiance en ses capacités. Forte de cela, elle a même inscrit son plus jeune frère. L'an prochain, lorsque T. aura du temps libre, il viendra donner des cours et soutenir les enfants plus jeunes. Il est devenu un élève très important de l'école, avec une immense popularité auprès des parents et des jeunes élèves.

Personne ne peut croire que T. n'avait pas une bonne image dans les autres écoles, tellement il a su se faire apprécier de tous. Encore une fois, la méthode qui consiste à encourager, à valoriser, à donner confiance et à chercher chez les élèves toujours le meilleur d'eux-mêmes est une méthode qui réussit à tous et qui réalise des miracles. T. m'a fait le plus beau des cadeaux en me disant que nous avions changé sa vie et qu'il était devenu meilleur. Merci T. de nous prouver encore que ce choix de pédagogie est le bon.

Sa maman l'exprimait d'ailleurs ainsi : *Suite à des problèmes familiaux, mes enfants se sont trouvés en échec scolaire. Ils étaient dans un lycée classique qui ne leur convenait pas. J'ai eu la chance de découvrir le Lycée international Montessori par l'intermédiaire d'un de nos amis. Sans hésiter, la direction a accepté de prendre mon fils afin qu'il repasse le bac au sein de cette école ; mon fils a complètement changé, soutenu par ses professeurs et Sylvie.*

Il s'est remis à travailler, à combler ses lacunes et surtout reprendre confiance en lui. Cet enfant stressé, mal dans sa peau, est redevenu un adolescent joyeux, qui a passé son bac avec succès et qui peut maintenant poursuivre ses études et espérer faire le métier qui l'attire : podologue.

Le souci de la prise en charge individuelle des enfants, qu'ils soient en avance ou en retard, sans les montrer du doigt, est vraiment un élément primordial dans cette réussite. Les enfants sont en confiance et ont envie de travailler. Il existe un grand respect d'autrui à Montessori et chacun y a sa place et peut s'épanouir.

Mon dernier fils a également intégré Montessori et s'y épanouit pleinement. Cela leur a permis à tous les deux de se remettre dans le système scolaire et de passer leur bac. Ils ont retrouvé le goût des études. Montessori est une grande famille où les enfants sont soutenus et aides.

Sans Montessori, je ne suis pas sûre que mes enfants auraient surmonté leurs difficultés et pu poursuivre leurs études. Je remercie sincerement Sylvie et son équipe de les avoir aidés à retrouver l'envie d'apprendre. Aujourd'hui, ce sont des adolescents épanouis qui travaillent avec plaisir.

L'ENFANT DYSLEXIQUE OU QUAND UNE DIFFICULTÉ PEUT DEVENIR UNE FORCE

« Considérer l'école comme l'endroit où l'on débite l'instruction, c'est un point de vue, mais considérer l'école comme une préparation à la vie, c'en est un autre, et dans ce dernier cas, l'école doit satisfaire à tous les besoins de la vie. Une éducation qui consiste à corriger l'enfant, ou à lui faire accepter la suppression de ce qui constitue véritablement son existence, est une éducation qui pousse l'enfant vers une anomalie. » Maria Montessori, *De l'enfant à l'Adolescent.*

S. est un enfant bilingue (car sa mère est anglaise et son père français) très sensible, émotif et avec une grande volonté. À quatre ans, lorsqu'il commence à apprendre à lire, il rencontre de grandes difficultés : il n'arrive pas à retenir les lettres. Pour lui, il n'est pas du tout évident qu'un son corresponde à une lettre.

Sa mère, inquiète, va voir une orthophoniste qui détecte une dyslexie : S. aura donc beaucoup de mal à apprendre à lire et à écrire. L'orthophoniste conseille même vivement à sa mère d'arrêter de lui parler anglais car deux langues peuvent ajouter des confusions supplémentaires et mettre l'enfant en échec total.

Lors d'un rendez-vous avec moi, la maman de S. me fait part très tristement du diagnostic de l'orthophoniste. Je lui conseille de continuer à lui parler anglais car il est très important qu'une maman parle sa langue maternelle avec ses enfants pour, au-delà du sens des mots, leur transmettre ses sentiments et ses émotions. Un enfant en difficulté ne doit pas passer à côté de l'avantage de parler deux langues couramment.

Sa mère décide donc de continuer à lui parler anglais et, dès la maternelle, S. suit un enseignement bilingue au Lycée International Montessori (matin en français et après-midi en anglais). Chaque après-midi, je le prends individuellement pour des cours supplémentaires afin de l'aider à apprendre à lire. Ce n'est pas facile pour lui, mais il y met tellement de bonne volonté et de courage qu'il progresse toujours.

Le plus important est de permettre à l'enfant de toujours progresser dans ses acquisitions. Même si les progrès sont lents, le principal est de toujours avancer. Il faut donc mettre tout en œuvre pour que l'enfant ait cette sensation de progrès continuel.

Au bout de 2 ans, S. finit tant bien que mal par savoir à peu près lire. L'écrit n'est pas facile non plus mais il est toujours très encouragé par ses professeurs qui l'entourent en créant un climat d'aide et de confiance. Il reconnaît que c'est plus difficile pour lui que pour d'autres mais je lui explique toujours qu'avec cette difficulté, il développe des qualités exceptionnelles qui le rendront plus fort.

En effet, pour y arriver, il doit travailler beaucoup plus que les autres, passer plus de temps sur ses devoirs, se concentrer davantage et faire toujours preuve d'une grande volonté. Et surtout ne jamais se décourager. De nombreuses fois, tout au long de sa scolarité, il a été nécessaire que j'aie avec lui de longs entretiens pour le rassurer sur ses grandes capacités.

Plus les années passent et plus il devient bon élève. Tous ses efforts portent leurs fruits. Grâce au sport, discipline dans laquelle il s'investit pleinement, il devient un être vraiment complet et très compétent. À chaque trimestre, les professeurs ne tarissent pas d'éloges sur son comportement exemplaire et sur la qualité de son travail.

Même si on se rend compte qu'il a encore des faiblesses dans certaines matières, les encouragements lui permettent de tenir et d'évoluer. Il réussit tous les examens d'anglais de

Cambridge qu'il présente.

En 1re, aux épreuves anticipées, il obtient la note de 16 à l'écrit de français, 10 à l'oral de français, 20 en TPE et 16 en sciences de la vie et de la terre. En terminale, il travaille énormément mais ce n'est pas un problème pour lui car il a toujours été dans l'obligation de fournir plus d'efforts que les autres pour y arriver. « *Il n'est point de bonheur sans liberté ni de liberté sans courage* », disait Periclès.

Contrairement à ceux qui n'ont pas été habitués à faire des efforts importants, il y arrive sans problème. Et c'est maintenant S. qui fait la différence mais de manière positive. Il obtient de meilleures notes dans la majorité des bacs blancs et malgré les difficultés qu'il a pu rencontrer à l'écrit dans sa scolarité, il pense s'orienter vers Sciences Po. Plusieurs professeurs ayant suivi cette formation pensent qu'il en est tout à fait capable. En histoire-géographie et en économie, il rédige de tellement beaux devoirs que ceux-ci sont cités en exemple.

Ainsi, lors des épreuves du baccalauréat en terminale, il domine tous les élèves de sa classe. Il obtient une mention bien au baccalauréat ES avec 15,6 de moyenne et des notes extraordinaires dans toutes les matières (notamment 18 en histoire pour une dissertation).

Il n'a laissé aucune matière de côté, puisqu'il a obtenu aussi 18 en sport après s'être entraîné plusieurs fois par semaine en natation et en tennis de table. En effet, lorsqu'on a été capable d'aiguiser sa volonté depuis le plus jeune âge sans jamais se décourager, cette volonté est là pour toujours et partout. Et c'est ainsi que S. est devenu de loin le meilleur de sa classe dans toutes les matières alors qu'au départ plusieurs de ses camarades de terminale obtenaient des résultats bien supérieurs aux siens.

La conclusion de tout cela est que, malgré une grande difficulté, à condition d'être soutenu individuellement et encouragé – attention au découragement – un enfant avec un handicap peut développer des qualités exceptionnelles. Car « le plus puissant de tous les leviers, c'est la volonté », affirmait Lammenais.

S. aura découvert des facultés en lui qu'il n'aurait pu soupçonner si on l'avait persuadé de son incapacité. Il se réalise et s'accomplit totalement dans son travail dans lequel il puise toute l'énergie dont il a besoin pour se dépasser.

Il a obtenu sa licence de droit avec mention assez bien et une moyenne de 12,8.

Un enfant qui a vécu un drame peut retrouver sa joie de vivre

Quand Jérôme est arrivé au Lycée International Montessori, il venait de vivre un drame familial particulièrement marquant. Il était alors âgé de 10 ans et l'école dans laquelle il était, avait demandé un redoublement de son CM1.

J'ai refusé ce redoublement car pour Jérôme, qui avait déjà beaucoup perdu sa confiance en la vie, c'était un échec supplémentaire qu'il fallait absolument lui éviter. D'autant plus que le programme du CM2 étant très proche de celui du CM1, cela n'aurait aucune conséquence sur sa future scolarité. Il faudrait uniquement mettre en place des cours de soutien pour lui permettre de combler certaines lacunes.

Au début de l'année, il était très fermé, ne parlait à personne, ne regardait ni les adultes, ni les autres élèves, et s'asseyait toujours à une table individuelle où il se retrouvait face au mur. J'ai respecté ce besoin de solitude, lui proposant uniquement une aide dans son travail. Ce qui est très important, c'est de respecter l'enfant, de le laisser évoluer à son rythme, de l'observer pour essayer de comprendre sa façon de fonctionner. Sans obliger l'enfant à exprimer sa douleur, pourquoi ne pas faire aussi tout notre possible pour lui redonner le goût des choses, l'envie d'apprendre, de progresser, d'avancer et de réussir…

Parfois, dans une situation traumatisante l'enfant se sent responsable et ses valeurs s'effondrent momentanément pour laisser place au doute, à l'incertitude, l'empêchant de construire sa vie sereinement. Par la réussite dans son travail, il peut reprendre confiance en lui en développant des valeurs personnelles comme le courage, la confiance qui lui permettent de construire pierre après pierre l'édifice de sa vie.

La personne qui a mis en exergue ses capacités renoue un contact afin de progresser dans le travail. Dès que Jérôme a montré ce désir de communiquer avec moi, les choses sont devenues beaucoup plus faciles. Une fois que l'enfant laisse une porte s'entrouvrir, l'adulte peut alors tout mettre en œuvre pour l'aider. Il était aussi absolument nécessaire de s'appuyer sur les autres élèves pour organiser un environnement totalement favorable à l'épanouissement de Jérôme. C'est là aussi l'importance d'avoir les enfants plusieurs années dans la classe du même professeur qui les connaît mieux et donc gère efficacement leurs façons de réagir. Dans une classe, on peut toujours s'appuyer sur l'aide que peuvent apporter d'autres élèves pour apporter un soutien à leur camarade en souffrance; ils font preuve dans ces moments d'une grande compassion.

C'est ce que j'ai mis en place autour de Jérôme qui est petit à petit devenu sociable, acceptant l'invitation des autres à venir jouer avec eux. Dans un même temps, il s'est beaucoup plus intéressé à ce qu'il faisait, demandant de plus en plus d'aide, ce qui lui permettait de progresser plus rapidement et de lui donner encore plus envie de travailler et d'avancer. Parallèlement, il s'est mis à communiquer davantage, il ne s'isolait plus dans la classe et au contraire se joignait aux autres. Il retrouvait même une certaine gaieté.

Des aides ont été également mises en place pour ses devoirs afin qu'il ne soit jamais pris à défaut sur son travail. Si certains exercices étaient un peu difficiles pour lui, je l'aidais le plus possible afin qu'il ne se sente jamais en échec mais au contraire dans un processus de réussite et de valorisation.

Plus les mois ont passé et plus sa joie de vivre est revenue. Il vient maintenant à l'école en courant et un membre de sa famille nous disait que dès qu'il le déposait devant l'école, son visage s'éclairait, qu'il avait aussi considérablement changé dans sa vie privée même s'il était encore un peu renfermé. Devant cette transformation extraordinaire, il a décidé d'inscrire les deux jeunes sœurs de Jérôme au Lycée

International Montessori.

Les enfants ont d'énormes capacités pour remonter la pente après un événement tragique à condition d'être bien accompagnés. Par contre, il faut rester toujours vigilant et rassurant car la perte de confiance en la vie peut revenir aussi très vite.

Un investissement important dans son propre travail génère des moments de réussite que l'on ne doit qu'à soi-même. L'enfant est alors conforté dans l'idée qu'il peut s'en sortir par lui-même, cette notion d'autonomie est fondamentale lorsqu'on aborde les difficultés de la vie.

AIDER UN ÉLÈVE DÉSTABILISÉ

Lorsque je suis arrivé à l'École Montessori au début du mois d'octobre de l'année 2006, j'étais un élève déstabilisé par un passé familial assez touchant, et c'est cette année-là que j'ai rencontré Sylvie d'Esclaibes. Très vite, elle m'a ouvert les portes de son école pour que je puisse continuer mon année de Première et de Terminale à Montessori. Venant d'une institution privée de St Germain en Laye, je me suis senti dans un environnement très différent mais surtout très agréable où je voyais des sourires sur le visage des élèves. Dès le jour de mon arrivée, Sylvie m'a expliqué le fonctionnement de son école sur un point de vue éducatif mais aussi moral. En effet, grâce à son aide et à son ouverture d'esprit, moi-même, mais aussi plusieurs de mes camarades de classe, anciens et nouveaux, avons été préparés aux épreuves tant redoutées du baccalauréat. Pour moi, le baccalauréat était un objectif primordial mais je ne connaissais pas la difficulté et le niveau de préparation requis pour avoir accès à ce passeport. Après un long passage dans cet institut réputé, depuis le CE2, je pensais être déjà prêt à passer cet obstacle, mais avec l'éducation très internationale de mes parents, britannique et ibérique, je ne m'étais jamais intégré dans une institution classique avec des personnes à l'ego surdimensionné.

C'est alors que j'ai entendu parler de l'École Montessori à Bailly, une école dont on disait beaucoup de bien, avec un corps professoral compétant, surtout chez les anciens professeurs qui sont au point sur l'enseignement de l'école, et une direction toujours à l'écoute de ses élèves, ce qui est très rare dans nos écoles en France. Sylvie d'Esclaibes a toujours eu un lien avec tous ses élèves, des plus petits aux plus âgés et a su nous ouvrir l'esprit sur le monde d'aujourd'hui tout en développant nos propres capacités et en nous encourageant sous toutes formes. Grâce à elle, nous avons pu mettre en avant plusieurs éléments essentiels de la vie scolaire et sociale et c'est ainsi que tous les élèves, quels que soit leurs problèmes, mentaux, physiques, familiaux, ont su bien vivre ensemble. Je suis arrivé dans une année très importante pour mon éducation, l'année du bac de français et de SVT, et du TPE.

En tant que délégué de ma classe, en Première et Terminale, j'ai souvent eu de longues discussions avec Sylvie d'Esclaibes afin de trouver des solutions pour avoir un maximum de réussite dans nos examens. Souvent, elle a mis en place des activités de révision et a ouvert l'école les fins de semaine pour que nous puissions nous retrouver en groupes et étudier ensemble, au lieu d'être seul chez soi. De plus, c'est lors de moments les plus intenses pour les élèves qu'elle a su relever le défi, en nous encourageant et en organisant des activités de groupes et de motivation, comme on peut en trouver en études de premier et second cycle universitaire mais aussi en entreprise.

Je ne garde que de bons souvenirs de mes deux années passées à l'école Montessori, et sans elle, je ne serais jamais allé dans l'université de mes rêves, l'Université McGill à Montréal. Connaissant les différents systèmes universitaires français, britanniques et américains, Sylvie d'Esclaibes a su m'aider directement avec les processus d'inscription, ce qui ne se fait pas du tout dans les autres lycées français. Les systèmes sont complètement différents et grâce à elle, la transition France-Canada s'est très bien faite.

Aujourd'hui, je suis étudiant de 3e année à l'Université Concordia, toujours à Montréal. Je suis un Bachelor d'Économie et d'Espagnol, qui aurait été très difficile sans l'obtention du Diplôme Cervantes que Sylvie m'a fortement recommandé de passer avant de partir à l'université. En plus d'être étudiant, je travaille chez « Juste pour rire », une entreprise de production théâtrale. C'est dans ma vie de tous les jours, à l'université et au travail, que je reprends des fondements de l'éducation et de l'enseignement établis par Mme d'Esclaibes, une directrice dont je me souviendrai toujours à cause des efforts acharnés qu'elle a faits pour les élèves de l'École Montessori, ses élèves.

Mettre en valeur tous ses dons

E. est arrivé à l'école quand il avait huit ans. Ses talents d'artiste et de musicien sont tout de suite devenus évidents tant il brillait par son charisme sur scène aussi bien au théâtre que pendant les concerts de l'école. C'était un élève toujours sympathique et enjoué qui faisait l'unanimité dans les classes où il étudiait et où il a toujours travaillé de façon très régulière. De nationalité américaine, E. a obtenu avec brio les IGSCE de littérature, langage et histoire de l'Université de Cambridge et, en 2008, son baccalauréat ES, tout cela en parallèle avec sa passion pour la musique, le chant et la composition qui le conduisait à se produire très souvent en public. En juin 2011, E. a obtenu son bachelor « media art, television and film » de l'Université de Royal Holloway.

Retrouver confiance en soi et réussir

Véronique est arrivée à l'école en classe de seconde. Elle avait totalement perdu confiance en elle et ne croyait plus du tout qu'elle pourrait réussir.

Elle était parfois même complètement paralysée devant le fait de passer les examens et refusait souvent de se présenter aux épreuves d'entraînement organisées régulièrement à l'école. Véronique est une fille très sensible qui pouvait facilement perdre ses moyens. Mon but était de la sécuriser et de la rassurer sur ses capacités en mettant particulièrement en valeur sa grande créativité en arts plastiques et en photographie, don que j'admirais beaucoup et pour lesquels je n'hésitais pas à m'extasier avec beaucoup d'enthousiasme.

Il était aussi très important de lui permettre d'acquérir une bonne visibilité de ses possibilités d'avenir en l'aidant à constituer de nombreux dossiers d'inscription dans les différentes écoles d'art susceptibles de l'accueillir. C'est ainsi qu'avant de passer son bac, Véronique savait qu'elle était acceptée dans l'école de son choix.

« En rentrant en France après avoir vécu 8 ans aux États-Unis, j'ai du m'adapter à un système scolaire français très strict et très exigeant. Trois ans plus tard, je suis allée à Montessori car j'étais en échec scolaire avec 7 de moyenne générale et aucune confiance en moi.

Sylvie m'a accueillie les bras ouverts dans son école, j'ai découvert une directrice et un corps enseignant très agréables. Une école où le tutoiement avec les adultes, l'ouverture d'esprit et la générosité ne pouvaient qu'être bénéfiques et me permettre de travailler d'une façon décontractée. Quelques mois plus tard, mes notes grimpèrent et je repris progressivement confiance en moi.

Grâce à Sylvie, j'ai eu la chance d'avoir un enseignement qui me correspondait parfaitement, de rencontrer des camarades et des professeurs formidables, et surtout de me découvrir moi-même. Son soutien aussi bien que celui de mes professeurs m'ont permis de croire en mes capacités. J'ai eu mention Bien au baccalauréat, chose qui aurait été inconcevable si j'étais restée dans mon ancienne école. J'ai postulé pour l'École Boulle et je fus choisie dans une classe de 18 personnes parmi 3 000 demandes.

Ces années m'ont permis de passer de bons moments à l'école, mais aussi de construire des souvenirs mémorables autour d'événements tels que la classe de neige et les spectacles de fin d'année qui se déroulaient toujours dans la joie de vivre. »

Lorsqu'un enfant retrouve sa sérénité et sa joie de vivre

J'aime beaucoup la citation d'Albert Einstein que cite cette maman : « Un problème créé ne peut être résolu en réfléchissant de la même manière qu'il a été créé ». Nous voyons tellement de parents qui, face aux problèmes qu'ils rencontrent avec leur enfant à l'école, le changent juste d'établissement en passant souvent du privé au public et se rendent compte que rien ne s'arrange. Ils ne comprennent pas qu'il faut simplement trouver une pédagogie adaptée et la meilleure est la pédagogie Montessori qui tient compte de l'enfant. Et bien souvent, ces parents attendent trop longtemps et il est alors très difficile d'aider l'enfant et de lui permettre de reprendre confiance en lui.

Lisez ce témoignage et partagez-le avec tous les parents et enfants qui vivent des moments très difficiles à l'école. Il existe des solutions…

« *Bonjour Sylvie,*

Je viens de lire votre article « Plus nous protégeons nos enfants, moins nous les protégeons », il est tellement juste ! Il résume parfaitement le processus conduisant à la perte de confiance, aussi bien chez l'enfant que chez ses parents. Nous sommes passés par beaucoup de ces étapes avec notre fille jusqu'au jour où nous avons enfin compris que ça ne s'arrangerait pas comme ça mais qu'au contraire, si on continuait ainsi, ça empirerait. Il nous est apparu évident qu'il fallait changer des choses dans notre vie pour que ce que nous ne voulions plus vivre ne fasse plus partie de notre vie, pour reprendre une citation d'Albert Einstein : « Un problème créé ne peut être résolu en réfléchissant de la même manière qu'il a été créé ». Notre fille ne s'adaptait pas à l'école, n'avait aucun plaisir à y aller, alors il fallait la changer d'école mais trouver une école ayant une approche différente parce que « la folie, c'est se comporter de la même manière et d'attendre un résultat différent ». Elle avait déjà changé d'école mais c'était toujours la même pédagogie alors pourquoi le résultat aurait-il été différent ?

Nous avons pris la décision de l'inscrire dans une école Montessori où la pédagogie est différente et nous ne le regrettons pas parce que du changement, il y en a eu. Nous avions laissé notre fille à trois ans devant la porte de l'école pleine de joie et toujours souriante et la retrouvions sept années plus tard inhibée par de nombreuses peurs et ayant perdu sa joie de vivre. Aujourd'hui, elle se reconstruit progressivement une vie remplie de petits bonheurs et en deux années, le changement est radical. Elle reprend confiance, affirme son caractère, s'intéresse de plus en plus à ce qu'on lui propose de faire, est heureuse. C'est vrai qu'elle n'est pas particulièrement protégée et pourtant elle se sent en sécurité ; elle doit se débrouiller seule pour s'affirmer face à ses camarades et ce n'est pas si facile mais chaque victoire si petite soit-elle la porte un peu plus loin vers plus d'autonomie.

Je pense qu'un des problèmes de l'école « traditionnelle » est que certains enfants n'y trouvent pas leur place parce qu'ils ne comprennent pas ce qu'ils viennent y faire. Pour eux, écouter passivement parler un enseignant, apprendre par cœur des leçons (pour peu qu'ils aient des difficultés à apprendre par cœur, le désintérêt est grand!) n'a aucun intérêt, aucun attrait. Ils se désintéressent progressivement et perdent leur joie de vivre – cela a aussi été pour nous un élément déclencheur de la nécessité de trouver une école différente.

Dans votre école, on se sent bien aussi en tant que parent. Ce que je trouve vraiment différent même en sixième est que l'élève apprend en s'entraînant, en faisant des exercices, il avance à son rythme, sans ressentir de pression. Il a un planning à respecter et comprend de lui-même que s'il ne travaille pas régulièrement, le travail s'accumule et qu'à un moment, il aura pris trop de retard et aura trop de choses à faire. Cela le responsabilise. Finalement, il ressent une certaine satisfaction à respecter son planning. En retrouvant confiance en elle, notre fille commence à trouver de l'intérêt à ce qu'elle fait et même du plaisir à travailler. Elle comprend qu'elle n'a pas besoin qu'on l'aide à arriver à un résultat mais besoin qu'on l'y accompagne, la guide en lui donnant des pistes pour y parvenir et que c'est aussi sur ce « chemin » qu'on découvre de l'intérêt pour ce qu'on fait et qu'on éprouve de la satisfaction. Le résultat n'est finalement pas si important parce que c'est tout au long de la route qu'on éprouve du plaisir.

Un grand merci pour cette année scolaire, pour ma part je dois dire que c'est l'année la plus sereine que j'ai passée jusque-là (et j'espère qu'il y en aura plein d'autres!), parce que lorsqu'un enfant est en souffrance à l'école, c'est toute la famille qui souffre et que lorsqu'il retrouve sa sérénité et son enthousiasme, c'est toute la famille qui les retrouve avec lui. Bravo pour votre blog! Je vous souhaite un bon week-end et plein de beaux articles. »

Diagnostiquée dyspraxique, dyscalculique, dyorthographique et hyperactive ?

Ma fille a intégré l'École Athéna Montessori en septembre 2013 en CM1, après avoir passé ses premières années d'école dans l'enseignement public. Après avoir vu de nombreux spécialistes, elle a été diagnostiquée dyspraxique, dyscalculique, dyorthographique et hyperactive. Le CP s'est déroulé avec une maîtresse compréhensive ; durant le CE1, nous avons été convoqués pour un redoublement (le neuropédiatre a expliqué au corps enseignant que cela ne servait à rien de faire redoubler un enfant dyspraxique ; ce n'est pas parce qu'elle n'arrivait pas à exprimer par écrit ses leçons qu'elle ne les savait pas et qu'il fallait mettre en place des évaluations à l'oral) ; de ce fait, ils se sont rendu compte, en effet, que ma fille avait le niveau. Je ne vous parle pas du casier trop petit (les affaires tombaient tout le temps), du matériel perdu, des devoirs non pris car pas assez de temps pour les écrire, des remontrances, des punitions… Nous avions fait une demande d'AVS, mais cela nous a été refusé car notre fille n'était pas considérée comme handicapée et les maîtresses devaient mettre en place des méthodes adaptées.

Le CE2 est arrivé ; tout de suite, le discours de la maîtresse a été : si vous aviez eu une AVS, je ne l'aurais pas acceptée dans ma classe car je ne supporte pas de travailler avec quelqu'un. Je vais mettre en place des évaluations à l'oral, des copies de leçon…

Notre fille a commencé à prendre un traitement pour l'hyperactivité ; elle le supportait très mal (par exemple déprime totale). De plus, il n'y avait pas vraiment de résultat sur la concentration. Aucun effort n'était valorisé ; toujours la coupe à moitié vide (alors qu'elle faisait des progrès), des punitions écrites (c'est sûr que c'est ce qu'il faut donner à un enfant qui a déjà du mal à écrire !), la laisser toute seule dans la classe (alors que la cloche avait sonné, pour lui faire comprendre qu'elle était trop lente !), pas une sortie de fin d'année, des devoirs à n'en plus finir (on y passait 1 h 30 tous les soirs ; on avait une vraie boule au ventre lors de l'ouverture du cahier de textes…) Les enfants lui répétaient ce qu'ils devaient entendre en classe : tu es lente, tu ne vas pas y arriver… Moqueries… Un cauchemar… Je n'osais même plus parler à la maîtresse.

Et un jour, j'ai trouvé le blog de Sylvie d'Esclaibes. J'ai eu de la chance, une journée portes ouvertes était organisée quelques jours après. Tout de suite, la petite structure m'a plu ; le fait que tous les enfants du primaire soient ensemble est un atout. Une méthode sans pression de notes, un suivi individualisé et une vraie prise en charge par l'enfant de ce qu'il doit faire. J'ai trouvé des gens attentifs, disponibles et qui comprenaient enfin de quoi je parlais ! J'ai tout de suite inscrit ma fille ! Et je ne le regrette pas. En trois mois, quelle métamorphose ! Déjà, plus de traitement à prendre. Mme d'Esclaibes m'avait dit : « on va faire un essai et on verra ». J'ai donc retrouvé une petite fille heureuse, sans déprime. Elle s'est prise en main depuis quelques semaines. Il a fallu un temps d'adaptation car contrairement à l'école classique, c'est à elle de choisir ce qu'elle fait (français, math, géométrie…). Les cours sont aussi dispensés en anglais et elle commence à parler. De nombreux intervenants viennent à l'école (musique, sport, gestion mentale, lecture individuelle…). Des sorties sont prévues (ferme, théâtre) ainsi que des activités manuelles (cours de cuisine avec les œufs des poules du jardin, dessin.)… Les enfants sont aiguillés, aidés, surveillés et arrivent à faire le programme de l'Éducation Nationale (nous avons des cahiers pour suivre le programme). Le matériel Montessori est aussi d'une aide précieuse ; maintenant je l'entends dire les multiplications, c'est facile ! Chaque enfant a une responsabilité par semaine, et celle de ma fille est « s'occuper des deux poules » ; elle est heureuse, leur donne à manger, ramasse les œufs… Elle découvre ce que c'est… Les enfants apprennent les différentes fêtes du monde et ce qui est très important, continuent à fêter les anniversaires. Il y a beaucoup plus de respect de la part des enfants entre eux. De plus ce que j'apprécie, c'est que l'on a les devoirs une semaine à l'avance, ce qui permet de ne plus avoir cette angoisse de travailler tard ; on peut s'organiser. Je reçois des compliments sur ma fille, ce qui je crois n'était jamais arrivé ! Les maîtresses ont su lui redonner confiance en elle. Ce qui est vraiment très important. Ses problèmes de dyspraxie, dyscalculie et dysorthographie s'atténuent. Elle arrive à faire des dictées entières, de plusieurs lignes, à réciter des poésies de Jean de la Fontaine, à lire normalement… Elle est en constante progression et a le niveau requis. Depuis le mois de septembre, nous revivons ! Ma fille dit d'elle-même : « je ne suis plus stressée, je travaille à mon rythme, et on me dit que je travaille bien ! » Merci encore Mme d'Esclaibes.

Il est vrai que je ne comprends pas très bien et que je reste interloquée par tous les diagnostics qui ont été posés sur cette petite fille : dyspraxie, dyscalculie, dysorthographie, hyperactivité !…

Dans la classe, après quelques semaines d'adaptation, elle a été tout à fait capable de se concentrer, elle a un très bon niveau d'orthographe et retient très bien ce qu'elle apprend. Elle lit très bien avec une bonne compréhension et grâce à une personne qui vient deux fois par semaine faire lire tous les élèves de la classe, elle aborde la lecture avec un grand plaisir.

En mathématiques, elle sait très bien utiliser le matériel Montessori lorsqu'elle en ressent le besoin.

Dyspraxie, dyscalculie, dysorthographie, hyperactivité ?… Il est facile d'imaginer les dégâts que peuvent produire de tels diagnostics sur une enfant qui, en réalité, ne manifeste aucun symptôme particulier et qui, à mon sens, avait juste besoin de prendre confiance en ses capacités. Pour cela, il a suffi d'encouragements, de compréhension, de souligner ses succès, de lui montrer qu'elle est tout à fait capable et qu'elle est quelqu'un d'important que nous prenons soin de valoriser.

Dans notre rôle auprès de cette enfant, nous sommes également très soutenus par ses parents, ce qui rend nos méthodes encore plus efficaces. Comme je le dis souvent lors des rendez-vous avec les parents pour une inscription, nous nous occupons de l'enfant ensemble et il est essentiel que nous allions tous dans le même sens.

À méditer…

Retrouver le goût d'aller à l'école

« Bonjour Sylvie,

Je trouve Arthur métamorphosé, il est enchanté d'aller à l'école ! Il faut juste que les professeurs surveillent bien, maintenant qu'il se sent à l'aise, qu'il prenne bien ses cours en note et qu'il s'organise correctement. En tout cas, je vous en suis mille fois reconnaissante. Je savais que je ne me trompais pas en vous le confiant ! »

Arthur est arrivé en septembre la tête baissée, ne parlant pas à l'adulte, ayant visiblement beaucoup souffert dans le système traditionnel.

C'est un jeune garçon très sensible, gentil, tout à fait capable mais qui avait perdu confiance en lui. Petit à petit, je l'ai vu s'ouvrir, commençant à bien communiquer avec nous, se tenant de plus en plus droit et affichant un joli sourire.

La semaine dernière, quel n'a pas été mon bonheur, lors de la réunion de « vie de classe », de le voir lever la main pour prendre des responsabilités au sein de sa classe. Je me suis tout de suite dit qu'il avait franchi un grand pas. En effet, lorsqu'un jeune est prêt à s'investir pour son école, a envie de donner de lui-même et s'engage à être responsable d'une tâche pour le groupe, c'est qu'il se sent bien, qu'il a repris confiance en lui et qu'il pense qu'il est capable. Et quelques jours plus tard, je recevais ce gentil mail de sa maman.

Voilà encore une nouvelle preuve de l'importance de l'environnement scolaire dans le bien-être d'un enfant.

Et tous ceux qui souffrent de phobie scolaire

« En début d'année, des agressions verbales et un mal-être général ont entraîné mon fils dans une phobie scolaire que ni les médecins, ni les enseignants n'ont su soulager. La spirale des malaises, allant de l'insomnie aux vomissements en passant par les crises de larmes, incitait le corps médical à le mettre sous médicaments.

Mais un enfant qui n'arrive pas à communiquer et surmonter ses angoisses peut-il vraiment remonter la pente avec des médicaments ?

De mon côté, en tant que parent, une solution plus adaptée et sans danger pour la santé de mon enfant semblait être un changement d'environnement et donc d'établissement scolaire.

En accord avec le médecin, nous avons donc opté pour ce choix.

Ayant déjà entendu parler des écoles Montessori, je me suis tout naturellement orientée vers ce genre d'établissement.

Un autre cadre, d'autres personnes, des effectifs réduits, une écoute et un respect de l'autre pourraient sans doute apporter du réconfort à mon fils et surtout lui redonner confiance en lui et en l'institution scolaire.

Si l'année scolaire a été chaotique et éprouvante pour toute la famille, depuis mai mon fils a retrouvé le sourire et l'envie d'aller à l'école. Je l'entends même parfois chanter dans sa chambre.

Au collège Athena, il se sent en sécurité, écouté et compris. Il est toujours le premier le matin pour partir à l'école et a du mal à la quitter le soir. Il a trouvé une sérénité et un équilibre. Il se sent chez lui.

Quel changement ! »

Une autre enfant en phobie scolaire

Dans le système scolaire traditionnel, les enfants précoces sont la plupart du temps maintenus dans leur classe d'âge et ce, malgré un potentiel souvent détecté par les psychologues. Ceci engendre chez ces enfants ennui et perte de motivation avec souvent pour conséquence de mauvais résultats qui conduisent à l'échec scolaire puis, à l'adolescence, à la phobie scolaire. Chez Garance, cette phobie se manifestait par un absentéisme presque permanent, une grande perte de confiance en ses capacités ainsi qu'un fort sentiment d'échec qui l'a conduite à me demander de redoubler sa classe de 1re, ce que j'ai refusé catégoriquement.

Garance vient de réussir son baccalauréat ES. Son souhait

est maintenant d'intégrer la faculté de Nanterre tout en poursuivant sa formation dans le domaine du chant et du théâtre au Cours Florent.

« *Un immense merci à toi, Sylvie, de la part de Garance et Claire*

Depuis le CP, on me dit enfant précoce, ce qui veut dire complètement inadaptable au système scolaire classique

Donc merci à toi d'avoir cru en moi jusqu'à la fin, grâce à toi je suis enfin sortie de la spirale de l'échec. Je n'ai reçu de toi que des paroles positives, encore et toujours même malgré mes absences et mes notes pourries, et grâce à toi j'y suis arrivée d'une seule traite et je vais enfin pouvoir étudier ce que j'aime.

Les problèmes que tu as aujourd'hui sont durs mais ne perds pas de vue que ce que tu as réalisé est extraordinaire. Je voudrais redire combien ce beau travail que tu as accompli auprès des enfants atypiques qui avaient besoin de grandir dans un monde scolaire plus humain, davantage sur mesure, a beaucoup de valeur.

On t'embrasse fort, Garance et Claire. »

La phobie scolaire

La phobie scolaire peut se manifester de plusieurs manières chez les adolescents : impossibilité de se lever le matin pour aller à l'école, absentéisme, maux de ventre, crises d'angoisse en arrivant à l'école ou en cours, malaises pouvant aller jusqu'à l'évanouissement, crises de tremblements et crises de nerfs avec hurlements, tendances suicidaires…

Pour moi, cela est dû à plusieurs facteurs : un sentiment d'emprisonnement, une grande souffrance vis-à-vis des injustices subies par les autres élèves et eux-mêmes dans les écoles précédentes, une exigence trop élevée par rapport à leurs résultats scolaires, une peur de l'échec, une grande crainte de l'avenir, une perte de confiance totale en eux-mêmes et en tout adulte représentant le système scolaire.

Selon les études scientifiques concernant le rôle et le développement du cerveau dans la psychologie enfantine, nos réactions aux émotions s'élaborent dès la plus tendre enfance au niveau du cerveau limbique quand existe à peine une pensée logico-critique et consciente.

Ce système d'encodage se met en place à partir des expériences où s'expérimentent les émotions générales comme le contentement, la peur, le rejet, la colère, puis il s'affine au cours du temps et se divise en une grande quantité de nuances et de tonalités émotionnelles. Ces codes de réception émotionnelle sont élaborés par le cerveau limbique pendant la petite enfance. Ils restent ensuite immuables et persistent toute la vie. Le cerveau limbique étant imperméable à toute logique, il ne sert à rien de tenter de résoudre la phobie scolaire par des arguments logiques et raisonnables.

Comment aider un jeune atteint de phobie scolaire à aller mieux ?

- établir avec lui un emploi du temps adapté, avec peu d'heures de cours au début puis, peu à peu, s'il va mieux, avec son accord, lui ajouter des heures pour enfin arriver à un emploi du temps normal. Ce processus peut prendre plusieurs mois voire même plusieurs années.

- lui laisser la liberté de quitter les cours et même l'école lorsqu'il le désire à condition de prévenir l'adulte de son choix par sms. Le sms est plus facile pour lui car il a beaucoup de mal à communiquer avec les adultes en milieu scolaire. Prévenir provoque chez lui une prise de conscience de l'importance qu'il a pour l'adulte concerné.

- le dispenser de toute activité stressante : tous les devoirs, contrôles, interrogations orales, exposés, bacs blancs, etc. puis peu à peu, en accord avec lui, les réintroduire dans son programme scolaire en insistant beaucoup auprès des professeurs pour qu'ils ne le mettent jamais en échec.

- si le jeune a une passion qui lui permet de trouver un équilibre (le plus souvent musique, dessin, photo...), lui donner la possibilité de s'y adonner à tout moment au sein de l'école en cas de bouffée d'anxiété.

- dédramatiser l'importance des examens comme le baccalauréat par rapport aux valeurs essentielles de la vie.

- être très disponibles pour tout besoin de dialogue que ce soit oral ou écrit et à n'importe quel moment de la journée.

- montrer une attitude pleine de confiance dans ses possibilités de s'en sortir en lui citant de nombreux exemples concrets de jeunes ayant vécu la même chose et qui se sont rétablis, et en l'aidant à construire un projet d'avenir attrayant.

- donner toutes les explications nécessaires aux professeurs afin qu'ils aient une attitude des plus positives et compréhensives,

- expliquer aussi aux autres élèves de la classe pourquoi cet adolescent bénéficie d'un traitement particulier, le but final de toutes ces actions étant de pouvoir créer les conditions favorables à l'enfouissement, au niveau du cerveau limbique, d'une mémoire émotionnelle négative et destructrice. Ceci peut se faire dans un climat sécurisant, chargé de beaucoup d'affect, au moyen d'émotions positives, en mettant autant que possible en œuvre des activités artistiques et sensorielles. Pour Isabelle, dont le témoignage ainsi que celui de ses parents figurent ci-dessous, il me semble que le facteur déclenchant un début de guérison a été le fait d'avoir accepté d'accompagner tous les élèves de l'école, au sein de l'orchestre, à la batterie, lors du concert de Noël 2010.

Pour Alina, qui termine des études d'architecte, la guérison de sa phobie scolaire a commencé lorsqu'elle a accepté de faire toutes les photographies pour la communication de l'école et de créer et rédiger des articles sur chacun des élèves.

Élisabeth, atteinte d'une grave phobie scolaire, a eu cette année son bac S du premier coup. Son témoignage figure aussi ici. La présence auprès d'elle pendant les cours de ses animaux domestiques préférés (et très particuliers…) lui a permis de se sentir mieux en lui procurant une émotion sécurisante.

Témoignage d'Élisabeth :

« *Bonjour, Un grand merci ! Merci car s'il n'y avait pas eu Montessori et tous ces formidables professeurs, je ne sais pas si j'aurais réussi à remonter aussi bien la pente. Grâce à vous, j'ai pu avoir mon bac sans rattrapage et du premier coup. Je suis super-contente ! Je vais enfin pouvoir faire le grand pas et entrer dans un nouvel univers où, je l'espère, me plairai. Maintenant, tout repose sur mon sang-froid, je suppose. En tout cas, encore un grand merci! Je donnerai des nouvelles! Je t'embrasse. Élisabeth.* »

Témoignage d'Isabelle:

« *Après avoir passé douze ans dans un lycée réputé de la banlieue Ouest de Paris, et traversé une sévère dépression, j'ai dû faire un choix quant à la suite de ma scolarité. Un redoublement s'imposait mais je ne voulais pas rester dans mon ancien lycée, car le système traditionnel ne me convenait pas.*

C'est alors que mes parents m'ont parlé du Lycée International Montessori à Bailly.

Aujourd'hui encore, je parle tout le temps à Sylvie et elle continue de m'encourager, de me féliciter et de m'aider. Cette générosité et cette bienveillance de sa part m'ont appris à voir la vie d'un œil neuf et positif. Je ne suis plus la même. Être entourée de professeurs aussi sympathiques et disponibles auprès des élèves me permet d'aller en cours avec le sourire, sans cette boule que j'avais dans l'estomac. Le lycée Montessori est presque comme une deuxième maison pour moi. Je ne fais plus de crises d'angoisse, plus de malaises. L'aventure Montessori est probablement une des meilleures choses qui me soit arrivée. Et je remercie Sylvie pour tout ce qu'elle fait pour moi, car ma guérison n'aurait pas eu lieu sans elle… Isabelle »

Témoignage des parents d'Isabelle:

« *Suite à des problèmes de santé sérieux accompagnés de phobie scolaire, nous avons dû prendre la décision de changer notre fille Isabelle, 17ans, d'établissement scolaire.*

Nous devions trouver un établissement qui lui permette tout d'abord de retrouver le sourire et la confiance en elle, l'envie d'aller en cours, et la motivation pour le travail. Il nous semblait essentiel de trouver une école très à l'écoute des élèves, de très petits effectifs par classe et la souplesse nécessaire.

Un premier entretien avec Sylvie d'Esclaibes nous a confortés dans l'idée que nous avions frappé à la bonne porte. Isabelle n'était pas la première dans son cas à se tourner vers le Lycée International Montessori, et Sylvie nous a assurés qu'elle trouverait l'approche en douceur dont elle avait besoin. La rentrée fut une épreuve terrible pour Élisabeth; Sylvie ne l'a jamais lâchée, tout en l'accompagnant du discours suivant : « Pour l'instant, l'important ce n'est pas le bac, c'est que tu ailles bien. Quelles sont tes matières préférées ? »

Sylvie nous a convaincus qu'Isabelle devait reprendre les cours tout doucement et surtout sans pression au niveau de la prise de notes et des devoirs, en commençant par quelques heures par semaine. Isabelle a d'abord passé beaucoup de temps dans le bureau de Sylvie à discuter et a finalement réussi à franchir le seuil de l'école sans angoisse et sans peur. Jusqu'aux vacances de Noël, c'était l'objectif principal. À partir du mois de janvier nous avons pu constater une très nette amélioration de l'état d'Isabelle, qui, petit à petit, est retournée en cours, jusqu'à pouvoir suivre un emploi du temps complet. L'accompagnement de Sylvie a été formidable et ses encouragements essentiels. Les bons résultats n'ont pas tardé et Sylvie est même allée jusqu'à l'accompagner à son oral de TPE dans un lycée à Versailles : un soutien sans faille.

Nous venons de recevoir un excellent bulletin pour le deuxième trimestre, mais surtout, bien qu'encore fragile, Isabelle a retrouvé le sourire et le goût d'apprendre. Indiscutablement, Sylvie a joué un rôle essentiel, ainsi que les professeurs dans cette grande victoire pour Isabelle. »

Mon enfant réussira-t-il à s'adapter ?

Beaucoup de parents se posent la question de la réadaptation ou de l'adaptation de l'enfant au système éducatif traditionnel après quelques années de scolarité dans une école Montessori telle que le Lycée International Montessori.

Ma réponse est toujours la même : dans notre école, nous développons chez l'enfant la confiance en soi, le pouvoir d'adaptation et les capacités pour travailler en autonomie. Toutes ces valeurs font de l'enfant un être fort préparé à mieux affronter les difficultés de la vie. En général, l'enfant qui a suivi quelques années dans un système Montessori possède aussi un bon niveau avec des bases solides, ce qui l'aide également beaucoup à être en phase avec le monde qui l'entoure.

Plus l'enfant aura commencé petit dans une classe Montessori, mieux il aura développé toutes ses qualités émotionnelles indispensables pour devenir un être équilibré, capable d'affronter toutes les situations. L'idéal est, bien sûr, de rester toute sa scolarité dans ce système car l'expérience montre que l'adulte qu'il va devenir sera un adulte différent : un adulte responsable, indépendant, sachant qui il est, pour quoi il est fait, un adulte tolérant, adaptable, créatif... Mais si pour une raison ou une autre, l'enfant est amené à changer de système, vous lirez dans le témoignage ci-dessous que c'est possible sans aucun problème.

En revanche, il est important de souligner que certains parents commettent une erreur parfois lourde de conséquences : ils inscrivent leur enfant tardivement, souvent entre 12 et 14 ans, parce que cet enfant souffre déjà de grosses difficultés scolaires et surtout émotionnelles souvent dues à une précocité non détectée. Après un ou deux ans dans notre établissement, après beaucoup d'attentions de la part de toute l'équipe pédagogique, le jeune va beaucoup mieux et peut s'épanouir. L'erreur est alors pour les parents de le réinscrire dans le système traditionnel.

Ce retour est alors beaucoup plus difficile car nous avons affaire à un être qui a souffert parfois fortement, à qui on a fait Connaître un milieu scolaire différent dans lequel il a pu se rétablir et progresser et que l'on remet là où il a connu ses souffrances. Si l'on veut que ce jeune guérisse définitivement, il faut qu'il reste dans le système Montessori.

Témoignage de la maman de S.

« Pendant sa première année de maternelle, ma fille était dans une école publique de ma ville. Dès la rentrée scolaire, elle ne voulait pas aller à l'école, elle pleurait tout le temps. La maîtresse nous a convoqués pour nous dire que son comportement l'inquiétait car elle ne voulait pas jouer avec les autres, elle ne voulait pas faire la sieste, etc. On en a parlé avec sa pédiatre qui nous a conseillé de la faire tester. C'est là que nous avons appris qu'elle était précoce. La pédiatre ainsi que la psychologue ont demandé à la direction de l'école de lui faire faire un saut de classe, mais ils ont

refusé.

La pédiatre nous a alors parlé du Lycée International Montessori. À la fin de l'année scolaire on l'y a inscrite. Elle a tout de suite commencé à suivre le programme de CE1 alors qu'elle n'avait pas encore 4 ans. Elle avait radicalement changé, elle est devenue heureuse, elle a appris à aimer l'école.

Elle y est restée jusqu'à la fermeture du Lycée Montessori où elle était alors en 5e à l'âge de huit puis neuf ans. On l'a inscrite dans un collège privé sous contrat, considéré comme l'un des meilleurs de France. Elle s'y est adaptée dès les premiers mois, elle a eu 14 de moyenne le 1er trimestre et 15 de moyenne le 2e trimestre.

Elle a réussi dans cette nouvelle structure grâce à la qualité de l'enseignement du Lycée Montessori et surtout grâce au suivi de Sylvie d'Esclaibes qui dirigeait l'équipe pédagogique tout en l'accueillant dans la classe de primaire où elle enseignait, ceci jusqu'à son entrée en sixième à l'âge de huit ans. Comme beaucoup d'autres parents, j'avais peur qu'en raison de son jeune âge et de sa précocité elle n'arrive pas à s'intégrer dans une école sous contrat réputée très stricte mais dans la structure du Lycée International Montessori, elle avait su acquérir toutes les compétences nécessaires à son intégration.

Je tiens beaucoup à vous remercier pour tout ce que vous avez apporté à ma fille. »

L'enfant précoce

De nombreux signes peuvent permettre de détecter la précocité d'un enfant. N'attendez pas l'école pour cela, elle ne le fera sans doute pas. Les statistiques montrent en effet que la précocité d'un enfant est la plupart du temps ignorée (ou refusée) dans le système scolaire traditionnel et que près de 50 % des enfants précoces font des études moyennes voire même pas d'études du tout. Il s'agit d'un important problème de société.

Quelques chiffres :

- 2,3 % de la population générale, soit environ 400 000

enfants scolarisés sont précoces ou surdoués.

- Proportion identique de filles et de garçons.
- 45 % des enfants précoces ou surdoués redoublent.
- 20 % s'arrêtent avant le bac et parmi les bacheliers, 17 % font des études médiocres.
- En 2003, 20 % des adolescents hospitalisés en psychiatrie à l'Hôpital de La Timone à Marseille étaient surdoués ou précoces. C'est à vous, parents, de détecter les capacités de votre enfant afin de pouvoir prendre les mesures qui s'imposent pour son plein épanouissement et éviter les problèmes parfois graves rencontrés par les enfants précoces à l'adolescence (dépression, addictions, etc.). Un article publié dans le Figaro Santé par est également très intéressant, il a été écrit par Sarah Lainé : *« Aux États-Unis et en Chine, des chercheurs tentent d'identifier les particularismes de l'ADN de personnes surdouées. Si une certaine composante génétique est admise, l'environnement joue un rôle important. Seules 2 personnes sur 100 présentent un QI supérieur à 130, la moyenne théorique se situe autour de 100. Le QI n'est pas une mesure de l'intelligence, mais une évaluation des certaines capacités intellectuelles. Ainsi, un QI élevé peut être un indice, mais n'est pas suffisant pour déterminer si une personne est surdouée.*

"Ces individus n'ont pas seulement une intelligence supérieure, ils ont aussi une structuration particulière de la pensée", observe Jeanne Siaud-Facchin, psychologue clinicienne et auteur de Trop intelligent pour être heureux ? L'adulte surdoué.

Les personnes surdouées sont très souvent dotées d'une sensibilité exacerbée. Elles perçoivent et analysent finement toutes les informations en provenance de leur environnement. Les surdouées ressentent ainsi les émotions plus que la moyenne. Du point de vue intellectuel, être surdoué ne signifie pas être plus intelligent, mais fonctionner avec un mode de pensée et de raisonnement différent.

Avec l'imagerie par résonance magnétique fonctionnelle (IRMf). Les neuroscientifiques ont pu observer des organisations cognitives particulières dans le cerveau des surdoués. L'amygdale, une région notamment impliquée dans la régulation des émotions, est particulièrement vulnérable. D'où la sensibilité accrue.

Il a également été mis en évidence une vitesse de transmission de l'influx nerveux plus rapide et un développement plus "mature" de certaines zones du système nerveux. Ce qui expliquerait les grandes capacités de traitement et de mémorisation des informations des surdoués.

Par ailleurs, alors que la plupart des personnes sollicitent préférentiellement l'hémisphère gauche de leur cerveau, schématiquement celui de la rationalisation et de la logique, les surdoués présentent une prédominance de l'hémisphère droit. Or le cerveau droit traite les informations de façon simultanée et globale. "Les surdoués fonctionnent de manière plus intuitive, en associant des idées et non en faisant appel à la logique, à l'argumentation. C'est ce qui explique leur grande créativité et curiosité", précise Jeanne Siaud-Facchin.

Le gène de l'intelligence n'existe pas.

Alors que les différences cognitives sont bien documentées, des équipes américaines et chinoises s'intéressent depuis plusieurs années à l'ADN des personnes surdouées. Pour l'instant, le gène des génies n'a pas été découvert. "Il existe une composante génétique, mais il est clair que l'intelligence ne peut être gouvernée par un seul gène", indique la psychologue.

Même s'il est fréquent plusieurs enfants surdoués dans une même famille et qu'il existe des dispositions à la naissance, l'environnement joue un rôle primordial. "Un enfant présentant des capacités intellectuelles importantes peut ne pas les exploiter s'il grandit dans un milieu où l'intelligence n'est pas valorisée. Par ailleurs, bien qu'on puisse optimiser les performances intellectuelles via l'entraînement et l'apprentissage, il est impossible de "fabriquer" un surdoué", observe-t-elle.

UNE HISTOIRE D'ENFANT PRÉCOCE

Lorsque Philippe a eu 6 ans, il suivait un programme de CP au Lycée International Montessori (classe 6-9 ans). Il apprenait à lire (pas mieux que les autres) mais était passionné par les sciences (le système solaire, le big bang, etc.), l'histoire et en particulier la civilisation égyptienne.

Il posait déjà depuis quelque temps beaucoup de questions sur des sujets très variés et souvent sur le sens de la vie, de la mort… Il était vraiment passionné par le matériel Montessori de sciences, d'histoire ou de géographie, allant même jusqu'à effectuer certains jours toutes les séries de livrets sur ces matières et de les refaire plusieurs jours de suite.

Nous l'avons laissé faire car il est très important de respecter le rythme et les choix de l'enfant, encore plus chez un enfant qui manifeste une évidente précocité.

Philippe était assez remuant, pas très passionné par l'apprentissage de la lecture ou des maths qui, au demeurant, ne lui posaient pas de problèmes particuliers et son graphisme était loin d'être parfait.

Les professeurs l'ont orienté petit à petit et gentiment vers ces apprentissages…

Sa mère se demandait quand même s'il ne s'ennuyait pas en cours. Il n'en parlait jamais mais elle avait, comme nous, l'impression qu'il ne donnait pas le meilleur de lui-même. En même temps, elle avait très peur d'être une maman qui « pousse » son enfant par fierté par rapport aux autres ou par souhait qu'il réalise des choses qu'elle n'avait pas faites elle-même. Au fond d'elle, elle sentait bien que quelque chose n'allait pas.

Son désir ayant toujours été, depuis sa naissance, de donner à son fils le meilleur pour son équilibre, sa confiance en lui et son bonheur, sa maman s'inquiétait de lui trouver parfois un comportement original. C'est pour cette raison qu'elle décida un jour de prendre rendez-vous avec une psychologue afin de mieux le comprendre. Cette psychologue décida de le tester et les résultats démontrèrent qu'il était un enfant dit « à haut potentiel » avec un QI de 150.

La psychologue conseilla alors de faire sauter à Philippe une classe afin qu'il se retrouve au minimum avec 1 an d'avance.

Sa mère prit donc rendez-vous avec moi pour parler de cette éventualité. Étant particulièrement vigilante par rapport aux enfants à haut potentiel, je sais qu'il ne faut pas laisser passer trop de temps avant de trouver des solutions. J'ai lu de nombreux ouvrages sur eux, je connais leur fragilité et ne cesse de chercher le meilleur tout en sachant que rien n'est définitif avec ce type d'enfant et que ce qui convient pour l'un n'est pas forcément la solution adéquate pour l'autre.

Forte de ma longue expérience avec ce type d'enfants à haut potentiel dans l'école, je sais qu'il faut absolument s'adapter à chacun et être capable de réagir immédiatement si l'on sent le moindre problème d'ennui, agressivité, ou apathie, etc.

Je me tiens donc toujours à la disposition des parents, n'hésitant pas même à les contacter pour proposer un changement dans la situation scolaire de l'élève lorsque nous sentons, les professeurs et moi-même, que ce changement est nécessaire : pour certains, deux cours de sciences par semaine au lieu d'un prévu normalement, pour d'autres, deux cours d'histoire, etc. et cela même en cours de trimestre.

Les élèves à haut potentiel aiment rarement approfondir l'expression écrite. Il peut donc être décidé de leur donner davantage de leçons dans cette matière quitte à ce que ce soit en cours particulier, ceci afin de bien leur expliquer ce que l'on attend d'eux. Pour d'autres, parce qu'on sait qu'ils sont souvent passionnés par les sciences, on leur donne la possibilité d'assister à des cours de physique même si ce n'est pas avec leur classe habituelle et dans un niveau largement supérieur à celui de leur âge. Tous les aménagements sont possibles.

Pour en revenir à Philippe, ses parents et moi-même décidâmes qu'il suivrait tout de suite un programme de CE1 en mathématiques et en français. Les professeurs l'ayant laissé avancer à son propre rythme dans les matières scientifiques, il était déjà très en avance dans les programmes. On lui proposa donc du matériel scientifique adapté aux enfants plus âgés. En histoire, son professeur lui donna à lire des livres destinés à élargir encore ses connaissances et lui suggéra des visites de musées, d'expositions, etc. Philippe travaillait très peu mais avec des résultats très corrects et les félicitations sur tous ses bulletins scolaires.

Encore une fois, pour éviter l'ennui chez Philippe, je

proposai à ses parents, lorsqu'il arriva à 8 ans en classe de CM1, de débuter l'apprentissage du chinois et de l'espagnol. Cela semblait bien lui convenir car, dans son apprentissage de plusieurs langues, il n'apprenait pas seulement le vocabulaire et la grammaire mais aussi toute la culture qui l'accompagne (histoire, géographie, habitudes culinaires, etc.).

En effet, je propose souvent aux parents d'enfants à haut potentiel d'élargir le champ d'apprentissage et de bien varier les activités afin de garder leur intérêt éveillé. C'est primordial afin qu'ils n'avancent pas trop vite en mathématiques et en français ou bien pire encore qu'ils ne s'ennuient en perdant tout attrait pour l'étude avec toutes les manifestations négatives que cela suppose (apathie, turbulence, etc.).

Ces enfants à haut potentiel aiment également avoir des contacts avec davantage de professeurs car ils sont souvent très intéressés par la rencontre de gens différents avec toujours cet appétit de satisfaire leur grande curiosité.

Je trouve très important de ne jamais tarir ce besoin d'apprendre. Au contraire, il faut répondre à cette soif en proposant des champs d'activités multiples et variés afin de toujours stimuler ce besoin. Il est important aussi pour les parents qu'il n'y ait aucune jalousie de la part des camarades et, au contraire, plutôt de l'admiration. Dans ma pédagogie, l'accent est mis sur l'acceptation de chacun avec ses différences, que ce soit un niveau intellectuel plus élevé ou moins élevé, une autre culture, un don particulier pour la musique, etc.

Un problème se posa avec Philippe : il n'avait pas beaucoup d'amis, comme c'est souvent le cas des enfants précoces. En effet, ceux-ci se retrouvent souvent trop jeunes au milieu d'enfants plus âgés qui ont des préoccupations bien différentes des leurs. C'est pourquoi je proposai que Philippe étudie les langues dans plusieurs groupes différents, ce qui lui permit de faire connaissance avec plus d'élèves et de trouver ainsi plus facilement des amis.

Il avait heureusement une excellente relation avec ses professeurs. C'est très important car ceux-ci doivent être très vigilants avec les enfants dits à haut potentiel. Il est indispensable qu'ils comprennent bien ces enfants, qu'ils dialoguent avec eux, qu'ils les acceptent tels qu'ils sont et les aident à donner le meilleur d'eux-mêmes car le risque est très grand de voir ces enfants plonger dans un échec scolaire irrémédiable.

Il faut dire que, dans mon école, je tenais absolument à mélanger toujours plusieurs enfants à haut potentiel avec des enfants dits normaux dans une même classe. Il est en effet très important pour ces enfants d'apprendre à vivre avec les autres car ils doivent s'adapter à tous et doivent se mesurer à l'école avec toute la diversité de la société.

Philippe a maintenant 12 ans. Il poursuit tranquillement sa scolarité sans trop se fatiguer, très heureux et confiant, gardant toujours sa soif d'apprendre sur tous les sujets, ceci jusqu'en milieu de 4e où les professeurs et moi-même sentîmes qu'il ne semblait plus donner le meilleur de lui-même. Je demande un rendez-vous à ses parents afin de voir avec eux ce qui pourrait le stimuler à nouveau dans ses études. Je leur propose de passer directement Philippe en 3e puisqu'il est suffisamment mûr pour comprendre la littérature.

J'insiste néanmoins sur le fait qu'il devra rattraper le programme de mathématiques afin de ne pas avoir de lacunes. Il aurait donc alors 2 ans d'avance. Après en avoir parlé avec lui, nous décidons de le passer en 3e en cours d'année. Il suit alors sans problème, toujours sans travailler énormément, en étant le meilleur de la classe.

Arrive le Bac. Philippe choisit la série S – spécialité Sciences et Vie de la Terre, bien sûr - avec chinois en option. Il réussit facilement l'examen avec une mention assez bien (13,31) et se retrouve alors à 15 ans avec le bac S en poche. Que faire ? J'envisage plusieurs solutions avec Philippe et ses parents : il pourrait partir à l'étranger apprendre des langues, mais il parle déjà couramment anglais et espagnol et il est vraiment très jeune pour partir seul. Il pourrait commencer ses études supérieures mais il semble manquer de maturité pour affronter ce nouveau monde et cela lui fait peur. Je propose donc à ses parents de lui faire préparer un deuxième bac dans une autre section. Cela lui permettra de prendre un an de maturité, de connaître une autre matière très importante, l'économie, et de s'améliorer encore en langues afin de préparer d'autres examens de type Proficency de Cambridge, niveau intermédiaire de l'Institut Cervantès, Toefl, etc.

Ses parents décident en accord avec lui qu'il fera une autre terminale spécialité Économique et Sociale. Il passera aussi des examens variés car il adore cela. Il passe donc une année exceptionnelle au cours de laquelle il continue à s'intéresser à tout, prend beaucoup de maturité, et se sent finalement prêt pour envisager d'intégrer les études supérieures.

Il réussit son bac ES avec mention très bien. Nous l'aidons à présenter un dossier pour entrée en prépa économique dans un lycée prestigieux et un autre dossier pour l'université Paris Dauphine.

Il est accepté dans les deux mais son choix se porte vers Dauphine. En effet, il préfère acquérir une licence de gestion puis tenter le concours d'entrée en deuxième année dans les meilleures écoles de commerce.

Après avoir obtenu sa licence de gestion puis le diplôme de l'École Supérieure de Commerce de Paris (ESCP-EAP), il occupe aujourd'hui, à 24 ans, un emploi de cadre dans une entreprise française spécialisée dans le luxe.

Je suis fière d'avoir permis à Philippe, ainsi qu'à beaucoup d'autres enfants précoces scolarisés dans mon école, de s'épanouir grâce au respect de leur différence (par exemple, Philippe, très jeune, écrivait très mal), de lui avoir permis d'optimiser au maximum son potentiel (choix sans limite des apprentissages), n'hésitant jamais à aller au-delà des apprentissages prévus au programme pour répondre à ses besoins. J'ai fait en sorte de respecter son rythme (sauts de classe quand nécessaire, mais aussi possibilité de passer deux baccalauréats) en réagissant toujours très rapidement, au fur et à mesure de sa croissance, pour lui donner ce qui lui convenait le mieux. Comme pour les autres, j'ai toujours eu à cœur de respecter sa personnalité et surtout de ne pas essayer de le faire rentrer dans un « moule ».

La réussite d'un enfant à haut potentiel est totalement liée aux relations étroites entre les parents, les dirigeants et les professeurs de l'établissement scolaire. En effet, cet enfant doit être suivi de très près par les trois parties afin que jamais il ne s'ennuie, que jamais il ne déprime... On doit toujours l'aider à donner le meilleur de lui-même, être attentif à répondre à toutes ses interrogations (qui peuvent paraître parfois très infantiles) et être capable de réagir très rapidement à un besoin de changement, que ce besoin de changement soit exprimé ou non. Ces enfants ont une sensibilité exacerbée et il faut donc être particulièrement vigilant.

Ajoutons que chez ces enfants doués d'un potentiel intellectuel exceptionnel, la réussite scolaire et sociale est loin d'être la règle. Un QI élevé n'est pas un gage de réussite dans la vie. Selon les statistiques de l'AFEP (association française des enfants précoces), environ 33 % de ces enfants sont, à la fin de la 3e, bons ou brillants élèves, 33 % d'entre eux sont en échec scolaire total et 33 % sont moyens ou médiocres. Au total, plus de la moitié des enfants à haut potentiel ne feront pas d'études du tout ou feront des études sans rapport avec leurs capacités exceptionnelles.

Une grande attention, une grande vigilance ainsi qu'une perpétuelle remise en question, un bon équilibre affectif, familial et social, toutes ces choses sont essentielles de la part des adultes pour permettre le plein épanouissement des enfants dits à haut potentiel.

Une autre histoire d'un enfant précoce

Un jour une jeune femme bien discrète vient me rencontrer pour l'inscription de son fils, Antoine en cours de primaire. Elle m'explique qu'elle est professeur et que son fils est scolarisé dans une école publique et qu'il est mal traité par son institutrice et ses camarades de classe, sans que, malgré ses remarques, rien ne se passe. Sa maman me précise qu'elle fait tester son fils et qu'il a un QI assez élevé.

J'accepte bien sûr Antoine dans ma classe et les débuts sont très difficiles. C'est un enfant très agité, qui a beaucoup de mal à se concentrer et qui sursaute dès qu'un adulte s'approche de lui.

De plus en classe il ne fait rien du tout, rêve et a beaucoup de mal à se mettre au travail.

Il a une attitude tellement étrange que beaucoup de professeurs, et notamment celui d'anglais, matière dans laquelle il ne fait absolument rien, s'énerve un peu sur lui et doute totalement de sa précocité. D'autant qu'il est déjà bilingue italien et que donc l'apprentissage d'une troisième langue devrait être très facile.

Sa maman est régulièrement convoquée par les professeurs car Antoine n'a pas une attitude appropriée en classe. Il se laisse facilement distraire est très bavard et lorsqu'on le lui fait remarquer, se met dans un état de victime totale.

Ceci étant sa mère est adorable et suis tout son travail à la maison. Il ne parvient jamais à terminer ses plans de travail mais pendant les vacances sa maman lui fait tout rattraper. Cependant nous sommes absolument incapables de juger de son vrai niveau. Ce garçon était en outre très gentil et très sensible.

Lorsque notre établissement a été mis en faillite, sa maman l'a inscrit dans la nouvelle école qu'ont créée certains parents d'élèves en restant persuadée que les choses allaient continuer à se passer au mieux pour lui avec beaucoup de tolérance et de bienveillance tel je l'ai toujours fait.

Mais très rapidement, les choses se sont détériorées et les professeurs se sont mis à le maltraiter. Alors elle a décidé de le retirer et de l'inscrire dans un collège public de son quartier. Et là les choses se sont encore aggravées et il se faisait mal traiter par les professeurs mais aussi frappé par les autres élèves.

Dès que j'ai rouvert la classe dans ma maison, elle m'a aussitôt contactée pour que je reprenne son fils auprès de moi. Ce que j'ai fait tout de suite car j'ai toujours cru au potentiel de ce garçon et avec une maman si adorable et qui le suit très bien, il ne pouvait que réussir. Mais comment, je ne le savais pas encore.

Les années de collège ont continué ainsi : il ne faisait pratiquement rien en classe, était assez agité mais toujours gentil, devenait passionné d'informatique et continuait à faire tout son travail à la maison. Il apprenait par conséquent bien ses leçons, faisait bien ses devoirs et réussissait relativement bien les contrôles.

Puis la classe de 3e est arrivée, peu à peu il s'est mis à prendre une certaine autonomie et à progresser significativement dans certaines matières et notamment en anglais. Évidemment parce que la majorité des informations sur tout ce qui touche l'informatique est en anglais donc il a vu l'intérêt de progresser dans cette matière.

Puis sa maman a eu de graves problèmes de dos et il a commencé à devoir se prendre petit à petit en mains. Il a réussi son brevet avec une bonne mention et a été déçu car il en espérait une encore meilleure. Lui qui était assez individualiste, s'est présenté aux élections de délégué de classe, a été élu et a tout à fait pris son rôle au sérieux, étant un digne représentant de sa classe. Même au conseil de classe, lui qui était très craintif avec les adultes, s'est mis à prendre la parole, à défendre ses camarades, etc.

Évidemment je le complimentais énormément pour tout cela et j'envoyais des messages de compliments à sa maman. Ce qui est extraordinaire avec cette femme, c'est qu'elle est extrêmement présente auprès de son fils, mais qu'elle n'intervient jamais dans les histoires de l'établissement, elle me fait totalement confiance et lorsque c'est nécessaire, elle est là. Elle est présente aux journées portes ouvertes pour expliquer tous les bienfaits de l'école et raconter leur histoire.

Tout à coup en classe de seconde, cela a été une révélation. Ce qui avait commencé en classe de 3e s'est totalement confirmé. Il est devenu plus que brillant dans toutes les matières que ce soit les littéraires ou les scientifiques : il est totalement autonome, très ordonné alors qu'avant il perdait toutes ses feuilles, et très performant autant dans la rédaction de textes merveilleux qu'en physique par exemple où il a suivi pendant toute l'année, le programme de son niveau mais aussi celui de 1re série S où il excelle. Il s'intéresse à tout, est à nouveau délégué de la classe, fait son chemin avec un grand sens de ses responsabilités. C'est un élève exemplaire avec des résultats formidables et une attitude remarquable partout. Il a de grandes ambitions qu'il réussira et nous mettrons tout en œuvre pour lui permettre de les atteindre : il voudrait réussir son bac S avec mention très bien et intégré les classes préparatoires scientifiques.

Régulièrement j'envoie des mails à sa maman pour lui montrer toute mon admiration pour la façon dont elle a géré tout cela et pour la grande qualité du travail et de l'attitude de son fils et elle m'a juste répondu :

Comment te dire, tes mots me touchent…

Après tant de difficultés et de souffrance. Merci à toi d'avoir cru en Antoine, c'est aussi ta victoire, c'est la nôtre ! »

Ces mots m'ont beaucoup touchée également et cette histoire me conforte dans le fait qu'il faut toujours faire confiance aux enfants, qu'il est nécessaire de faire preuve de beaucoup de patience, d'encouragements, de soutien et qu'il faut croire en eux. Il est aussi

très important de ne pas juger et de ne pas vouloir que l'enfant entre dans un moule. Ce n'est pas parce qu'un jeune a un fort QI, qu'il a forcément une grande réussite tout de suite. Son passé de souffrance peut totalement occulter ses grandes capacités.

C'est uniquement la bienveillance des adultes à son égard qui peut l'aider à passer outre tout ce qu'il a vécu et entendu de négatif à son sujet. Le fait que sa mère l'ait toujours soutenu est aussi remarquable. Souvent certains professeurs le lui reprochaient en disant qu'elle devrait le laisser se débrouiller tout seul et assumer son absence de travail en classe. Je suis totalement opposée à cela car tout ce qu'elle a fait avec lui, lui a permis de garder un niveau correct, de ne pas couler, et de croire peu à peu en lui malgré tout ce qu'il pouvait entendre autour de lui. Je pense que grâce à elle, il a pris conscience de son potentiel et elle lui a appris à travailler avec patience. De plus le fait qu'elle l'aidait toujours, prouvait à Antoine qu'elle croyait en lui, et qu'elle serait toujours là pour le soutenir. De ce fait, le jour où il a été prêt à se prendre en mains, il s'est envolé très très loin. De plus il a une telle reconnaissance envers sa maman qu'il donne aussi le meilleur de lui-même pour elle. En effet pour cette maman, les frais de scolarité qu'elle assume toute seule sont très lourds mais jamais elle ne lui fait de reproches et ne les remet en doute.

Pour moi, cette personne est complètement un exemple. Tout ce qu'elle gagne elle le consacre à la scolarité de son fils. Et un jour la réussite d'Antoine lui prouvera qu'elle a eu totalement raison et ce jour-là elle aura une vie merveilleuse. De plus elle peut être fière d'elle et vivre avec une grande sérénité par rapport à son rôle de mère.

Pour conclure ce témoignage, j'aime cette phrase de Maria Montessori écrite dans « l'enfant » :

« Les enfants ont un profond sentiment de leur dignité personnelle. Leur âme reste souvent blessée, ulcérée, au-delà de ce que l'adulte peut imaginer ! C'est pourquoi une des caractéristiques essentielles de notre méthode, le respect de la personnalité de l'enfant à un degré encore jamais atteint. »

LE REBELLE

On reçoit souvent dans nos établissements au niveau du lycée ou de la fin de collège des enfants que l'on qualifierait de « rebelle ». En fait, ils ne se laissent pas faire, et sont bien souvent très insolents avec les professeurs et l'administration de l'école.

J'aime beaucoup ces élèves car leur attitude prouve une grande force de caractère et une résistance à la volonté des adultes de les casser jusqu'à ce qu'ils deviennent ce que l'on désire.

Ils sont en général très intelligents, beaucoup plus intelligents que les personnes qui sont en face d'eux, et percent donc toutes leurs faiblesses, ce que les adultes ne supportent pas. Ils sont également souvent très sensibles et cachent sous cette insolence, cette arrogance, de grandes souffrances. Car ne pas plier devant un adulte est extrêmement difficile pour un enfant. Souvent, l'adulte s'énerve et tient des propos très durs et violents contre le jeune.

Nikita était sans doute l'élève le plus rebelle de mon établissement ; les professeurs ont fini par m'imposer son exclusion, que je regrette encore aujourd'hui malgré les excellentes relations que nous entretenons tous les deux.

Nikita est le troisième d'une fratrie de trois garçons d'origine russe, mexicaine et américaine.

Le jour où ses parents sont venus l'inscrire ainsi que ses deux autres frères, il devait avoir environ 12 ans. Il avait fréquenté une école Montessori de la région parisienne durant son cycle élémentaire et tout s'était bien passé mais depuis qu'il était en collège, les choses étaient devenues très compliquées.

Nikita était celui des trois qui assumait le plus de choses, il était très autonome et très responsable. Son frère aîné était en phobie scolaire et celui du milieu, très brillant mais assez dur avec lui.

Je m'entendais très bien avec Nikita comme avec son père qui donnait une excellente éducation à ses trois garçons bien compliqués pour le système français mais qui, pour les deux derniers en tout cas, réussiront très bien leur vie. D'ailleurs le second, après avoir quitté notre établissement a fait des études brillantes en Angleterre puis aux États-Unis et il est déjà, à 25 ans, à la tête d'une belle entreprise.

Nikita est très intelligent mais il ne cède jamais devant un professeur qui lui semble injuste envers lui. Et à ce moment-là, il devient insolent et tout se retourne contre lui.

Combien de fois ai-je été obligée de téléphoner à son père pour qu'il vienne à l'école le chercher et communiquer avec l'un ou l'autre des professeurs ? Son père venait et attendait de lui qu'il présente ses excuses, ce qu'il faisait avec difficulté.

Il ne travaillait pas beaucoup mais ce n'était pas un problème car avec son intelligence, son autonomie, sa débrouillardise, sa force de caractère et le fait qu'il parle couramment trois langues, j'étais certaine qu'il réussirait sa vie. Il fallait juste réussir à faire passer le moins mal possible ces années de collège et lycée qui restaient insupportables pour lui.

Il était également beaucoup plus mûr que son âge et n'avait pas tellement de copains. Je me suis beaucoup attachée à lui et j'ai essayé de lui consacrer du temps. Nous passions donc beaucoup de temps dans mon bureau à discuter ensemble. Il endossait à mon égard un rôle de protecteur, me conseillait pour que je gagne plus d'argent, s'énervait lorsque des adultes me manquaient de respect, cherchait toujours des solutions pour que les choses aillent mieux financièrement dans l'établissement. Il était d'une gentillesse exceptionnelle et nous avions tissé des liens très forts.

Certains professeurs s'acharnaient sur lui, et comme il se sentait protégé, il ne faisait pas beaucoup d'efforts. Il ne cédait pas et continuait à dire tout ce qu'il pensait. Mais lorsque je n'étais pas dans l'établissement, il allait trop loin.

Un jour où j'étais absente, il a créé un incident qui obligea à appeler les pompiers. Rien de grave au final mais son exclusion a été votée par les professeurs. J'ai dû la communiquer à ses parents qui l'ont tout à fait compris.

Pour moi, c'était très difficile car je savais que Nikita était fragile, qu'il avait besoin de moi, de nos conversations, de mon soutien, de mon amour même. Et où pourrait-il aller s'il n'était plus ici ?

Je lui écrivis donc que malgré cette décision, je continuerais toujours à m'occuper de lui, que je serais là pour lui et qu'il pourrait compter sur moi. Malgré cela, il sombra dans une sorte de dépression qui a duré plusieurs mois pendant lesquels nous avons continué à communiquer. Parfois, la nuit, j'allais le chercher et je le ramenais chez moi jusqu'à ce qu'il soit prêt à retourner chez lui.

Puis ses parents ont trouvé une bonne solution pour qu'il parvienne à se reconstruire et à prendre du recul et il s'est mis à aller mieux. Il est entré dans une bonne école internationale en Italie et il a bien réussi sa scolarité. Il m'a écrit un merveilleux témoignage dont vous trouverez certains extraits ensuite. Il ne vit plus à Paris mais à chaque fois qu'il est de passage, on se voit avec beaucoup de plaisir. Il est même venu passer pendant plusieurs jours consécutifs des examens dans mon établissement, et témoigner en tant qu'ancien élève.

Il est parti faire un tour du monde tout seul et même à ce moment-là, nous réussissions à communiquer. Il continue à suivre régulièrement l'évolution de mes activités, en me témoignant toujours son soutien. Ses parents ont toujours été très reconnaissants aussi et m'ont aussi beaucoup aidé lorsque j'en ai eu besoin.

Extrait du témoignage de Nikita

Bonjour,

Je m'appelle Nikita. J'ai été un élève scolarisé au Lycée International Montessori de Mme Sylvie d'Esclaibes de la 5e à la 2nde. J'ai aussi été scolarisé durant toute ma maternelle et primaire dans une petite école Montessori dirigée à cette époque par une femme très âgée, nommée Mme B. Cette femme était la seule de sa famille à avoir échappé aux Nazis durant la Deuxième Guerre mondiale. Elle avait fondé cette école avec à peu près avec les mêmes idées que Mme d'Esclaibes : pour les élèves comme moi, avec des difficultés à intégrer le système public français, et aussi pour ceux qui sont arrivés d'un autre pays sans parler la langue française.

Les enseignants étaient, et le sont toujours, tous diplômés « Montessoriens ». Lorsque je suis rentré en CE2, cette femme a commencé à être très malade. Elle est morte dans mon année de CM1. Ce jour-la, tout a changé. Malgré les professeurs montessoriens, qui ont conservé le système de Mme B, l'ambiance a totalement changé. Entrant en classe de CM2 déjà, nous n'étions plus que 8 élèves. Apres la situation a même empiré, je le sais car j'ai gardé contact avec une enseignante qui me l'a raconté. Je connais plusieurs cas de parents qui ont retiré leurs élèves de cette école Montessori, pour les intégrer dans le Lycée de Mme d'Esclaibes. Cette école a donc été un refuge pour beaucoup de gens à cette époque.

Mme B. et Mme d'Esclaibes ont joué un rôle très important dans ma vie. J'ai passé des moments très difficiles dans l'école de

Sylvie, durant les dernières deux années, pendant lesquelles les professeurs ont sans cesse essayé de me renvoyer de l'école. Mais eux ne voyaient pas en moi ce que voit Mme d'Esclaibes, comme ce que voyait Mme B. L'école a besoin de quelqu'un comme Sylvie pour qu'elle puisse survivre.

L'ENFANT ADOPTÉ

J'ai scolarisé de nombreux enfants adoptés dans mon école et me suis occupée tout particulièrement d'un certain nombre d'entre eux. Ces enfants ont besoin d'un système éducatif individualisé car il est indispensable de tenir compte de leur histoire.

Cette histoire a plus ou moins d'effets sur le caractère et l'émotionnel de l'enfant selon le passé de l'enfant. A-t-il été adopté bébé ? à quel âge ? Comment a-t-il vécu avant son adoption ?

Lorsqu'on lit toutes les découvertes des neuroscientifiques, on voit l'impact très important sur l'enfant de la vie prénatale et de la vie immédiatement après la naissance. Il est donc évident que ces enfants qui n'ont pas été sécurisés à la naissance et n'ont pas reçu l'amour et les soins indispensables au bien-être d'un bébé en gardent des séquelles pendant longtemps.

Parfois aussi, les parents ne nous le disent pas au moment de l'inscription mais parfois bien longtemps après.

Nous avons scolarisé un jeune garçon qui est arrivé à environ 9 ans en CM1 dans ma classe. Il n'avait aucun signe distinctif nous permettant de penser qu'il n'était pas le fils de sang de ses parents.

Il avait en revanche un comportement très difficile. Nous mettions cela sur le compte de son passé scolaire. Nous étions souvent au bord de l'exclusion car il posait de tels problèmes que des parents nous ont retiré leur enfant. Je continuais à le soutenir car je voyais sa grande sensibilité et je veux toujours donner sa chance à un enfant, surtout s'il a été blessé par le système.

À force de conversations avec ses parents pour essayer de comprendre les raisons de son comportement et pour tenter de trouver des solutions, son papa a fini par nous dire au bout de trois mois qu'il l'avait été adopté. Il est évident que connaissant cette situation, cela nous permettait de réagir différemment.

Ces enfants ont souvent une peur de l'abandon tout à fait légitime, ils ont aussi très peur qu'on ne les aime pas. De plus, il avait été adopté vers 4/5 ans et on ne nous avait rien dit de son passé. Et sa maman, qui n'arrivait pas à avoir d'enfant, s'est retrouvée enceinte dès qu'elle l'a adopté. Elle a eu ensuite trois enfants naturels.

Ceci ajoutait des éléments nouveaux à la situation. Je m'évertuais donc à lui montrer que je l'aimais beaucoup, je le rassurais sans cesse et j'étais extrêmement présente. Peu à peu, il s'est mis à changer. Il faut dire qu'il avait également un grand retard scolaire qui n'arrangeait rien à sa violence et à son profond sentiment d'injustice.

Je passais plus de temps avec lui, je créai un programme totalement adapté à son niveau même au-dessous afin qu'il soit pour une fois dans la réussite, et je le complimentais plus que de mesure pour ses succès.

Nous essayions également de lui donner une place un peu privilégiée afin qu'il se sente vraiment reconnu comme un garçon bien et non comme un petit "voyou" que tout le monde rejetait.

Peu à peu, il s'est mis à changer et s'est calmé. Dans les discussions de groupes, il tenait des propos très matures, avec une très jolie philosophie, ce que je faisais remarquer. J'envoyais également des mails à ses parents pour leur faire part de ses progrès afin qu'eux aussi le complimentent et aient une autre image de lui.

Cela s'est beaucoup amélioré pendant tout le temps où il a été dans ma classe en primaire. Il n'avait pas le niveau pour passer en collège mais il avait déjà 12 ans, était grand et costaud, donc sa place n'était plus en primaire.

Je décidai donc de le faire passer en 6e. Ceci ne fut pas une réussite. En effet, à nouveau, il se retrouvait dans un nouveau contexte avec des personnes différentes qui ne le connaissaient pas très bien, qui le considéraient comme un autre et n'avaient pas plus de tolérance envers lui qu'envers les autres. De plus, certains professeurs ne lui montraient pas tout l'amour que nous nous lui montrions.

Il s'est aussi retrouvé en échec car il n'avait pas le niveau de la classe de 6e. Il arrêta donc de travailler et se faisait remarquer par des problèmes de comportement non approprié. Les professeurs se fâchaient et nous sommes entrés dans une spirale négative. Avec les professeurs qui faisaient davantage d'efforts et ne le voyaient pas comme le cancre qui ne fait rien mais comme un garçon qui a besoin d'être encouragé, aidé, porté, son comportement était bien meilleur.

Le problème le plus important demeurait son niveau académique. De plus, ses parents ne nous aidaient absolument : il n'avait pas de cahier, pas de crayon, ne faisait pas ses devoirs… et le mettaient dans une situation impossible. Voyant la situation s'aggraver, ils ont décidé de le mettre en pension dans une filière plus technique. Ne risquait-il pas de se sentir encore rejeté de chez ses parents ? Et quoi de plus terrible pour ce genre d'enfants que de se sentir déplacé à gauche ou à droite ?

Ces enfants ont particulièrement besoin d'une école à la pédagogie individualisée, où il y a un véritable amour pour les enfants et où les adultes vont lui porter une attention très particulière. Dès leur arrivée, il leur faut souvent apprendre à parler, s'habituer à un nouveau pays, à une nouvelle culture, à de nouveaux adultes, à des camarades dont ils ne comprennent pas la langue. Il est donc nécessaire de leur laisser le temps de se familiariser avec tout cela. Même s'ils ne rattrapent pas tout de suite le niveau académique, où est le problème? Le plus important est d'abord qu'ils puissent communiquer et qu'il s'adaptent à leur nouvelle vie.

Et surtout, qu'ils ne subissent aucune pression par rapport à un niveau scolaire, à des exigences que l'école pourrait fixer en fonction de leur âge. L'établissement scolaire doit également adapter son comportement.

Il est impératif que les professionnels de l'école lui laissent du temps et ne se consacrent qu'à lui apprendre à parler, à comprendre et à être bien dans cette nouvelle vie, avec toute la gentillesse et la patience possibles. Il faut les considérer avec leur histoire et ne pas vouloir les mettre dans le moule d'un petit Français comme un autre. Ensuite, il faut les accompagner en fonction de ce qu'ils nous montrent, de ce qu'ils nous demandent, de leurs réactions et de leurs-progression dans de nombreux domaines. Leur laisser le temps…

Le petit garçon dont j'ai parlé est arrivé trop tard dans notre école. On nous demandait de le considérer comme un enfant ordinaire puisqu'on nous cachait la vérité, et on voulait qu'il suive le programme scolaire de son âge. Quelle erreur de priorité ! Du coup, il se retrouvait en échec ce qui déchaînait une vraie violence chez lui. De plus, les parents des autres enfants manifestent leur mécontentement, ce qui aggrave encore la situation.

Bien souvent, ils ont également manqué de tout ce qui est nécessaire au début d'une vie : de l'affection, de l'amour, du développement sensoriel, de l'apprentissage de la parole dans un milieu bienveillant, etc. Comment peut-on alors les considérer comme des enfants sans histoire ?

Il faudrait d'abord reconstruire tout cela : leur faire un programme sensoriel à l'aide de matériel créé pour eux, les aider à acquérir du vocabulaire avec des cartes de nomenclature, les rassurer sur le plan affectif, repasser par les stades qui ont été sautés.

Ensuite lorsqu'un certain équilibre est trouvé, le vocabulaire développé, une certaine confiance en soi rétablie, on peut imaginer des compétences académiques. Et cela peut très bien se passer. Est-il grave d'avoir son bac avec deux ans de retard lorsqu'on a eu un début de vie totalement chaotique ? Je ne crois pas. Il est nécessaire de reconstruire d'abord l'émotionnel, le sensoriel et la confiance en soi, en l'adulte et en la vie.

Lorsque l'enfant a été adopté tout bébé, les choses sont plus faciles mais il faut être très prudent et se fixer des priorités car cet enfant a tout de même eu un début de vie compliqué. En effet, la femme qui l'a porté a forcément ressenti cette grossesse autrement qu'une femme qui a choisi dans un couple uni et rempli d'amour d'avoir un enfant. Et cela, il ne faut jamais l'oublier. Souvent le bébé naît et on le pose dans un lit froid au lieu d'être sur le ventre de sa mère pour recevoir une bouffée d'amour de la part de ses deux parents. C'est aussi très traumatisant.

Les parents devraient donc toujours le dire aux enseignants même s'ils souhaitent garder cela un peu secret et les professionnels devraient toujours en tenir compte dans leur façon d'approcher cet enfant et dans les priorités à lui apporter.

Un enfant pourra bien apprendre s'il a d'abord guéri toutes les plaies de sa toute petite enfance. Il rattrapera forcément les autres et se construira une très belle personnalité qui lui permettra d'avoir une vie équilibrée.

LA SUITE,
L'AVENTURE CONTINUE

Forte de toute cette expérience et à la vue de tous ces élèves qui, quel que soient leurs origines, leurs âges, leurs profils, s'épanouissaient et devenaient des êtres libres, autonomes et heureux, je me suis posé la question : « Pourquoi cette pédagogie Montessori n'est-elle pas mise en place dans les tous les établissements scolaires de France ? »

J'avais peut-être un rôle à jouer pour aider les professeurs des écoles à cette mise en place. En effet, mon souhait est de permettre à tous de bénéficier des bienfaits de cette pédagogie qui me semble une évidence pour tous les enfants. J'ai également toujours eu un profond sentiment de révolte devant l'injustice qui réserve cette pédagogie à des enfants de familles ayant un certain niveau de revenus.

Bien sûr, pour la mettre en place dans toutes les écoles, il fallait l'adapter mais c'est aussi ce que j'ai fait dans mon établissement afin de ne pas marginaliser les enfants et de leur permettre de s'intégrer partout. Ces aménagements ne me semblaient pas impossibles. Il fallait juste faire de nouvelles adaptations.

Au moment où je me posais ces questions, j'ai remis en route mon organisme de formation. J'ai alors décidé de proposer des formations adaptées aux professeurs des écoles afin de les aider à mettre en place cette pédagogie tout en respectant les contraintes et les objectifs de l'Éducation Nationale. Une femme professeur des écoles dans le sud-ouest de la France m'a contactée pour que j'organise pour elle une formation adaptée à son travail dans une classe d'école publique.

Elle est venue passer cinq jours dans mon école à Bailly pour une formation Montessori adaptée à sa classe constituée d'une trentaine d'enfants. Elle avait déjà commencé à installer le travail individuel des enfants et avait changé l'organisation de l'école en mélangeant les âges. Mais il y avait beaucoup de choses à revoir et petit à petit, nous avons examiné chaque point pour l'aider dans son travail et améliorer la classe tant pour elle que pour ses petits élèves.

Cette formation a été déterminante pour moi. Grâce à elle, j'ai vraiment pris conscience qu'il était possible d'installer le travail individuel en respectant le rythme de chacun et d'utiliser tout le matériel Montessori pour tous les enfants. De plus, j'ai réalisé que certains professeurs des écoles le faisaient déjà dans leur classe et que cela fonctionnait. Il manquait quelques ajustements et c'est là que je pouvais leur apporter quelque chose.

H. est ensuite retournée dans sa classe et nous avons continué à échanger. Elle a créé des fiches de suivi des enfants dans le souci de montrer aux parents mais aussi aux instances de l'Éducation Nationale que par la mise en place de tout ce matériel et cette façon de travailler, les enfants atteignaient encore mieux les objectifs de l'Éducation Nationale, dans une ambiance plus calme, plus heureuse et en développant des valeurs de confiance en soi, d'autonomie, de concentration si importantes pour le devenir de tous ces enfants. Je lui ai corrigé ses fiches, puis l'organisation de sa classe, de ses plateaux… Sa classe fonctionne bien, les enfants s'épanouissent, apprennent bien et H. est heureuse de son travail.

Après cette formation avec H., j'ai écrit des articles qui montraient qu'il était vraiment tout à fait possible de mettre en place la pédagogie Montessori dans les classes des écoles publiques et c'est ainsi qu'une autre professeur des écoles m'a demandé une formation Montessori pour changer sa façon de travailler dans sa classe et intégrer cette pédagogie.

Dans un premier temps, elle m'a envoyé les plans de sa classe et nous en avons changé toute l'organisation : nous avons supprimé une grande partie des tables pour permettre le travail sur des tapis, dégagé un grand nombre de meubles, de jeux, de matériels inadaptés et mis en place des étagères avec des plateaux de vie pratique, du matériel Montessori spécifique pour l'âge des enfants de sa classe. Puis elle a suivi la formation avec moi et a mis peu à peu tout en œuvre dans sa classe.

Au sein de mes stages de formations Montessori, se trouvaient parmi les stagiaires de plus en plus de professeurs des écoles. Je me suis rendu compte de l'enthousiasme, de la volonté, du travail qu'elles fournissaient quotidiennement pour faire évoluer leurs façons de travailler tant pour les enfants que pour la qualité de leur travail. Ces professeurs fabriquaient eux-mêmes leur matériel, bien souvent à leurs frais, achetaient avec leur propre argent le matériel Montessori qu'il n'était pas possible de fabriquer, demandant parfois des prêts pour l'obtenir. D'autres réussissaient à obtenir des mairies des budgets pour acheter ce matériel Montessori. D'ailleurs, dans la majorité des cas, ils financent eux-mêmes leurs formations qui ont lieu sur leur temps de repos.

Devant cette énergie, j'ai vraiment eu envie de les aider et c'est un de mes objectifs aujourd'hui : permettre à tous ces professeurs des écoles de réussir à enseigner selon la pédagogie Montessori.

Certains parfois se heurtent à la hiérarchie qui ne partage pas leur goût pour Montessori mais ils continuent tout de même. Souvent, ils doivent lutter contre les moqueries ou commentaires désagréables de leurs collègues mais persévèrent car ils constatent combien leurs élèves s'épanouissent davantage et combien leur travail est plus intéressant et porteur de fruits extraordinaires.

De plus en plus de professeurs des écoles publiques mettent la pédagogie Montessori en place dans leur classe et se rendent compte de tous ses bienfaits. Je pense sincèrement que le changement d'éducation dans notre système scolaire viendra de ces professeurs des écoles exceptionnels qui réussiront par leur volonté et leur courage à prouver à tous que leur façon de travailler est bien la meilleure tant pour les enfants que pour eux-mêmes, er pour les parents d'élèves également. Voici d'ailleurs un très beau témoignage que je souhaite partager :

« *Je suis enseignante depuis 2007, en maternelle depuis 2009. J'ai toujours cherché à améliorer ma pédagogie et à trouver la meilleure manière de transmettre à mes jeunes élèves tant des savoirs scolaires que des savoir vivre. Jusqu'à il y a encore peu, je n'étais pas satisfaite, les enfants étaient trop pressurisés, beaucoup de pleurs, de fatigue… bref, je ne les sentais pas épanouis. Certes, ils apprenaient mais à quel prix ! Une lutte entre l'enfant et l'enseignant qui nous laissait tous deux épuisés ! Les nouveaux rythmes scolaires imposés par notre ministère et l'organisation de la mairie, ne nous mentons pas, n'ont fait qu'agraver les choses ! Je ne pouvais continuer comme cela.*

J'ai eu la chance de rencontrer Sylvie d'Esclaibes. Cette grande dame m'a fait découvrir la pédagogie Montessori et ce fut une révélation. Voilà ce que je voulais mettre en place dans ma classe et je l'ai fait.

Dans ma classe, j'ai observé un changement radical en très peu de temps. Des enfants moins fatigués, volontaires, qui ont envie d'apprendre ! Une relation de confiance mutuelle s'est établie entre mes élèves et moi-même, bien plus saine que ce que j'avais pu tisser auparavant. En leur faisant confiance, les enfants prennent confiance en eux, en leur laissant le temps d'avancer à leur rythme, il y a aussi moins d'agitation dans la classe, ceux qui sont le plus en avance continuent d'avancer, ceux qui ont besoin de plus de temps le prennent. Le stress des programmes est un leurre car le niveau demandé est parfaitement atteignable pour tous, il suffit de penser en termes de cycle et non plus d'années sans se laisser assombrir par des programmations annuelles, et de laisser les enfants apprendre à leur rythme. J'ai aussi observé la disparition pure et simple de l'esprit de compétition : logique puisque chacun avance à son rythme, donc pas de comparaison possible, ce qui favorise un climat de classe bien plus sain. Enfin, parlons de l'enseignant et de l'ATSEM ! Nous nous sommes toutes deux aperçues que nous étions bien moins fatiguées et plus disponibles pour les enfants. La mise en place de cette pédagogie a véritablement été révolutionnaire pour tous : enfants, enseignant, ATSEM et même parents. Si certains étaient sceptiques au début, tous n'ont eu qu'un regret à la fin de l'année scolaire : que cette pédagogie ne soit pas également mise en place dans les autres classes ! »

C'est grâce à cette énergie débordante que sont nés de jolis projets montessoriens dans l'école publique. L'un d'eux est celui d'une petite école de Dordogne mené par une professeure des écoles à la suite d'une formation Montessori avec ma fille et moi, et que je continue bien sûr à épauler tant qu'elle en a besoin.

Cette jeune femme avait commencé à enseigner selon la méthode Montessori en lisant des livres, des blogs. Mais elle sentait qu'elle avait besoin d'autre chose et s'est inscrite à une de mes formations.

Elle a ensuite monté un dossier de « classe expérimentale » pour travailler dans une petite école de Dordogne. Cette école devait fermer car elle manquait d'élèves. Elle s'était donc rapprochée de la mairie afin de demander au maire s'il adhérait à ce projet de classe Montessori. Il a non seulement accepté mais il l'a beaucoup soutenue dans le montage de son dossier de « classe expérimentale ». Un gentil donateur de ce petit village lui a fait un don anonyme de 3 000 € qui lui a permis d'acheter le matériel Montessori et ainsi sa classe Montessori a pu ouvrir. Grâce à ce beau projet, l'école n'a pas fermé, bien au contraire. Des parents font aujourd'hui jusqu'à 180 km par jour pour que leurs enfants bénéficient de cet enseignement. On peut dire que Montessori a sauvé cette petite école de village. Voici ce qu'elle nous a écrit :

« *J'ai suivi cette année auprès de vous et de Noémie à Bordeaux 2 modules de votre formation (langage et maths 3-6 ans). Je suis enseignante du public dans une petite école coopérative de 2 classes ; j'ai donc depuis 3 ans 4 niveaux (PS au CP) et pratique un peu clandestinement la pédagogie Montessori… Je me suis formée seule en lisant énormément et petit à petit, je pense avoir réussi à intégrer les grands principes de cette pédagogie. Un généreux donateur du village m'a permis d'acquérir du matériel et la municipalité, très attachée à cette école, a effectué beaucoup de travaux. Il me manquait tout de même un petit quelque chose… et ce petit quelque chose, je l'ai trouvé à vos côtés ! J'ai vraiment été subjuguée par votre enthousiasme et votre bonheur de transmettre, pour cela : merci ! Ces deux jours de formation m'ont permis de me perfectionner mais surtout de me sentir assurée dans ma pratique ; aussi ai-je fait une demande de classe expérimentale et à ma grande surprise, celle-ci a été acceptée.*

Je suis très heureuse de pouvoir donner à voir ce qui se passe dans ma classe mais je me sens aussi un peu seule… En effet, l'équipe de ma circonscription ne se montre pas très enthousiaste. Aussi j'aimerais savoir si vous accepteriez que nous nous rencontrions avant la rentrée scolaire afin d'affiner ensemble mon projet. J'aurais besoin de quelques conseils pratiques pour élaborer mon emploi du temps ainsi que pour définir le rôle de mon ATSEM. »

Un autre de ses témoignages quelque temps plus tard, après ma visite : « *La pédagogie Montessori a le vent en poupe. Tant mieux et tant pis aussi car cet effet de mode devient de plus en plus marketing avec tout ce que cela entraîne de déplorable… Et au milieu de ce raz-de-marée, existent encore des personnes d'une humanité et d'une disponibilité sans faille comme vous, Sylvie et Noémie. J'ai tout de suite senti chez vous une volonté farouche de faire connaître cette pédagogie dans laquelle vous croyez tant. Et je ne m'étais pas trompée : des formations riches, intenses, précises ; une grande écoute aussi. C'est donc avec un immense plaisir que j'ai fait part à Sylvie de mon projet de classe expérimentale. Nous avons beaucoup échangé par mail et vendredi dernier, Sylvie qui descendait de Paris pour aller donner une formation à Bordeaux, n'a pas hésité à faire un énorme détour pour venir visiter l'école !*

Daisy (l'éducatrice qui s'occupe de la classe d'élémentaire) et moi avons passé un moment extrêmement agréable. Sylvie, accompagnée de son fils et d'un ancien élève, a visité, complimenté, encouragé et répondu à toutes nos questions. Elle n'a pas non plus hésité à nous proposer son aide, à partager avec nous ses ressources de travail : un tel don de soi me touche vraiment profondément. Fidèle à son sérieux, son implication et sa disponibilité, à peine 48 heures après sa visite, Sylvie avait déjà rédigé un article sur la classe. Elle avait déjà partagé avec moi ses ressources pédagogiques. Je me sens soutenue, aidée et encouragée et au-delà : je dois dire qu'une telle générosité réchauffe mon cœur ! Alors Sylvie, merci, merci, merci et à très vite ! »

C'est pour moi vraiment essentiel d'accorder beaucoup de temps à ces professeurs des écoles car c'est le seul moyen qui existe pour que Montessori puisse profiter à tous les enfants.

J'ai eu la chance aussi d'être associée à un très beau projet de création de classes à la pédagogie Montessori dans une école publique qui ouvrait. Cinq professeurs des écoles que j'avais en formation se sont réunis et ont fourni un travail énorme pour monter un dossier de création de classes Montessori. Je me tenais à leur disposition pour la rédaction de leurs projets et lorsqu'il a été terminé, je l'ai corrigé. Je les ai aidées également à constituer la liste du matériel Montessori nécessaire selon le budget dont elles disposaient. Deux de ces enseignantes ont été mutées dans cette école nouvelle et ont donc pu mettre en place Montessori dans leurs deux classes de maternelle. Elles ont créé des classes à niveaux mélangés si essentielles à un bon apprentissage. Peu de temps après la rentrée scolaire, je leur ai rendu visite afin de leur donner quelques conseils sur l'organisation de leurs classes qui étaient déjà très bien. Par exemple, leurs jolis plateaux étaient bien rangés à l'intérieur de placards bien fermés et une des premières choses a été de retirer les portes afin que les enfants puissent voir le matériel. C'est ainsi que deux classes fonctionnent avec la pédagogie Montessori dans une très belle école publique de l'ouest de la France.

Voici un témoignage reçu d'une de ces merveilleuses enseignantes : « *Un grand merci à Sylvie et Noémie qui, par la formation dont nous bénéficions auprès d'elles, nous ont permis d'oser, de franchir le cap et de faire de cette belle aventure une réalité.* »

Et c'est ainsi que parmi les formations Montessori que je dispense se trouve maintenant une grande majorité de professeurs des écoles qui changent totalement leur façon de travail et en sont très satisfaits.

« *J'ai plus appris en quelques jours de formation qu'en 1 an d'IUFM ! Depuis, chaque jour, je propose à mes élèves des plateaux de manipulation, des illustrations et leur nomenclature selon un thème étudié en classe, un livret de découverte... Ils manipulent barres rouges et bleues ou tour rose avec beaucoup d'enthousiasme. J'apprécie de les voir « travailler » seul ou à deux, très concentré(s) et en « recherche » de solution.* »

Ou encore :

« *Bonjour,*

Je suis F. et j'ai participé au stage 3-6 ans à l'école Montessori de Tours à la Toussaint.

Je suis venue dans ton lycée en observation avec S. et nous avons ainsi découvert la vie de l'école au quotidien.

Je commence modestement à mettre en place la méthode Montessori, et mes élèves de maternelle (MS-GS) deviennent autonomes et responsables de leurs activités.

L'inspecteur est venu la semaine dernière et a été très surpris, il a trouvé les enfants de ma classe « libres », je voulais te rapporter ce joli compliment de l'Education ?ationale.

Je ne savais pas comment qualifier l'ambiance de ma classe et je crois que "libre" en est la meilleure représentation. »

Voici encore un très beau témoignage qui fera réfléchir je pense : « *Je constate tous les jours les bienfaits de la pédagogie Montessori sur mes élèves :*

– une classe très calme qui favorise une grande concentration des enfants (je me plaignais régulièrement du bruit et du manque de concentration des enfants, mais ça c'était avant !)

– un enseignement individualisé qui correspond vraiment aux besoins des enfants (donc une pédagogie vraiment différenciée, ce qui est grandement recommandé par le Ministère de l'Éducation Nationale).

– un investissement des enfants dans l'apprentissage (je me plaignais également souvent du manque d'intérêt des enfants pour l'apprentissage. J'avais l'impression de devoir toujours les motiver. Maintenant, ils se motivent tous seuls !)

– une coopération entre les enfants. Je trouvais compliqué auparavant de mettre ce « tutorat » en place entre les élèves. Aujourd'hui, cela va de soi. Un enfant qui maîtrise une compétence a beaucoup de plaisir à faire avec un autre, à l'accompagner. Cette pédagogie semble vraiment favoriser cette coopération.

– les relations humaines dans la classe sont beaucoup plus sereines et respectueuses. Les comparaisons entre enfants ne peuvent pas se faire du fait que chacun avance à son rythme dans le domaine qu'il choisit. Les enfants ne savent pas pour la plupart qui est petit, moyen ou grand.

Je constate également les bienfaits de cette pédagogie sur moi :

– Je suis beaucoup moins fatiguée par le bruit et les rappels trop fréquents au cadre, au calme, à la concentration

– J'ai chaque jour la possibilité de communiquer avec les enfants individuellement.

– J'ai retrouvé le plaisir d'enseigner car cette pédagogie place l'enseignant dans un rôle d'accompagnement bienveillant. L'organisation de la classe et le matériel pédagogique donne un cadre

qui rassure les enfants et les met naturellement en situation d'apprentissage sans pour cela devoir faire appel à la contrainte ou développer des trésors d'imagination pour susciter la motivation des élèves.

– Je constate de réels progrès dans les apprentissages en mathématiques et en langage, ce qui était difficile pour moi à voir avant. J'ai eu cette année des « miracles » que je ne pensais pas être possible. Des enfants qui se sont épanouis totalement alors qu'ils semblaient être très en difficulté en arrivant à l'école. »

Et encore :

« Professeur des écoles depuis plus de 25 ans en maternelle, j'ai mis ma classe « traditionnelle » à plat il y a 3 ans. Suite à une inspection ou notre Inspecteur m'a demandé d'OSER… Il nous imposait à toutes les écoles de Douais centre, des classes multi-âges ! (TPS, PS, MS)

Éducatrice de jeunes enfants à la base, je connaissais diverses méthodes alternatives que j'ai relues… quand je me suis arrêtée aux lectures de Maria Montessori ; là j'ai eu un déclic… énorme… évident…

C'est petit à petit, périodes par périodes que j'ai commencé à installer des plateaux individuels.

En expliquant bien sur le changement qui s'opérait dans la classe à mes élèves… (Et à leurs parents…) je leur dis toujours que c'est leur classe et qu'ils sont acteurs et responsables de leur classe…

Très vite j'ai pu constater des différences… dans leurs comportements, dans leurs intérêts… dans leur autonomie dans leur confiance en eux… incroyable…

J'ai d'abord créé 20 plateaux puis 40, 60…

J'en ai aujourd'hui plus de 350 que je change régulièrement et qui répondent aux demandes de l'éducation nationale. Tous les domaines sont représentés…

Je cherche toujours à améliorer car je n'ai aucune formation…

J'ai assisté une fois à une journée avec Géraldine de votre organisme de formation Montessori pour la vie pratique, n'ayant aucun financement de mon école libre, je dois me débrouiller… heureusement j'ai une aide maternelle exceptionnelle qui a tout de suite adhéré à mon projet et qui s'implique totalement dans la mise en place et la recherche de l'amélioration de notre classe.

Les enfants sont heureux de venir à l'école, épanouis,... réclament les plateaux... le silence, prennent soin de l'ambiance, sont bienveillants... des petits bonheurs au quotidien...

Je n'ai pas lâché complètement la pédagogie traditionnelle... quand il m'arrive de proposer une fiche (très rarement) les enfants ne montrent pas d'intérêt... ils vont très vite pour la réaliser et n'ont qu'une envie... aller faire un plateau...

Le fait de manipuler, de pouvoir se déplacer, de comprendre ce que l'on fait est juste extra! Tellement évident...

Maman de trois grands enfants je n'ai qu'un regret... celui de ne pas avoir appliqué la méthode à la maison... Mais comme me dit si bien mon époux (mon plus grand supporter), sans le savoir vraiment nous avons toujours appliqué du Montessori à la maison. La devise « apprends moi à faire seul », je me l'applique encore aujourd'hui pour moi dans ma façon d'être et faire.

Merci à vous pour votre passion partagée. Elle me parle au quotidien »

Et encore :

« *Avec Montessori, je constate que les enfants sont plus autonomes, plus calmes et se respectent les uns les autres. Ils vont à leur rythme, observent leurs camarades et se motivent entre eux.*

Un enfant de MS sait déjà lire, il aide et est devenu la personne-ressource pour la lecture (il lit des histoires, donne des informations...). Il donne envie de lire et motive ses camarades.

Je trouve ma classe paisible malgré mon manque d'espace, pour l'an prochain, je commande du matériel. Et je m'organise.

Je ne vois que du bénéfice avec Montessori, nous sommes tous plus détendus, j'ai éliminé beaucoup de tension. Ils ne sont jamais pressés de finir, ils n'ont pas d'impératif! Chacun son rythme!

Je suis satisfaite d'avoir découvert Montessori, je ne pourrais pas retourner en arrière. »

Même les Inspecteurs commencent à approuver : « *Lorsque j'ai été nommée en maternelle après plusieurs années en élémentaire, j'ai rapidement compris que le fonctionnement traditionnel en ateliers tournant sur la semaine ne me satisfaisait pas. La pédagogie Montessori m'a semblé répondre à un critère essentiel : faire progresser les enfants tout en respectant leurs rythmes individuels. Je me suis très largement documentée en lisant les ouvrages de Maria Montessori, en parcourant blogs et forums spécialisés. Puis, j'ai suivi la formation 3-6 ans avec Sylvie d'Esclaibes et j'ai équipé ma classe de petits-moyens et grands en matériel Montessori, pour partie fabriqué, pour partie acheté.*

Très rapidement, les effets positifs se sont fait sentir. Tout d'abord sur l'ambiance de classe, puis sur l'attitude des élèves. Les progrès ont été stupéfiants et semblaient faciles. Les enfants sont heureux de venir en classe, ils ont beaucoup gagné en autonomie et aiment apprendre. TOUS les élèves progressent.

Lors de ma dernière inspection, l'inspecteur a approuvé ce fonctionnement. Et désormais, il est impensable pour moi de ne plus travailler ainsi. »

D'autres professeurs des écoles qui n'ont pas les moyens de s'offrir les formations.

« *Je suis professeur des écoles depuis 10 ans. J'ai découvert la pédagogie Montessori au cours de ma deuxième grossesse et cela a été la révélation aussi bien pour mes enfants que pour mes élèves. J'ai passé toute ma grossesse à éplucher les blogs parlant de Montessori, à lire les livres de Maria Montessori… Je n'ai malheureusement pas les moyens de me payer une formation.*

Quand j'ai repris le travail, j'ai eu la chance d'être titulaire de mon poste. J'ai commencé avec des CE1/CM1. J'ai utilisé le matériel Montessori pour les phases de découverte sur la multiplication, les fractions… mais aussi pour des activités en autonomie : boîtes à sons, activité avec des loupes… Ce n'était pas vraiment adapté à l'âge de mes élèves mais ils y adhéraient complètement !

Ensuite, j'ai eu des CP/CE1. Avec une collègue rencontrée sur internet, on s'est entraidé et j'ai pu avoir un fonctionnement 100 % Montessori pour les mathématiques et l'étude de la langue.

J'avais alors 2 petites filles qui avaient été maintenues en CE1. Elles avaient donc connu le fonctionnement « normal » avec un peu de Montessori et le fonctionnement 100 % Montessori l'année suivante. J'ai vu de réels progrès dans les domaines où je faisais du Montessori car toutes les notions prenaient sens dans leur tête grâce à la manipulation.

Après cette année avec des CP/CE1, j'ai changé d'école et j'ai des CM1/CM2 depuis 2 ans. La mise en place d'ateliers Montessori s'est fait très progressivement dans ces niveaux car je n'avais malheureusement pas le matériel. Je me le fabrique au fur et à mesure ce qui prend du temps. J'ai trouvé, je crois, un rythme de croisière qui me permet d'allier Montessori à l'Education Nationale et les contraintes que l'on nous impose. Nous découvrons les notions de manière « classique » avec des situations de recherche trouvées dans des manuels, puis les élèves s'entraînent avec des plans de travail. À l'issue de cet entraînement, les élèves se testent avec des exercices très courts. Les élèves qui montrent des difficultés dans ces tests ont alors accès à du matériel de manipulation pour combler ce qu'ils n'ont pas compris.

Ainsi, je fabrique le matériel au fur et à mesure des besoins dans la classe. Cela marche vraiment très bien et certaines notions passent bien mieux grâce à ces manipulations. Dans quelque temps, j'espère pouvoir basculer les manipulations dans la première phase de découverte des notions. Enfin, en utilisant la pédagogie Montessori, même si je ne suis pas une puriste, je trouve que les élèves viennent à l'école avec le sourire, qu'ils deviennent plus autonomes. Ils sont de plus en plus demandeurs d'ateliers, ce qui prouve qu'ils aiment bien les utiliser.

Pour rien au monde, je ne reviendrai en arrière. Mais j'avoue que c'est difficile d'utiliser cette pédagogie pour plusieurs raisons :

- le manque de livre "clés en mains" qui faciliterait l'accès à cette pédagogie pour des personnes, comme moi, qui ne peuvent pas dégager du temps et des moyens financiers pour faire une formation ;

- le coût élevé du matériel ;

- la réticence de certains inspecteurs face à cette pédagogie alors qu'elle est super-puissante !

Et j'oublie de dire que j'utilise cette pédagogie cette année avec un élève trisomique. La manipulation se fait à la maison car l'AVS n'arrivait pas à le faire. Les parents ont vu de réels progrès chez leur enfant alors que les mathématiques posaient beaucoup de problèmes ! »

Et encore un autre qui reçoit le soutien de son Inspecteur :

« *Je suis enseignante en maternelle, dans le public, depuis 10 ans. J'avais des TPS/PS et je trouvais que la méthode traditionnelle ne leur était pas adaptée. Aussi, j'ai cherché une autre pédagogie et je suis tombée sur celle de Maria Montessori, que j'ai immédiatement mise en place dans ma classe, en 2013/2014.*

Au cours de l'année, notant l'incroyable autonomie acquise par mes petits élèves (de 2 ans pour la plupart !), j'ai suivi deux formations d'une semaine chacune, sur mes vacances d'hiver et de printemps. J'ai acheté du matériel, j'en ai fabriqué beaucoup…

L'année suivante, j'ai demandé à mes collègues une classe de MS/GS, afin de mélanger les âges. Cette année encore, j'ai la même classe, avec des élèves que j'avais déjà l'an passé.

Je note les différences, d'une année à l'autre : les enfants sont heureux de venir en classe, ils sont autonomes, ils coopèrent, certains GS sont entrés dans la lecture, tous progressent à leur rythme…

Bien sûr, il reste encore des conflits à gérer mais les enfants sont plus à l'écoute les uns des autres. De mon côté, je suis plus posée, moins stressée, davantage dans la bienveillance. Ce que j'apprécie le plus, c'est que je sais exactement où en est chacun de mes élèves, grâce à la progression claire des ateliers. Je respecte le rythme de chacun et c'est appréciable pour toute la classe.

En 2014, j'ai reçu le soutien de mon IEN qui a noté la grande autonomie de mes élèves et la part importante donnée à la manipulation. Il m'a ainsi encouragée à poursuivre et à en parler à mes collègues, afin que nous en fassions un projet sur l'ensemble de la maternelle.

J'ai donc « contaminé » mes collègues et l'an passé, suite à l'ouverture d'une école neuve, nous avons commandé un important matériel Montessori pour chaque classe.

L'an prochain, nous envisageons de faire quatre classes identiques de la PS à la GS et nous avons construit nos progressions Montessori en lien avec les nouveaux programmes de l'Éducation Nationale.

En élémentaire, nos collègues de CP sont également sensibilisées à cette pédagogie, possèdent du matériel et des plages de leur emploi du temps consacrées aux ateliers Montessori.

Elles s'interrogent maintenant sur la suite à donner quant à l'accueil de CP ayant des acquisitions disparates (certains déjà lecteurs, d'autres pas du tout entrés dans le décodage) et envisagent de créer deux classes de niveaux différents (nous avons les effectifs suffisants) qui respecteraient le rythme des enfants, à la fois pour ne pas freiner les enfants lecteurs et ne pas laisser sur la touche ceux qui sont en difficulté. »

Parallèlement à toutes ces belles rencontres que je faisais parmi les professeurs des écoles publiques, j'ai été contactée par des directrices d'écoles privées sous contrat qui elles aussi souhaitaient se former pour mettre en place la pédagogie Montessori dans les classes de leurs écoles. Et c'est ainsi que nous sommes allées former un très grand nombre de professeurs de ces écoles privées à travers la France et nous ne cessons de nous déplacer dans de nombreuses écoles.

Tous ces professeurs sont vraiment remarquables également, ils font un travail extraordinaire, des budgets sont alloués très régulièrement à la formation Montessori et à l'achat de matériel. Ils sont très intéressés et avides de nouvelles méthodes de travail.

Il existe même certaines écoles privées qui voyaient leurs effectifs diminuer et qui, grâce à la mise en place de cette pédagogie, sont persuadées de recevoir davantage d'inscriptions et de sauver ainsi leurs classes.

Chaque semaine, nous recevons de nombreuses demandes pour des interventions dans des écoles et chaque fois, ce sont des rencontres avec une vingtaine de professeurs des niveaux maternelles et élémentaires, des AVS, des directeurs passionnés par ce changement. Certains ont même déjà mis de nombreuses choses en place dans leurs classes et font un travail totalement montessorien.

Tout ceci prouve bien que dans toutes les écoles et pour tous les niveaux, la pédagogie Montessori est la meilleure et peut être mise en œuvre puisque de plus en plus de professeurs le font. Tous sont unanimes sur les bienfaits apportés.

En conséquence, étant de plus en plus persuadée que le changement dans l'éducation viendra de tous ces professeurs des écoles qui prouveront concrètement que les élèves apprennent mieux, qu'il y a moins de violence, plus de joie d'aller à l'école, davantage d'épanouissement de chacun, je mets tout en œuvre pour aider ces professeurs des écoles par tous les moyens possibles. Évidemment, il est indispensable de ne pas vouloir mettre en place du « pur Montessori » mais les essentiels de cette pédagogie adaptée au monde d'aujourd'hui et à certaines contraintes. Par là, je veux dire : des classes à niveaux mélangés, du travail individuel en respectant le rythme et la façon de travailler de chacun, des ateliers de manipulations totalement individuelles - tout doit passer par la main –, du travail avec du matériel concret Montessori tant que l'enfant en a besoin, des apprentissages concrets de tout concept, le respect de l'envie d'apprendre de chaque enfant à n'importe quel âge, le contrôle de l'erreur pour permettre à l'enfant de se corriger par lui-même et de trouver ses solutions…

Avoir comme principal objectif le développement, chez l'enfant de tout âge, de l'autonomie, de la confiance en soi et en l'adulte, de la concentration, de l'envie d'apprendre et de bien apprendre, du respect de soi et des autres, telle est la passion que je suis heureuse de partager pour faire de tous ces jeunes des êtres libres, acteurs d'un monde de paix.

Table des matières

Pour aller plus loin et en savoir plus sur la méthode Montessori, l'auteur, les formations, la manière de mettre en œuvre, consultez sur notre site :
Montessori partout et pour tous

ou flashez ce code pour un accès direct :

Achevé d'imprimer le 8 décembre 2016
sur les presses de
La Manufacture - Imprimeur – 52200 Langres
Tél. : (33) 325 845 892

N° imprimeur : 161204 - Dépôt légal : septembre 2016
Imprimé en France

Composition et mise en pages réalisées par
Muriel Motllo – Sainte-Marie-la-Mer
908/2016